やわらかアカデミズム・〈わかる〉シリーズ

よくわかる
宗教社会学

櫻井義秀・三木 英編著

ミネルヴァ書房

はじめに

「宗教社会学」とはどんなことをする学問なのだろうか。3つほどの答えが考えられる。

① 「宗教の社会」学，つまり宗教集団の組織や人間関係について考える学問。
　たとえば，キリスト教の教会に行って牧師や信者の方にインタビューし，信仰の内容，信者の数，教会の歴史をまとめる。信者の性別，世代，階層などを考察すれば社会学的になる。
② 「宗教と社会」の関係を考察する学問。
　新宗教運動は社会との葛藤を生みやすいが，政府やメディア，一般社会はなぜ特定の宗教運動を問題視するのか。カルト問題を考察すると，ふだんは意識されていない社会の規範意識や秩序観が見えてくるものである。
③ 「宗教を社会学的に考察する」学問。
　宗教が日常生活とは異なる心理状態を生み出すことは認めつつも，家族，地域社会，教団，国家といった現実社会の地平において，信仰や儀礼によってなされる宗教的行為の意味や機能を捉えようとする。

　従来，宗教社会学の概説書やテキストは，①と②に関わる研究成果を解説したものが多かったが，本書は，③の方針に基づき，宗教を社会学的に考察するための理論・学説，調査法を詳しく解説している。このような編集方針を採用したのには理由がいくつかある。
　学部生や大学院生をはじめ，宗教社会学の初学者が実際に宗教の研究をしようと考えた場合に，いわゆる宗教社会学の古典とされるマックス・ウェーバーやエミール・デュルケームの理論を参照して調査するのは難しい。だいたいが古典の学習成果を各自まとめ直すことだけで精一杯になる。また，調査まで進めたとしても，様々な宗教理論や学説の中身が経験的事実により検証できないことに気づく場合がある。現在の理論研究と実証的な調査研究には概念の水準に差があるため，実際に調べるには操作的な概念に作り直す必要がある。しかし，これが宗教社会学においては，なかなか難しいのである。
　私たちは宗教現象の多様さや面白さにとらわれて，直接現象そのものを考察しようという誘惑に駆られる。現象を様々なイメージやレトリックを用いて語ることもある。しかし，ひねりのきいた解釈で批評することと，学術的な手続きに従って調査研究を行うことは異なる。読者にはその違いを十分に理解していただき，自分の力で調査研究ができるよう手助けしようと編者は本書を企画した。

本書の構成として,「Ⅰ　理論・学説」で宗教現象,宗教と社会の関係を考える様々な視角を検討し,「Ⅱ　宗教研究の方法」において社会学的な調査手法を解説する。「Ⅲ　事例研究と比較研究」以降,具体的な宗教現象や宗教運動,宗教文化を取り上げていくことになる。どこから読んでも構わないし,理論・学説,調査法は必要に応じて参照してもらえばよい。しかし,宗教社会学の道具箱にどのような道具が揃っていて,使い道や切れ味はどうなのかを予め知っておくにこしたことはない。

　宗教社会学はこの領域を学んだからといって専門を生かせる特別な職業があるわけではない。しかし,現代のようにグローバル化した社会では,文化や宗教がますます多元化し,異なる価値を持つもの同士が共生していく知恵を持つことが要請される。宗教文化の多様性を学び,社会学的な思考を身につけていただければ,宗教社会学という学問が教養としても十分な役割を果たしていけるのではないかと考えている。

　本書は,ミネルヴァ書房の涌井格氏による的確な編集なしにはまとまらなかった。分担執筆者の方々にも編者の難しい依頼に応えていただいた。記して謝意を表します。

2007年10月

櫻井義秀

三木　英

もくじ

■よくわかる宗教社会学

はじめに

I 理論・学説

1. 近代化論と合理化論 …………… 2
2. 世俗化論と私事化 ……………… 4
3. 宗教市場理論と合理的選択理論 … 6
4. 宗教組織論 ……………………… 8
5. 宗教運動論 …………………… 10
6. 宗教儀礼論 …………………… 12
7. カリスマ論 …………………… 14
8. 入信過程の説明モデル：人はどのようにして信仰に至るのか？ … 16
9. 宗教心理学 …………………… 18
10. 宗教意識論 …………………… 20
11. 宗教現象学 …………………… 22
12. 市民宗教と公共宗教 ………… 24
13. 宗教とジェンダー …………… 26
14. 日本宗教社会学の開拓者(1)：柳川啓一 ……………………… 28
15. 日本宗教社会学の開拓者(2)：森岡清美 ……………………… 30
16. 宗教社会学の古典：ジンメル，ウェーバー，デュルケーム … 32
17. 構造機能主義 ………………… 34

II 宗教研究の方法

1. 理論と現実 …………………… 36
2. 世論調査 ……………………… 38
3. 質問紙調査 …………………… 40
4. 計量分析 ……………………… 42
5. インタビューの技法 ………… 44
6. 参与観察法 …………………… 46
7. ライフコースとライフヒストリー … 48
8. エスノメソドロジー ………… 50
9. エスノグラフィー …………… 52
10. グラウンデッド・セオリー … 54
11. 解釈的分析 …………………… 56
12. 宗教史研究 …………………… 58

III 事例研究と比較研究

1. 調査の成否 …………………… 60
2. 調査倫理と社会倫理の葛藤 … 62
3. 事例研究と比較研究 ………… 64
4. 東南アジアの宗教事例 ……… 66
5. 東アジアの宗教事例 ………… 68
6. 南アジアの宗教事例 ………… 70
7. アメリカの宗教事例 ………… 72

- 8 ヨーロッパの宗教事例 ……… 74
- 9 ロシアの宗教事例 ……………… 76
- 10 ラテンアメリカの宗教事例 ……… 78
- 11 イスラーム世界の宗教事例 …… 80

IV 世界の歴史宗教

- 1 キリスト教 ………………… 82
- 2 仏教 ………………………… 84
- 3 儒教・道教 ………………… 86
- 4 イスラーム ………………… 88
- 5 ヒンドゥー教 ……………… 90
- 6 神道 ………………………… 92

V 土着信仰とシンクレティズム

- 1 キリスト教の土着化 ……… 94
- 2 先祖祭祀 …………………… 96
- 3 山岳信仰 …………………… 98
- 4 御利益信仰 ………………… 100
- 5 ユタ・イタコ ……………… 102
- 6 御嶽講の御座立て ………… 104
- 7 ラテンアメリカの宗教と
   シンクレティズム ………… 106
- 8 プロテスタント教会における
   憑依文化 …………………… 108
- 9 東アジアのシャーマニズム … 110

VI 新宗教の世界

- 1 欧米の新宗教 ……………… 112
- 2 日本の新宗教：
   幕末維新期から敗戦まで … 114
- 3 日本の新宗教：第2次世界
   大戦前後から現代まで …… 116
- 4 新宗教に見る
   シンクレティズム ………… 118

VII カルトの諸相

- 1 カルト問題 ………………… 120
- 2 宗教的コミューン ………… 122
- 3 反カルト運動 ……………… 124
- 4 エホバの証人 ……………… 126
- 5 統一教会 …………………… 128
- 6 摂理 ………………………… 130
- 7 オウム真理教 ……………… 132

VIII スピリチュアリティをめぐる現象

- 1 スピリチュアリティの系譜：
   過去から現代 ……………… 134
- 2 テレビ霊能者 ……………… 136
- 3 すぴこん …………………… 138
- 4 マンガ・アニメ，インターネット
   上のスピリチュアリティ …… 140
- 5 自己啓発セミナー ………… 142

6　アルコールと宗教 …………… 144

7　自分探しと巡礼ブーム ………… 146

8　医療とスピリチュアリティ：日本
　　におけるビハーラの試み …… 148

IX　慰霊と社会

1　水子供養 …………………… 150

2　戦争犠牲者の慰霊 …………… 152

3　靖国問題 …………………… 154

4　自然災害・震災と慰霊 ………… 156

X　先鋭化する宗教

1　宗教と暴力 ………………… 158

2　陰謀論 ……………………… 160

3　イスラームの宗教的過激主義 … 162

4　アメリカの宗教右派 …………… 164

XI　宗教と社会貢献

1　宗教的利他主義とボランティア … 166

2　ホームレス伝道 ……………… 168

3　宗教・観光・祭り ……………… 170

XII　エスニシティと宗教

1　ニューカマーと宗教 …………… 172

2　在日韓国・朝鮮人の宗教 ……… 174

3　海外に進出した日本の宗教と
　　エスニシティ ……………… 176

XIII　女性と宗教

1　キリスト教と女性 ……………… 178

2　日本の仏教・神道・新宗教と女性 … 180

3　女人禁制 …………………… 182

XIV　メディアと宗教

1　メディアと宗教 ……………… 184

2　インターネットと宗教 ………… 186

XV　法・政治と宗教

1　宗教法人 …………………… 188

2　公教育と宗教 ………………… 190

3　政教分離 …………………… 192

XVI　拡散する宗教

1　企業経営と宗教 ……………… 194

2　オカルト資本主義 …………… 196

3　宗教的無党派層 ……………… 198

資料　日本における
　　　宗教関連統計データ ……… 200

さくいん …………………………… 202

やわらかアカデミズム・〈わかる〉シリーズ

よくわかる
宗教社会学

Ⅰ　理論・学説

 近代化論と合理化論

1　近代化論

　近代化 (modernization) とは，社会が前近代から近代へと移行する大きな社会変動を指す。歴史的には封建社会から資本主義社会への移行過程とも見なされ，政治・経済・社会・文化（宗教）の各領域で近代化が論じられた。国民国家の形成，産業化，市民社会の成立などが指標とされる。時代区分については議論も分かれるが，近代に誕生した学問分野である社会学を代表するウェーバーとデュルケームの 2 人が，近代社会における宗教の重要性を指摘し，宗教現象の社会学的分析を示したのは当然だろう。◁1

　近代化論では，伝統社会が近代社会に至る過程で様々な宗教世界が解体され，宗教が近代社会ではどのような位置にあるかが理論的実証的に議論された。この近代化過程における宗教変動を論じた代表的理論が世俗化論である。また，構造機能主義などで知られるタルコット・パーソンズは，個別主義から普遍主義，属性本位から業績本位など，行為と関係の変化から近代化を捉えようとした。

　こうした近代化論はそもそも欧米モデルであるため，都市化・工業化の進展と共同体的連帯の解体が結びつかない第三世界では，近代化と宗教の関係は欧米モデルの近代化論では捉えられない。それに応えるべく，従属理論 (dependency theory) や世界システム論 (world-system theory) が提唱された。従属理論とは，第三世界における低開発は，先行して近代化した欧米の先進国が軍事・経済・政治的に優越し支配することが主要原因と見なす理論である。世界システム論は，資本主義の経済組織を国家単位ではなく地球規模で捉え，どんな国内経済も世界全体という単一のシステム上に成り立つとの視点から世界の構造変化を見るものである。

　このほかにもイスラーム世界での近代化の複線化や，ヒンドゥー世界での世俗化を伴わない近代化なども主張されている。これらの諸理論には批判もあるが，従来の近代化論に対する新たな理論の提示と考えられる。◁2

2　合理化論

　宗教社会学は，他の社会科学同様「進化論」の影響を受けており，19 世紀後半に宗教の起源が問われたときには，呪術と宗教の区別を論じることで進化

▷1　ヴィレーム，J. P., 林伸一郎訳, 2007, 『宗教社会学入門』白水社は，フランスなどヨーロッパ中心に，宗教社会学の歴史的展開をコンパクトに説明している。ウェーバーは宗教が近代化に及ぼす影響について，宗教改革後の禁欲的なプロテスタンティズムの倫理が西欧における近代的な資本主義の成立に大きな影響を及ぼしたと論じた。デュルケームは，近代化に伴い社会的連帯のあり方が「機械的連帯から有機的連帯へ」移行すると指摘した。デュルケームの理解は社会生活の全体を覆っていた宗教が，やがて政治・経済・科学などに分かれ，宗教の領域が縮小していくというものであり世俗化論の基礎となった。

▷2　従属理論はアンドレ・フランク，サミール・アミンら，世界システム論はイマニュエル・ウォーラスティンらの議論を参照のこと。望月哲也, 2005, 「宗教復興と文明論的分析」『年報社会科学基礎論研究』4：22-39は，1990年代からの社会科学パラダイム再考の 3 潮流として，世界システム論以外にグローバル化論，文明論を挙げている。

跡づけようとした。

合理化（rationalization）とは，一般的には物事や行動などが合理的・科学的になされることである。だがここでは，近代化を合理化と等置し，近代資本主義の分析概念として用いるウェーバーの用法に従おう。ウェーバーによれば，人間の行為のあらゆる側面が計算と測定，統制のもとに服するようになる多様な過程が合理化であり，諸要素が矛盾なくある目的に従って整合されることを指す。ウェーバーは，西欧に成立した近代社会の本質は生活諸領域全般における高度な合理性にあると見なした。その上で，合理化の視点から人類史を「呪術からの世界の解放」（脱呪術化）と透徹し，次のように論じた。すなわち宗教は，様々な精霊や力に頼って救いや現世利益を目指す呪術的要素を含むが，その非合理的な要素は唯一神や倫理的行動に従うという変革により次第に排除されていく。やがて，宗教改革を経てプロテスタンティズムが登場し，いっそう近代化が進むと，合理化された宗教に含まれている呪術的要素が全て取り払われるようになる。そして，個人は宗教的意味と道徳的価値を剥奪され，行政的監視と官僚制的規制に従属するようになる。こうして社会は，「精神なき専門人，心情なき享楽人」たちの世界となり，宗教の合理的体系化が実現される。

合理化はウェーバー社会学で最も重要な概念である。とはいえ多義的であり，相対立する多様な内容を包含する。官僚制に見られるように，ある合理性が増大すれば，それは別の合理性を非合理的なものにする場合がある。例えば役所での手続きは合理的だが，その手続き重視の姿勢ゆえ応用が効かずに非合理的となる場合もある。この例でわかるように，決して非合理的な現象はなくならず，むしろ合理化された社会と共存しているといえる。呪術と宗教という例で言うならば，それらは二項対立的に存在するというより連続していると考えられるだろう。

3 まとめ

近代化論も合理化論も，すでに過去の議論とする向きもある。その一方で，1970年代以降の宗教復興と見なされる現象や，近年大きく取り上げられているナショナリズムと宗教，あるいは紛争・テロと宗教といった問題をどう論ずるかなども大きな課題として現前する。

現代の先進工業社会の状況を指す概念として，1980年代以降は「ポストモダニティ」（post-modernity，脱近代化）がしばしば議論されるが，これもまだ抽象的な議論が中心である。ウェーバーの近代化論や合理化論を再評価する動きや，いま述べてきたような読み直しの議論も見られ，宗教現象を捉える基本的な理論としていまでも重要な視点である。

（川又俊則）

▷3 ウェーバー，M.，大塚久雄訳，1989，『プロテスタンティズムの倫理と資本主義の精神』岩波書店。ウェーバーの関心が「なぜ西欧だけに合理的な資本主義が成立したか」であったのに対し，ベラーは「非西欧諸国のうちなぜ日本だけが近代化に成功したか」とテーマで研究を進めた（ベラー，R.N.，池田昭訳，1996，『徳川時代の宗教』岩波書店）。もっとも，ウェーバーは西欧の議論だけでなく，西洋の近代化と東洋の近代化の比較も試みている。

▷4 脱近代化を論じたものとしては，ベル，D.，内田忠夫他訳，1975，『脱工業社会の到来』上・下，ダイヤモンド社など多数あるが，学説を整理した良書として，厚東洋輔，2006，『モダニティの社会学』ミネルヴァ書房を挙げておこう。

I 理論・学説

 世俗化論と私事化

1 世俗化論の興隆

　欧米の宗教社会学界で1960-70年代に盛んに論じられたテーマが世俗化論という「宗教と社会変動」をめぐる一般理論である。ヨーロッパにおける教会の日曜礼拝出席率，受洗率の低下については1930年代からフランスのル・ブラなどが調査結果を示していたが，そうした教会離れは，産業社会の進展などを背景に宗教が衰退もしくは消滅へ向かう徴候なのか，それともそのようなことはあり得ないのかという議論が1960年代以降噴出したのである。

　宗教集団の類型論研究でも有名なブライアン・ウィルソンは世俗化を，近代化の進展に伴い「宗教的な諸制度や行為および宗教的意識が，社会的意義を喪失する過程」[1]と見なす。現代社会はより世俗的になり，社会内部や組織自体が変化したため，宗教性の重要性が減少したと説明するウィルソンの主張は「宗教衰退論」であるといえよう。彼は，変化の緩慢さや一時的な宗教復興はあっても，逆行はありえないと主張する。また，宗教を超自然的なものへの祈りと見なすウィルソンは，宗教は共同体のイデオロギーだとも述べる。したがって，世俗化は，社会組織が共同体を基盤にしたシステムから，大規模な社会契約的なシステムへ変化したことに連動しているというのである。

2 聖なる天蓋・宗教の私事化・市民宗教

　世俗化，すなわち宗教が社会の中心から周辺領域へ拡散する現象は，論者によって様々な角度から考察されてきた[2]。

　ピーター・バーガーは，社会と文化の諸領域が宗教の制度や象徴の支配から離脱する過程を世俗化と規定し，世俗化によって社会全体を覆っていた「聖なる天蓋」というチャーチ的な宗教制度が合理化されると論じた。だが，宗教自体が社会的に意義を失うのではなく，個人的な関心としての対象へと変わるのだと述べた。

　トーマス・ルックマンは，現代社会は世俗化されたというより，宗教から教団組織や儀礼などの要素が後退し，宗教が個々人に内面化され，見えないかたちで機能している，すなわち制度的組織ではなく「見えない宗教」(invisible religion) として潜在化していると述べた。宗教を組織の側面ばかりで見ず，個人の消費の対象として展開するという見解であり，これは「宗教の私事化」

▷1　ウィルソン，B.，中野毅他訳，2002，『宗教の社会学──東洋と西洋を比較して』法政大学出版会，170

▷2　以下を参照。バーガー，P.，薗田稔訳，1979，『聖なる天蓋──神聖世界の社会学』。ルックマン，T.，赤池憲他訳，1976，『見えない宗教──現代宗教社会学入門』ヨルダン社。なおバーガーは，1990年代後半に自らの議論を撤回した。

(privatization of religion) ともいえる。現代のスピリチュアリティなどとも関連する主張であろう。

そして，ロバート・ベラーは，政教分離が原則のアメリカの宗教事情を検討し，アメリカではキリスト教の伝統を引き継ぐ宗教的理念が，アメリカ再統合の機能をもたらすものとしての役割を果たしていることを論じた。これが，文化宗教（「市民宗教」; civil religion）である。▷3

▷3 市民宗教については I-12 も参照。

3 現代の世俗化論：修正派と廃棄派

だが1980年前後より，多くの新宗教の台頭や，欧米における保守派プロテスタンティズムの復活，そして政治的状況に強い影響を与える宗教的要素など，宗教の復興を思わせる現象が世界各地で見られるようになり，世俗化や宗教衰退の議論は見直しを余儀なくされた。

山中弘はこうした現代の世俗化論を修正派と廃棄派に二分して説明している。▷4 前者は，制度的教会の全般的衰退や宗教の個人化を認めつつも，制度に属さない宗教性の存続ないし高まりを強調している人々を指す。代表的論者としてはカーレル・ドベラーレがいる。ドベラーレは，全体社会・組織・個人と3つのレベルを設定し，全体社会レベルの世俗化を「非聖化」（laicization）と言い換え，宗教の影響力縮小過程を世俗化と見なす。そして，教会など（組織）の衰退や，宗教に関与する人々（個人）の減少を認めつつ，超越的システムだった宗教が，他と同様に1つのサブシステムとなる状態を「柱状化」と名づけた。

廃棄派の論者としてはホセ・カサノヴァがいる。カサノヴァは，世俗化論を制度や規範から世俗領域が分化する命題，宗教実践や信仰が衰退する命題，宗教が周辺領域に追い出される命題に分類し，1番目は正しいが2番目，3番目は反証可能なので否定されるとした。そして，公共宗教について，国家・政治社会・市民社会の3つのレベルで論じた。

人々の行為がどのようなメカニズムで選択され，その行為が集まってどのような社会的状態に帰結するかを特定する理論が，経済学で注目を集め社会学にも応用された「合理的選択理論」（rational choice theory）である。ロドニー・スタークやウィリアム・ベインブリッジたちは，この合理的選択理論を宗教社会学に導入した。宗教的多元主義が広まるなかで，宗教選択を個人の消費行動と同様に捉えるのである。この立場では，「宗教が公共的領域から衰退する」という見解は，「市場の独占や国家規制が自由競争になったに過ぎない」と言い換え可能となる。中野毅は，こうした各論者の世俗化論を適用範囲・時代・性質によって簡潔に整理している。▷5

▷4 山中弘，2006，「世俗化論争と教会——ウィルソン世俗化論を手がかりにして」竹沢尚一郎編『宗教とモダニティ』世界思想社，15-48。以下も参照。ドベラーレ，C.，スィンゲドー，J. 他訳，1992，『宗教のダイナミックス——世俗化の宗教社会学』ヨルダン社。カサノヴァ，J.，津城寛文訳，1997，『近代世界の公共宗教』玉川大学出版部。

従来の議論が「前近代＝宗教的」「近代≠宗教的」との図式をめぐるに過ぎず，今後はその図式そのものが問われるべきだとの議論もあり，世俗化論はいまだ議論を呼ぶ重大な概念といえよう。

（川又俊則）

▷5 中野毅，2002，『宗教の復権——グローバリゼーション・カルト論争・ナショナリズム』東京堂書店

I 理論・学説

 宗教市場理論と合理的選択理論

1 宗教社会学理論の最前線

　宗教市場理論とは，現代アメリカの宗教社会学の理論の1つで，組織的宗教が拡大していく様子を，ちょうど企業が自由市場で競争しながらシェアを拡大していくプロセスと同じようなものとして捉える立場のことである。この立場を取る研究者の一部は，さらに社会学における合理的選択理論という視点を宗教の分析に適用しようとしており，それが「宗教の合理的選択理論」と呼ばれることもある。

2 世俗化論への挑戦

　宗教市場理論は，現代でも信仰者数が多いアメリカの状況を反映して生まれてきた。そもそも，ヨーロッパの宗教社会学では長く「世俗化論」が提唱されてきた。つまり，社会の近代化が進み，科学的な思考が広がると，宗教の社会的影響力は衰退する（＝世俗化する）と考えられてきた。しかし，ある意味では最も近代化が進んでいるはずのアメリカで，いまでもおよそ6割以上の人が「特定の宗教を信じている」と世論調査で答えている。

　こうした状況を受けて社会学者 R・スティーブン・ワーナーが1993年に，権威ある『アメリカ社会学雑誌』で「アメリカにおける宗教の社会学的研究のための新しいパラダイムに向けた中間報告」という論文を発表した。▷1「パラダイム」とは，その時代の学問において支配的な思考の枠組みのことであるが，ワーナーはこの論文で，現代アメリカ宗教社会学においてパラダイムの転換（パラダイム・シフト）が起こりつつあると主張した。それまでの宗教社会学のパラダイムでは，近代社会の世俗化は正しいものだと前提しており，新しい宗教現象を風変わりなものと捉えがちであった。しかし，多様化した現代社会だからこそ，個々のニーズに応える様々な宗教が互いに信者獲得をめぐり競争しているほうが，宗教全体が活性化するはずである。こうした宗教の「マーケット」を想定して分析する新しいパラダイムとして宗教市場理論が確立していったのである。

　この新しいパラダイムを担う論者の1人とされる社会学者ロドニー・スタークは，モルモン教やアメリカ西海岸における新宗教の隆盛などを分析するなかで，現代社会においても成長を続ける宗教教団の条件を研究している。その条

▷1　Warner, R. Stephen, 1993, "Work in Progress toward a New Paradigm for the Sociological Study of Religion in the United States," *American Journal of Sociology*, 98 (5): 1044-1093.

件には，その社会の伝統的宗教と連続性があること，世間と適度な緊張関係があること（つまりは布教に熱心であること），教義の面で超自然性を失わないことなどがあり，こうした特徴を持つ教団が特に成長しやすく，アメリカではモルモン教やエホバの証人がこれに該当するという。

　スタークをはじめとした一部の宗教社会学者たちは，利潤の最大化とコストの最小化を人間の原理として考え，数理モデルで行動を説明しようとする「合理的選択理論」に近いかたちで現代宗教の理論化を試みた。これが「宗教の合理的選択理論」と呼ばれるものである。この理論は，宗教の成長と衰退をめぐって次のような説を提起した。①宗教的独占はむしろ市場の停滞を生む。②多様な市場に様々な宗教が競っているほうが宗教全体が活性化する。③独占的宗教市場が「規制緩和」されると社会には一時的に宗教の退潮が見られるが，いずれ多様な宗教状況が実現すれば，再び宗教の活性化が起こる。

　宗教の合理的選択理論によれば，ヨーロッパで宗教が盛んでないのは，相対的にキリスト教が独占企業的であったり，アメリカのようには多様な社会ではないからだということになる。実際に，ヨーロッパでもプロテスタントが特に強い国ではこの理論がある程度あてはまるという。

3 考察

　宗教市場理論・合理的選択理論は，従来の世俗化論に対する大きな挑戦でもあり，世界の宗教社会学者の間で様々な論争を巻き起こしてきた。当然ヨーロッパからの反発は大きかった。ヨーロッパにおける宗教とは，個人が自主的に選び取るものというよりも，個人が生まれ落ちる共同体で習俗として受け継がれるようなものであったからである。

　現在では，宗教市場的な発想は多くの学者に共有されつつあるが，合理的選択理論は，アメリカ宗教社会学のなかでさえ，決して多数派になったわけではない。また，この理論は最初から組織レベルにおける布教・拡大の効率性に着目した見方であるため，個々の信者の信仰の質や個人史を問うような立場ではない。

　現代社会における宗教は，個人の内面の問題となった（私事化した）とか，教団という形態を必ずしも取らないとしばしば分析されてきたが，宗教市場理論・合理的選択理論は，旧来の組織的な宗教概念から見ても，現代世界は世俗化していないということを主張したのである。社会全体にとって現在，宗教がどのぐらい影響力を持っているのかを実証的に検証することは，いまも昔も変わらぬ宗教社会学の課題である。

（小池　靖）

▷2　Stark, Rodney and William Sims Bainbridge, 1985, *The Future of Religion*, Berkeley: University of California Press.

▷3　小池靖, 2002,「現代宗教社会学の論争についてのノート――霊性・合理的選択理論・世俗化」『現代宗教2002』: 302-319。沼尻正之, 2002,「宗教市場理論の射程」『社会学評論』53(2): 85-101

Ⅰ 理論・学説

 # 宗教組織論

1 宗教集団と宗教組織

　宗教という言葉を耳にしたとき，まず連想されるのが宗教集団であろう。共通の対象を信仰し，共通の儀礼を実践する人々の集合体のことである。この宗教集団の社会的形態は多様である。血縁・地縁を超えて共通の信仰・儀礼で結ばれた〇〇教（〇宗，〇会）と呼称される教団が第1のものであるが，それだけが宗教集団の全てではない。先祖の祭りを絶やすことなく続ける血縁に基づく「家」◁1（家制度の崩壊した現代にあっては，血縁関係にある死者の冥福を祈る「家族」）や，地縁の上に成立する**氏神‐氏子**◁2関係によって統合される地域社会もまた，宗教集団として把握できる。そしてこれらの宗教集団のうち，集団目標（布教，信徒教育，教学研究など）を達成するため諸役割を整備しシステム化したもの，すなわち組織化を果たしているものが宗教組織として捉えられるだろう。

2 チャーチ‐セクト‐デノミネーション‐カルト

　宗教組織にはいくつかのタイプが識別できる。救いへの道を独占し，発達したヒエラルヒーによって政治・法・経済・教育などの諸機能を包摂して世俗社会に君臨する巨大組織をチャーチ・タイプと呼び，最盛期のカトリック教会がその典型である。このチャーチに異議を唱え，世俗と癒着したその腐敗を糾弾する篤信者たちが自発的に結成する比較的小規模なものがセクトである。そしてこのセクトが成熟したものは，デノミネーションと称される。これは，世俗社会や他教派への敵対的姿勢を薄れさせ，協調性を標榜するようになった宗教組織である。セクト成員はその厳格な生活態度ゆえに社会的信用を勝ち得ることになり，結果としてそれが経済的地位の上昇につながるため社会と敵対する必要がなくなり，また世代の交代によって組織内の当初の熱狂が冷めてゆくことで，異なるタイプの組織へと変貌することになるのである。

　20世紀後半は宗教の世俗化というテーマが盛んに論じられた時代であった。宗教組織（とりわけチャーチ）への人々のコミットメント（礼拝への出席や教会での結婚，聖職への志望）が低調となり，宗教衰退の可能性が問われたのである。ところが現実には，セクトと見なすべき新しい宗教集団が各地に勃興し続けている。また，メディアの発展に後押しされて，集団的まとまりに欠ける「集団」も顕著となる。個人主義的に神秘を探求する人々の集まりがそれであるが，

◁1　家
先祖，家産，家業をともにする人々による血縁に基づく（必ず基づくとは限らないが）集団が「家」であり，その目的は何よりも永続することである。先祖祭祀はその永続を表象するもので，途絶されてはならないものと考えられた。

◁2　氏神‐氏子
氏神とは本来，一族の祖先神をいうが，時を経て一定地域を守る（鎮守）神へと変化した。この地域に生まれ暮らす人々が氏子である。乳児を連れての「宮参り」は，新たな氏子の誕生したことを氏神に報告するものである。

それらはカルト^{▷3}という集団類型として認識されている。ここ半世紀のセクトやカルトの出現には，強力なチャーチの統制力の衰えと，それに付随して人々の自発的宗教探索が可能となったという背景があるだろう。

なお，チャーチ-セクト-デノミネーションという諸類型はキリスト教世界の題材から構築された理念型であり，それを日本における宗教組織に安直に適用することには一考の余地がある。日本において世俗社会に君臨したチャーチ型宗教組織はかつて存在しないからである。とはいえ，日本の宗教集団とキリスト教世界のそれとの比較をなすには有用な概念であろう。

▷3 カルトについては Ⅶ-1 を参照。

③ 日本宗教組織におけるタテ線とヨコ線

日本の宗教組織といえば，伝統的な仏教教団や新宗教が想起される。どちらであれ，それらは概して，強烈なカリスマ性を有する創始者と，彼／彼女に魅了された支持者との信仰上の親子関係がその始まりであった。

このタテ線が宗教組織の原型である。新宗教においては，指導者にとっての信仰上の子が子教会を設立し，さらにその子教会が自身の子教会を生み出すという具合に，教勢の拡大が図られてきた。信仰上の子は親の圧倒的な魅力に感銘を受け，その情熱・興奮を自らの親の素晴らしさを伝え広める布教活動に活かすことで信者数を増加させ，それが必然的に宗教の組織化を伴ったのである。伝統仏教教団もかつては同様のパターンを踏んで成長し，現在の安定を得たのである。本山と末寺の関係がその事情を物語っていよう。

しかし，交通手段が発達し，人々の地理的移動が容易に行われるようになってくると，信仰に導かれた子の全てが導いた親の指導を受けるべく一堂に会することは難しくなる。彼らが全て一定地域内に居住しているとは限らないからである。東京在住の人物を親と仰ぐ子が大阪に住み，また別の子は北海道に暮らすことも珍しくはない。タテ線を重視し続けるかぎり，事務連絡にも多大な労力を払わねばならない。そこで，ヨコ線重視の方針が現れることになる。親が誰であれ，1つの地域内の信者をヨコにつなぐ「地区ブロック制」の確立である。こうすることで教団本部の官僚制機構は無駄のない組織運営を実現できるのである。

経営面からヨコ線が重視されるようになるにせよ，信者は情緒的なタテ線を大切に思っているだろう。そしてこの情緒的上下関係が宗教組織の結合の強さを保証する。逆に，部外者にはこの同じ関係が指導者による搾取の構図を生む元凶と映る。確かにそういった側面があることは否定しえない。しかし，上が下に一方的にプレッシャーを及ぼすケースばかりではない。市井で地味に暮らしていた宗教家・霊能者が，その支持者に祭り上げられ，いまでは宗教組織の教祖として崇められているというケースも少なくない^{▷4}。タテ線は，信者から組織中枢の指導者に及ぼされる影響力の通路でもあるのだ。

（三木　英）

▷4　例えば円応教の教祖（深田千代子）の念頭に教団結成の意図はなかったようである。教祖はその死後，後継者・支持者の働きによって教祖として位置づけられたのである。また自身の遺体を鴨川の魚の啄むに任せるよう遺言した親鸞が大教団設立を企図していたとは思われない。事は現在の新宗教だけではない。

参考文献

森岡清美，1986，「宗教組織——現代日本における土着宗教の組織形態」宮家準・孝本貢・西山茂編『リーディングス日本の社会学19　宗教』東京大学出版会，164-175

I　理論・学説

 宗教運動論

1　宗教運動とは何か？

「運動」といった場合，労働運動，市民運動，社会運動，政治運動など，様々な運動の形態を思い浮かべることができる。宗教運動はこれらの世俗的な諸運動と異なっているわけではなく，「運動」としての共通性を持っている。その一方，これらの運動とは区別される「宗教」的な特異性がある。運動とは発生から存続・消滅化までの展開過程のことであり，なかでも運動の目的と手段が聖なる象徴体系に規定されているのが，宗教運動である。

ただし，宗教運動といっても，例えば，中世ヨーロッパの千年王国運動から現代世界のファンダメンタリズムやスピリチュアリティ系の運動まで，多種多様である。ここでは，宗教運動を聖なる象徴体系に基づいて，人間や社会の救済を目的とする集合行為であると規定しておこう。

宗教運動がどのような聖なる象徴体系に基づき，発生し，存続してきたのか，または消滅したのか，その展開過程の特徴や規定要因を析出することが，宗教運動論の重要な課題である。

2　チャーチ・セクト類型論による分析

では，こうした課題はこれまでの研究でどのように検討されてきたのだろうか。欧米の宗教社会学では，宗教運動の展開過程を教団組織の類型（特にチャーチ・セクト類型論）の移行過程と考え，その移行パターンを分析してきた。これは教団組織の変化に注目した研究であり，類型間移行分析という。

ローランド・ロバートソンは，チャーチ・セクト類型論の教団類型を用いて，イギリスのキリスト教系新宗教である救世軍の移行パターンを分析している。ロバートソンは，排他性の強いセクトだった救世軍が，イギリス社会に寛容な，制度化されたセクトに変化したことを指摘している。

3　教団ライフサイクル論と教団ライフコース論

こうした分析に対して，宗教運動の発達過程に着目したのが，森岡清美の「教団ライフサイクル論」である。森岡は，アメリカの宗教社会学者デビッド・D・モバーグが提示した教団組織の発達過程の5段階説を用いて，教祖の誕生から弟子サークルの出現，宗教集団の形成，官僚制化，制度化を経て，形

▷1　西山茂, 1981,「新宗教の運動と組織」井上順孝他『新宗教研究調査ハンドブック』雄山閣, 79-103
▷2　吉原和男, 1977,「比較宗教運動論序説」『哲学』65：189-214。日本の宗教運動論の整理については，大谷栄一, 1996,「宗教運動論の再検討──宗教運動の構築主義的アプローチの展開に向けて」『現代社会理論研究』6：193-204を参照。

▷3　教団組織の類型については I-4 も参照。

▷4　ロバートソン, R., 田丸徳善監訳, 1983,『宗教の社会学──文化と組織としての宗教理解』川島書店, 114-115

骸化するまでの教団のライフサイクル過程を法則的に捉えようとした。モバーグの5段階説とは，①萌芽的組織の段階，②公式的組織の段階，③最大能率の段階，④制度的段階，⑤解体の段階からなる。森岡は，このライフサイクル過程の分析を，日本の新宗教である立正佼成会の事例に当てはめて分析している。

宗教運動の展開過程の一般的な規則性を明らかにすることをめざした教団ライフサイクル論に対して，森岡が前提とする教団組織の自然史的な発達過程を批判し，宗教運動の個別性を重視したのが，西山茂の「教団ライフコース論」である。西山は，教団組織が歴史的な出来事や外部環境の変化に対応して主体的に自らを再組織するという教団の意思決定を組み込んだ議論を提示し，戦後の創価学会の展開過程を分析している。なお，2人の研究には家族社会学の議論を参照して，教団組織の変化を描くという特徴がある。

4 社会運動としての宗教運動

宗教運動が社会学で取り上げられるとき，「宗教運動」は「社会運動」の下位概念として位置づけられ，社会運動論的な観点から分析されることもある。いわば，運動としての側面を重視した研究である。例えば，ニール・J・スメルサーの構造機能主義的な集合行動論に基づき，宗教運動を価値志向運動という観点から分析した塩原勉の創価学会研究はその一例である。

また，近年では，1990年代以降の欧米の社会運動論の成果を取り込み，運動の資源動員構造，文化的な意味づけ（フレーミング），政治的機会構造という観点から，オウム真理教（現在のアーレフ・ひかりの輪）の教団発展の過程を分析した櫻井義秀の研究がある。そこでは，宗教運動の展開過程を規定する資源や政治的条件の問題，成員たちの意味づけが教団の組織化や運動過程に与える影響が検討されている。

宗教運動の展開過程を，教団組織の変化に焦点を当て分析する従来の研究スタイルは今後も発展的に継承されるべきであろう。と同時に，宗教運動の置かれた政治的・社会的・文化的条件や聖なる象徴体系に基づく布教戦略を分析し，人々の相互行為や外部環境との相互作用を通じて，「教団」が組織化・制度化され，「運動」が構築されていく過程を分析していくことも求められている。

すなわち，運動という側面と宗教的な側面に関する分析を組み合わせた新たな宗教運動論の開拓が求められているのが，現在である。　　　（大谷栄一）

▷5　森岡清美, 1989, 『新宗教運動の展開過程──教団ライフサイクル論の視点から』創文社。森岡清美の教団ライフサイクル論については I-15 も参照。

▷6　この5段階説は，教団組織の組織化・制度化を説明したものであり，このなかにチャーチ・セクト論も組み込まれている。

▷7　西山茂, 1998, 「内棲宗教の自立化と宗教様式の革新──戦後第二期の創価学会の場合」沼義昭博士古希記念論文集編集委員会編『宗教と社会生活の諸相』隆文館, 113-141

▷8　塩原勉, 1976, 『運動と組織の理論』新曜社, 398-429

▷9　櫻井義秀, 2006, 『「カルト」を問い直す──信教の自由というリスク』中公新書ラクレ

Ⅰ 理論・学説

 宗教儀礼論

1 儀礼とは何か？

儀礼とは，神話や教義とともに宗教を構成する重要な要素の1つであり，礼拝や崇拝，あるいは修行の形態であり，また宗教における行為の側面である。宗教集団の内部で行われているものから，慣習化され地域の民俗となっている祝祭や通過儀礼まで，いずれも独自の儀礼の体系を持っているといえる。宗教社会学では，デュルケームの古典的著作『宗教生活の原初形態』において提示された儀礼理論が今日の研究にも大きな影響を与えている。

デュルケームは，オーストラリアのアボリジニ社会に関する報告をもとに，宗教的な儀礼体系を消極的礼拝と積極的礼拝との2つに概念化した。前者は，聖なるものを隔離するための禁忌の体系であり，後者は聖なるものとの積極的な交流が目指される体系である。積極的儀礼は，一種の豊饒儀礼であり，自然に対する働きかけが儀礼によって行われる。トカゲの氏族が祖先であるトカゲを表す岩を剥ぎ取り，各方角へ撒き散らす行為によって豊饒を期待するという。トカゲに相当するものは，蜜蜂，カンガルー，青虫など，様々な形態をとるが，それらは同じ儀礼のヴァリエーションである。

2 儀礼と集合的記憶

積極的儀礼は物理的自然に働きかけようとしているのだという儀礼の呪術的な意味づけは，儀礼を行う当事者たちによる理由づけから導き出されたものであり，儀礼が行われる真の意味を開示するものではない。儀礼の真の意味を把握するためには，物理的な成果が期待されていない儀礼を見る必要がある。デュルケームはインティチュマと呼ばれる儀礼を考察し，その一連の儀礼の中で，岩や石などの景観そのものがエピソード化された部族の歴史を担っていることや，それらを辿る巡礼によって過去への想起が行われていることなどに着目した。「彼らがたどっていく国は，光栄ある祖先たちが残した思い出にまったくみたされている」と，彼は述べている。そして，積極的礼拝の中には，何ら物理的効力を目的として行われるのではない儀礼があり，それを記念的儀礼と贖罪的儀礼とした。なぜ人々は儀礼を行うのか。それは，「過去に忠実であろうがためであり，集合体にその道徳的特色を保有するためであって，儀礼が生み出しうる物理的効果のためではない」と述べている。つまり，儀礼は，集

▷1 ファン＝ヘネップ, A., 綾部恒雄・綾部裕子訳, 1995,『通過儀礼』弘文堂, 21
▷2 デュルケム, E., 古野清人訳, 1975,『宗教生活の原初形態』上・下, 岩波書店

合的記憶を構成し，集団にアイデンティティを与えるのである◁3。

デュルケームが提示したのは，「社会的集団が周期的に自己を再確認する手段」としての儀礼という理解であり，集合的感情や道徳的力，集合表象は，個人の精神の中に存在する個人を超えた非人格的存在である。祝祭にしろ，喪や贖罪にしろ，それらは人々を集わせ，同じ儀礼に従事させることによって同一の社会的感情を共有させる。そうして人々が集い合うこと自体が，社会の道徳的力を高め，意識を刷新し，人々に力を与えるのである。集合表象の起源は集合体にあり，それが弱まったときには，再び集合体の中に浸される。デュルケームが想定したのはこのような事態であり，宗教社会学における儀礼は，社会全体の統合の問題と結びつけられて考えられてきた。

3 現代社会論としての儀礼研究

ピエール・ブルデューは，「儀礼はそれ自体が目的である実践であって，その完全な姿がその遂行と一体となった実践である。すなわち，儀礼とは，『慣例である』から，あるいは『しなければならない』からする行為であり，またしばしばそうする以外にはやりえないからやる行為」であるとしている◁4。

彼は，このような行為遂行的（performative）な効果をもつゆえに，儀礼は恣意的な境界や社会的差異を正当化し，自然化する「聖別」（consecrate）の効果をもたらすと指摘している。未開社会における割礼などの通過儀礼は，差異の存在しないところに差異を生み出している。すなわち，割礼を受けた者（大人）／割礼を受けない者（子ども）。あるいは，割礼を受けられる者（男性）／割礼を受けられない者（女性）。さらに，割礼を受けられる者でかつ割礼を受けた者（真の男性）という聖別を生み出す。彼の挙げる有名な例は，試験化された現代社会である。現代の受験社会において，一流校の入学試験に合格した最後の者と，不合格だったトップの者との実質的な差異はほとんどないにもかかわらず，その差異は，彼らの人生や彼らをとりまく社会関係上の極めて広範な差異を正当化してしまっているという◁5。

コミュニケーションの観点からいえば，一定の形式化された動作，歌，呪文の朗詠，造形物など，独自の儀礼上の媒体を使用することによって知識を生成しているものとして儀礼を理解することもできる。そこで伝達される知識は独自の時間感覚を生み出し，かつ遂行的な性格を持つ知識である。それは恣意的な差異を正当化してしまう◁6。この意味で儀礼は支配を正当化するイデオロギー装置であるといえる。

このように，社会科学の文脈における儀礼研究は，儀礼の形態の分析，認知的効果の分析，そして社会的効果の分析として編成されてきた。さらに，宗教的儀礼を考えるにあたって忘れてはならないのは，単に認知や知識の側面を見るだけではなく，その情緒的な強烈さや「聖なる」感覚の存在であろう。　（粟津賢太）

▷3　デュルケーム学派において集合的記憶は対象化されている。次のものを参照。アルヴァックス, M., 小関藤一郎訳, 1999,『集合的記憶』行路社

▷4　ブルデュ, P., 今村仁司・港道隆訳, 1988,『実践感覚』1, みすず書房

▷5　Bourdieu, P., 1991, *Language and Symbolic Power*, Gino Raymond and Matthew Adamson (trans.), Harvard University Press, 118.

▷6　ブロック, M., 田辺繁治・秋津元輝訳, 1994,『祝福から暴力へ——儀礼における歴史とイデオロギー』法政大学出版局

I 理論・学説

7 カリスマ論

1 ウェーバーのカリスマ論

19世紀ドイツの社会学者マックス・ウェーバーは「カリスマ」をある個人の非日常的・超人間的・超自然的と見なされる資質と捉えた。この意味でのカリスマは，広く英雄や海賊や独裁者といった宗教以外の領域で人並み外れて活躍する人物にも認められる。しかし宗教社会学の文脈でウェーバーが言及するカリスマの典型は，呪術師のもたらす奇跡や，預言者が神から預かる言葉である。

カリスマを認められた人物は，そのカリスマを証明できるかぎりで人々から支持される。すなわち呪術師は奇跡をもたらすかぎり，預言者は神の言葉が現実に妥当するかぎりで，支持される。そして呪術師や預言者が自らを支持する人々を指導する「カリスマ的支配」は，カリスマの承認が通常の規則に拘束されないがゆえに非合理的である。と同時に，伝統に拘束されないがゆえに革新的な支配である。特に預言者は「……と記されている。しかし，わたしはあなたがたにいう」と主張することで支持を求める。

2 カリスマ崇拝の発生と展開

ウェーバーのカリスマ論は，20世紀に入り新しい宗教運動の事例に適用されるごとに，少しずつ洗練されている。ブライアン・ウィルソンは，アメリカ・アフリカ・メラネシアなどの文字をもたない先住民の間に急速に広まったカリスマ崇拝に論及している。すなわち外来のキリスト教の影響を受けつつ土着の精霊信仰を活発にした預言者たちが，極めて短期間の活動にもかかわらず，部族間の境界を越えて信奉されるようになったのは，先住民が欧米文化に接触した土着文化の衰退を恐れたからと説明した。つまり救世主到来が期待される文化状況において，預言者以上に先住民の方がカリスマを要求したのである。

島薗進はこの現象と比較して，日本の近代初期の新宗教における教祖崇拝の変容を論考している。すなわち神がかりの起きた当初は地域の住民から呪術師と目されるにとどまった教祖は，次第にその人格に魅了された信徒たちから主宰神の預言者と信じられるようになり，死後には至高の救世主と認識されるようになったと説明した。つまりキリスト教のような至高の救世主についての神話が広まっていない日本の文化状況で，帰依者のカリスマへの要求が発展したといえる。

◁1 「世界宗教の経済倫理 序論」のなかでカリスマの用語を解説した部分（大塚久雄訳，1972，『宗教社会学論選』みすず書房，86-96）が簡潔でわかりやすい。

◁2 ウィルソン，B.，山口素光訳，1982，『カリスマの社会学──気高き未開人』世界思想社

◁3 島薗進，1982，「カリスマの変容と至高者神話──初期新宗教の発生過程を手がかりとして」中牧弘允『神々の相克──文化接触と土着主義』新泉社，51-77

３ 逸脱論の導入

　ウェーバーが非日常的な資質と捉えたカリスマは，プラスの方向に卓越したものとして論じられやすい。しかし状況によっては，マイナスの方向に逸脱した資質とも見なされる。

　ウォルフガング・リップは，ある人物が周囲の人々からマイナスの印（スティグマ）を付与され，社会の周辺に追いやられてゆく過程を「スティグマ化」と捉えている。これに対し，その人物が自身に付与されたスティグマを無効と評価し直し，積極的に受容していく過程が「自己スティグマ化」である。なぜ「汚名」を着せられねばならないのか，自分は神に選ばれた存在なのではないかと自己肯定するのである。このような人物が周囲の人々からカリスマを承認され，社会の中心に位置づけられていく過程が「カリスマ化」である。川村邦光はこのリップの議論を手がかりに，新宗教の教祖となる女性が，神がかりによって民俗社会から付与されたスティグマを積極的に受容し，信徒たちとともにカリスマへと転換していく弁証法的な過程を明らかにしている。

４ 教祖カリスマの継承

　リップ-川村のカリスマ論にしたがえば，ひとたび周囲の人々から付与されたスティグマをカリスマに転換しえた人物は，既存の権威を崇敬する社会から付与されるスティグマをもカリスマに転換していく。しかし長期にわたって広まる宗教の教祖は，むしろ本人が死去してから，さらに多くの信者に崇拝されていく。教祖のカリスマは，残された信徒たちにどのように継承されていくのだろうか。

　すでに教祖の存命中から，奇跡や預言をもたらす能力など彼のカリスマの一部が彼の信用する信徒に委譲されることは珍しくない。對馬路人が日本の新宗教の事例で指摘したように，教団の組織が拡大し，教祖だけでは統制できなくなるからである。しかしそれらの部分的なカリスマが教団において元の教祖のカリスマと同程度に崇拝されることはない。特に教祖の死後は，教祖の預言や呪術を側近たちが定式化した教義や儀礼，あるいは教祖の一族の血統の方が権威を持つようになる。ウェーバーが「カリスマの日常化」として論じたように，ある個人の純粋なカリスマは彼の死によって急速に衰え，規則や伝統にとって代わられるといえる。しかしエチオーニは，公式組織における指導者のカリスマは官職においてこそ機能することを指摘し，その分布の型を論じた。對馬はその議論を踏まえて，日本の新宗教教団においてはトップの官職が教祖の家の子孫に世襲されやすいことを確認し，教祖から委譲されたカリスマとどのような関係にあるかを考察した。教祖から委譲されたカリスマが官職のカリスマや世襲のカリスマによって抑制される面だけでなく，補強される面にも注意したい。

（岡尾将秀）

▷4　Lipp, W., 1977, "Charisma ― Social Deviation, Leadership and Cultural Change: A Sociology of Deviance Approach," *The Annual Review of the Social Science of Religion*, vol. 1, 59-77.

▷5　川村邦光, 1982,「スティグマとカリスマの弁証法――教祖誕生をめぐる一試論」『宗教研究』253：67-94

▷6　對馬路人「宗教組織におけるカリスマの制度化と宗教運動――日本の新宗教を中心に」宗教社会学の会編, 2002,『新世紀の宗教――「聖なるもの」の現代的諸相』創元社, 251

▷7　カリスマがトップの官職だけに集中する場合，トップから下位の官職までラインに沿って万遍なく分布する場合，中位の官職だけに偏って分布する場合の3タイプに分類した（エチオーニ, A., 綿貫譲治訳, 1966,『組織の社会学的分析』培風館, 146-168)。

▷8　對馬路人, 2002,「宗教組織におけるカリスマの制度化と宗教運動――日本の新宗教を中心に」宗教社会学の会編『新世紀の宗教――「聖なるもの」の現代的諸相』創元社, 265-273

I 理論・学説

8 入信過程の説明モデル：人はどのようにして信仰に至るのか？

1 信仰への道

　人はなぜ信仰の道に入るのか。宗教研究では，人が信仰に至る過程を回心論や入信動機論として探究してきた。一方において，アウグスティヌスやルターといった偉大な宗教者が信仰に目覚める契機を研究する宗教的偉人伝的な回心研究があり，他方では，もっと身近なごくふつうの人々が宗教団体に加入する経緯を説明する入信研究がある。いずれにしても，信仰の目覚めや入信に至る過程で作用する心理学的・社会学的要因を探ることが回心・入信研究の主要な営みとなる。

2 入信モデル

　入信の説明の仕方として，4つのモデルを取りあげよう（図I-8-1）。
　①押し出しモデルは，入信者の側で個人的要因と社会的要因が作用し入信に至ると仮定する。新宗教研究で代表的な入信契機として「貧・病・争」が挙げられるように，押し出し要因としては，一般的に，貧困，排除，剝奪，心理的危機，葛藤など，不幸や苦難に関わる要素が想定される。なかでも社会的に剝奪された人が入信すると仮定する理論を剝奪理論という。
　②引き込みモデルは，教団の勧誘や働きかけが成功するときに入信が実現すると仮定する。典型的なものは，洗脳理論やマインド・コントロール理論である。このモデルは，カルト宗教に対してよく適用される。真面目な若者がカルトに入信するのは，巧妙な勧誘テクニックによるという発想である。◁1

▷1　渡邊太，2002，「洗脳，マインド・コントロールの神話」宗教社会学の会編『新世紀の宗教──「聖なるもの」の現代的諸相』創元社，207-245

　③押し出しモデルと引き込みモデルは，入信者と教団の相互作用の一面を切りとったもので，両者の要因を組み込んだのが相互作用モデルである。
　④3者関係モデルは，隠れた第3者が入信を媒介すると仮定する。例えば，親に対する反発が子どもを教

押し出しモデル	入信者 → 教祖	人を宗教へと押し出す要因が作用する
引き込みモデル	入信者 ← 教祖	教団の働きかけが人を宗教へと引き込む
相互作用モデル	入信者 ⇄ 教祖	押し出し要因と引き込み要因がともに作用する
3者関係モデル	入信者 ⋯ 教祖／媒介者	第3者が媒介として働く

図I-8-1　入信モデル

団へと向かわせる場合がある。親が反対すればするほど，かえって子どもは親から離れようとする。このとき親は，意図せず入信の媒介者となっている。

３ 信仰を維持するメカニズム

　以上４つのモデルは，入信に至る潜在的要因や入信のきっかけを説明するものである。だが，信仰は入信という一度かぎりの行為によって形成されるのではない。人が信者でありつづけるためには，入信後も信仰を維持するメカニズムが機能しなければならない。

　ロバート・J・リフトンは，朝鮮戦争時に中国共産党の収容所でアメリカ軍捕虜が受けた思想改造の効果について検証している。その結果，リフトンは，思想改造が永続的な心理変化をもたらすものではないという結論に至った。思想改造によって一時的に中国の共産主義イデオロギーに転向した捕虜の多くは，本国に帰還してしばらくすると，もとの自由主義的思想を取り戻したのである。[2]

　ピーター・L・バーガーによれば，「世界観とはすべて共謀に他ならない。共謀者とは，特定の世界観が自明とされるような，特定の社会状況を構築する人びとのことである」[3]。すなわち，新たに獲得されたイデオロギーによる世界観は，自分１人で維持できるものではなく，同じイデオロギーを信奉する人々と生活をともにすることで共同主観的世界観として構築されるのである。

　共謀によって世界観を構築する際に，イデオロギーを共有する仲間との会話は重要であり，信仰共同体では，しばしば回心に至る自己の物語が語られる。回心の物語は，文字通りの事実をあらわすものではなく，現在の信仰のパースペクティヴから過去の出来事を再解釈したものである。「私がまだ罪多き人生を送っていた頃……」「私がまだブルジョワ意識に囚われていた頃……」等々。

　このように物語をそのつど新たに語りなおすことにより，信仰は深みを増していく。物語行為は信仰の表現ではなく，信仰そのものをつくりだすのだ。また，物語の聞き手は語られた物語に対して信仰の視点から批評を加える。このような話し手と聞き手の共同作業を経て，回心の物語は次第に洗練され信仰も深まっていく。

　パスカルは，信仰に至る３つの手段として，理性・習慣・霊感を挙げているが，ふつうの人々にとっては習慣が最も身近なものだろう。「彼らが，まずやり始めた仕方にならうといい。それは，すでに信じているかのようにすべてを行なうことなのだ。聖水を受け，ミサを唱えてもらうなどのことをするのだ。そうすれば，君はおのずから信じるようにされるし，愚かにされるだろう」[4]。習慣は，おそらく信仰への道を約束してくれる最も簡便な方法だろう。宗教が共同体を為す理由もたぶんここにある。

(渡邊　太)

▷2　リフトン，R. J., 小野泰博訳, 1979,『思想改造の心理』誠信書房

▷3　バーガー，P. L., 水野節夫・村山研一訳, 1979,『社会学への招待』思索社, 94-95

▷4　パスカル，B., 前田陽一・由木康訳, 1973,『パンセ』中央公論社, 163

I 理論・学説

 宗教心理学

▷1 本書では、③は I-8、④はⅧ章全体で扱い、⑤は I-10 や Ⅱ-2 Ⅱ-3 Ⅱ-4 で扱う。

　宗教心理学において，以下の5つは重要性の高いテーマである。すなわち①変性意識状態とその社会的文化的位置づけ，②道徳心・宗教心の発達，③回心・入信，④心理学文化の普及，⑤宗教的価値観，の5つである。ここでは①②を見ていこう。◁1

1 変性意識

　変性意識とは，日常の意識状態とは異なる意識状態のことであり，酩酊，陶酔，白昼夢や幻想，瞑想や憑依など，多様なものが含まれる。

　現代では，変性意識は私的な時と場所でのみ許される。仕事中にぼんやりするわけにはいかないが，私的な時間には，例えば仲間と飲酒して大騒ぎしたり，シャワーや入浴で気持ちを整理したりすることができる。

　日常の意識において考えもしないことに，変性意識のなかでふと気づくこともあるため，変性意識を重んじる文化も世界各地には存在する。「他界を旅」したり「神々や死者の霊を憑依」させたりし，タブーの侵犯や先祖の祟りなどを知ることを生業とするシャーマンは，変性意識状態のなかで，常人が知り得ないことを感知できると信じられている。日本では，沖縄のユタや青森のイタコ，また都市部の霊能祈祷師が，シャーマンにあたる。

　宗教心理学は，こうした人々が変性意識状態のなかで何を体験するのかを，直接的間接的に調べようとする。例えばシャーマンはどのように前世の姿や先祖の霊を「見る」のか，それの善し悪しがどのようにわかり，どのようにして相談者へのアドバイスがされるのかといったことは，本人にインタビューしてそれをひとまず事実と見なすしかない。

　一方，宗教社会学では，これらの真偽ではなく，本人と周囲の社会や文化とのつながりを問う。例えば，変性意識内容を周囲はどう評価したか。軽視したのか尊重したのか，あるいは長期間かけて拒絶から受容に至ったのか。また，アドバイス内容には普遍的なパターンと文化差がともに見られるかといったことである。事前に得ていた知識が返答に影響を及ぼしているかなども自問すべきである。

2 発達：ジレンマの克服

　人生上の課題の受け止め方で発達を見る基準をシンプルに図式化したのは，

心理学者ローレンス・コールバーグである。彼は，ジレンマ（板ばさみ）が生じるような道徳上の課題（モラルジレンマ）とその克服の達成度により，道徳心の6段階の発達を考えた。道徳的に生きようとしても，例えば，正直と友情という2つのモラルが両立できないというジレンマにぶつかることがある。そのとき処罰や批判を避けようとして行動を選ぶしかできない低い段階を越えて，正義や公正などの見えない価値観を体得し，より高い見地でジレンマを克服するようになる過程が，発達であると見るのである。

こうしたモラルジレンマ理論には，正義や公正という（男性的な）価値観を上位に置きすぎるという批判もある。思いやりや世話や配慮という（女性的な）それは，正義や公正に比べて常に下位にあるとは限らないのではないかと，キャロル・ギリガンは批判した。

ところで，心理学者エリック・エリクソンは，宗教改革者マルチン・ルターなどの偉大な人物が，人生の課題と人間関係の諸問題に取り組み，ときに精神病に近い状態にまでなりながら，その人格と思想を作り上げていく過程を研究した。心理史と呼ばれるエリクソンのこの研究方法では，日記，手紙，伝記，出生地や生育地の地域史，関係者へのインタビューなど，あらゆる資料が駆使される。エリクソンも，葛藤をより上位から見る視点の獲得について，8段階の発達図式を描く。生への希望を持つことから始まって，生活の技術を身につけ，価値観を重んじ，愛し合い次世代を養い，自分の経験を次世代に伝えるすべを得て，人生を達観できる視点を獲得していくというのがエリクソンの考えた発達図式である。

ジェームス・ファウラーは，ジレンマ対処についてのコールバーグやエリクソンのモデルを，宗教心の発達という観点から統合しようとしている。

3 宗教心理学を学ぶ

宗教心理をめぐる研究の難しさは，内容の真偽に関する肯定否定，特定の発達を重視する立場に引っ張られてしまいがちなところにあるため，研究はかなり慎重に行う必要がある。何を宗教心と見なすか，どんな発達モデルをとるかで，同じ事実を踏まえていても全く異なる結果に行き着くことも，留意されるべきである。

変性意識を体験したり，人間としての成長のさなかにあったりする当事者（信仰者）は，自分の姿を客観的に見ることはできない。宗教の外から見れば一定の距離を取ることは容易だと思うかも知れないが，実際には，調査をしているうちに当事者と親密になり，知らず知らず肯定的な記述になったり，逆に反感や疑念が表面化したりしがちなのである。したがって，冷静かつ慎重に，自分の立場を確認していく作業が重要になる。

(葛西賢太)

▷2 コールバーグ, R., 永野重史監訳, 1987, 『道徳性の形成――認知発達的アプローチ』新曜社

▷3 ギリガン, C., 岩男寿美子訳, 1986, 『もうひとつの声――男女の道徳観のちがいと女性のアイデンティティ』川島書店

▷4 エリクソン, E. H., 西平 直訳, 2002・2003, 『青年ルター』1・2, みすず書房

▷5 Fowler, James W., 1995, *Stages of Faith : The Psychology of Human Development and the Quest for Meaning*, Harper San Francisco.

参考文献
バティスタ, J. R., スコットン, B. W., チネン, A. B., 安藤治・是恒正達・池沢良郎訳, 1999, 『テキスト トランスパーソナル心理学・精神医学』日本評論社
佐々木宏幹, 1980, 『シャーマニズム』中央公論社
ジェイムズ, W., 桝田啓三郎訳, 1969・1970, 『宗教的経験の諸相』上・下, 岩波文庫
徳田幸雄, 2005, 『宗教学的回心研究――新島襄・清沢満之・内村鑑三・高山樗牛』未來社

Ⅰ 理論・学説

 宗教意識論

1 「無宗教」だが「宗教的」な日本人

現代の日本社会には，自分を「無宗教だ」と考える人が多いようである。

石井研士によれば，「信仰の有無」についての諸種の世論調査のデータからいえることは，戦後日本人の宗教意識は緩やかな減少傾向を見せており，近年では信仰ありと回答した人の割合が，昭和20年代のおよそ半分になっているということである（図Ⅰ-10-1）。

他方で，統計数理研究所の「日本人の国民性調査」やNHK放送文化研究所の「日本人の意識」調査などの結果からは，7割以上の人が宗教や信仰に関わる何らかのことをある程度以上「信じている」ということがうかがえる[1]。実際，大学生などに対するアンケート調査の結果においても，初詣や墓参などの宗教的習俗を行っているのは回答者のほぼ半数にのぼり，死後の世界や霊感・霊視など宗教に近いとされるオカルトや神秘現象への関心も同様に高い。

上記の学生アンケートは，「宗教と社会」学会の宗教意識調査プロジェクトと國學院大學日本文化研究所の宗教教育プロジェクトが，1995年から2001年まで7回にわたり全国の大学生，短大生，専門学校生などを対象に合同で行ったものである[2]。1999年以降は同時に韓国で行われた年もあり，日本と韓国の学生の間には部分的に際だった相違が見られる。例えば，宗教への関心について「信仰あり」と回答した日本人学生が7.9％であるのに対し，韓国人学生は45％という高い割合だ。信仰している宗教の内訳については日本では新宗教が最多であったのに対し，韓国ではキリスト教が7割に近く，キリスト教徒の人口が1％強しかない日本の状況とはかなり異なっていることがわかる。また，宗教の必要性については日本人学生の約5割が必要としたのに対し，韓国人学生では8割以上が必要と答えている。

このように国際比較をすれば日本人の宗教意識の特徴についての輪郭がより明確になる[3]。日本人の国民性調査に関わった西平重喜は，国際調査などのデータに基づいて，1970年代から欧米8ヶ国・アジア・南アメリカも含めた国際比較の分析を行っている。また，近年では，真鍋一史らが世界価値観調査（WVS）や国際社会調査プログラム（ISSP）などの国際比較調査を用いた宗教意識の分析を行っている[4]。

他方で，量的データからは読み取れない宗教意識の細かいニュアンスをつか

▷1　Ⅱ-2 および資料参照。

▷2　その成果については，井上順孝，2002，「警戒される『宗教』と維持される『宗教性』──七年にわたる学生への宗教意識アンケート調査から」『現代宗教 2002』東京堂出版などを参照。

▷3　Ⅱ-2　Ⅱ-3　Ⅱ-4 および資料も参照。

▷4　ISSPの調査では1991年と1998年に宗教をテーマとした調査を行っている。真鍋一史・Wolfgang Jagodzinski・小野寺典子，2000，「ドイツと日本における家族志向と宗教──ISSP宗教調査データの分析」『NHK放送文化調査研究年報』45：239-254

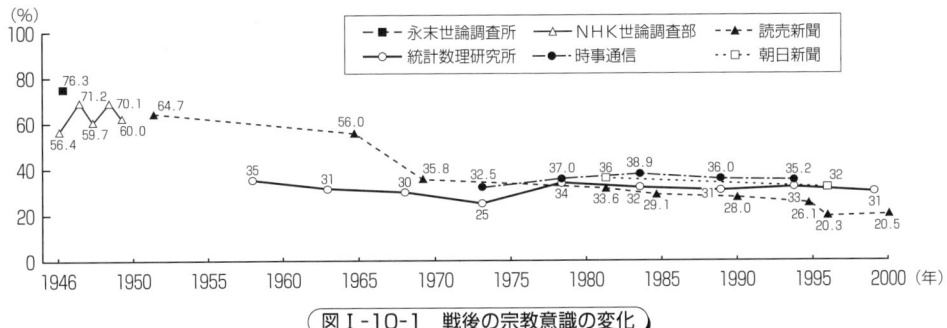

図 I-10-1　戦後の宗教意識の変化

出所：石井研士，2001，「統計に現れた日本人の宗教性の現状」『現代宗教 2001』東京堂出版より作成。

むために，質的調査も試みられている。例えば，島薗進は約100名のインタビューデータからいくつかの事例を抽出して，現代日本人のなかで広い意味での「宗教的な」あり方を具体的に表している人物たちについて論じている。そこでは，聖職者でありながら宗教教団の枠を離れて本来の宗教的なものの発現を求める人や新霊性運動に関わる人だけでなく，一見宗教的なものとは全く関わりのない日常生活を送っている人々や芸術・工芸・ボランティアといった宗教以外の活動に関わる人々が，自己を超えたものに生きる力の源泉を求めていることが明らかにされている。

　このようなインタビューに基づいた調査は，サンプリングや代表性の問題などでの制約があるものの，量的調査のマクロな分析と併用することで，宗教意識の実態把握に今後さらに活かされる必要があるだろう。

❷「宗教」の翻訳という課題

　国際的な調査を用いた比較分析の際に，注意すべきことの1つは，質問項目の翻訳の問題である。例えば，宗教への実践的関与を問う場合，キリスト教圏での教会への出席率と，日本国内の教会出席率との比較はもとより，寺院や神社への参詣率と単純に比較しても，十分な理解は得られないであろう。

　阿満利麿は，日本人が「無宗教だ」という際，「特定宗派の信者ではない」，あるいは「特定宗派に限定されることへ抵抗がある」という意味で述べているのであって，キリスト教でいわれる「無神論者」ということではないと指摘している。そのようなニュアンスのブレがおこる歴史的背景として，そもそも「宗教」という語が明治の初頭にreligionの翻訳語として外交上新たに登場し，キリスト教的な概念のニュアンスを含んだまま，日本人の実感とはかけ離れたところで，「宗教」の語や宗教制度が形づくられたことが説明されている。

　このような「特定宗派」への抵抗感はまた，オウム真理教の地下鉄サリン事件などの教団による社会とのトラブルなども影響しているだろう。宗教意識の現状を把握するためには，統計的データの数値を歴史的・社会的背景と丹念に照らし合わせていく作業が必要である。

（西村　明）

▷5　上廣倫理財団「現代日本人の生き方」調査プロジェクト（1996-1999）のデータ。

参考文献

阿満利麿，1996，『日本人はなぜ無宗教なのか』ちくま新書

石井研士，1997，『データブック　現代日本人の宗教　増補改訂版』新曜社

石井研士，2001，「統計に現れた日本人の宗教性の現状」『現代宗教 2001』東京堂出版

NHK放送文化研究所編，2004，『現代日本人の意識構造　第6版』NHKブックス

島薗進，2003，「自己を超える」宮島喬・島薗進編『現代日本人の生のゆくえ──つながりと自律』藤原書店，143-184

I　理論・学説

　宗教現象学

　宗教現象学とは何か

　宗教現象学とはいったい何だろうか。およそ宗教に関わる人間の営みや，その営みから生まれたものの全ては，宗教現象と呼ぶことができそうだ。様々な教典や神話を構成する宗教言語や，イコンや聖歌などの宗教芸術は宗教現象の一種だろう。儀礼や布教といった宗教行動も，その一種に違いない。

　そのような多種多様な宗教現象には，しかしながら歴史的，地理的限定を超え，また○○教とか△△教といった枠を超えて，互いに似通った部分が認められることも多い。それらの共通点や，反対に対比的に眺められる部分などを明らかにしながら，世界中の宗教現象を体系的に理解していこうとする壮大な構想が，宗教現象学の出発点だった。◁1

　他方，宗教現象学という言葉は，宗教学のなかでも特に「現象学的」と呼ばれる独特の方法論をとるものとして，より限定的に用いられることもある。この場合には，個々の現象を記述し，それらを比較，分類するだけではなく，それらをほかならぬ宗教現象として成り立たせているもの，つまり宗教現象の本質は何か，という問題に積極的な関心を持つということが，大きな特徴になってくる。◁2

　この方向での宗教現象学を確立したファン・デル・レーウらは，まず現象の背後に神や神々，霊その他の存在を前提するような考え方を括弧に入れた。◁3 宗教現象の本質を，現象を超えたところに求めるのではなく，現象そのものに組み込まれた構造に求めたのである。

　この場合，構造とはある全体を構成する諸要素間の関係のまとまり，という程度に理解しておくとよい。自動車のエンジンにも構造はあるし，言語にも構造はある。前者が壊れるとエンジンは動かなくなり，後者が壊れると意味が失われる。ここでさしあたり，前者を〈機能する構造〉，後者を〈意味する構造〉，と対比しておくと，宗教の「構造」には，その両方に似た部分がある。宗教が一定の機能（社会統合や心理的不安の除去など）を果たす上で不可欠な構造に注目するのが，いわゆる機能主義の立場だとすれば，◁4 他方，それらの機能にはとどまらない独特の意味を宗教にもたらしている構造に注目するのが，宗教現象学の立場だといってよい。◁5

▷1　この意味での「宗教現象学」の構想を世に先駆けて問うた人として，シャントピー・ド・ラ・ソーセイの名が挙げられる。
▷2　ただし，昨今はそのような「本質」の想定自体を疑問視する研究者も多い。
▷3　このような態度は，哲学者フッサールが「エポケー」（判断停止）と呼んだ現象学的還元の発想に触発されたものだった。なお，哲学的現象学と宗教現象学の関係については棚次正和，1998,『宗教の根源──祈りの人間論序説』世界思想社に詳しい。
▷4　機能主義については I-17 参照。
▷5　もちろん，そのような「独特の意味」など存在しない，という主張もある。諸々の機能によって宗教の存在意義を説明しきれるとすれば，同じ機能を果たす別のものによって宗教を「過去のもの」にできる，ということになるかもしれない。この点は常に意見の分かれるところである。

2 ファン・デル・レーウとエリアーデ

　もちろん，そのような構造は個々の現象ごとに様々に異なるだろう。しかしながら，そこには差異を超えて常に中心的な位置を占めるような——つまり本質的な——関係が存在するはずだ，と宗教現象学者は考える。

　例えば，レーウはそれが人間と〈力〉との関係だとした。ここでの〈力〉とは常に「何か異なるもの」として人間の前に現れるものであり，その際に人間が抱く驚きから宗教は始まる，と彼はいう。その驚きが1回的なものであるかぎり，それはいまだ「宗教現象」以前のものだが，その力に人間が名を与え，何らかの行為をもって応じようとするとき，両者の関係に一定の構造と表現が与えられる。神話であれ儀礼であれイコンであれ，それが人間と〈力〉との関係の構造化であり，表現だと考えるかぎりにおいて，歴史的，文化的差異を超えてある程度理解可能なものとなる，というのがレーウの基本的な立場である。

　他方，〈聖〉と〈俗〉とが織り成す動的な構造こそが宗教現象の根幹だと考えたのが，ミルチャ・エリアーデである。エリアーデによれば，聖は俗の対立物として，俗は聖の対立物として捉えられるものの，両者は単に分離されているのではなく，むしろ両者が交叉するときにこそヒエロファニー（聖体示現）としての宗教現象が成立するという。このような事態を彼は，「聖と俗の弁証法」と呼んでいる。

　ただし，エリアーデは基本的に，聖がおのずから俗なる次元へと現れるという方向から宗教現象を捉えており，この場合，人間の側からの働きかけは現象の構成よりもむしろ，その発見と解読に求められることになる。実際，彼の議論に常に見受けられるのは，宗教現象の解読を通して世界そのものの意味生成の場へと迫ろうとする実存的衝動ともいうべきものである。

3 宗教現象学はもう古い？

　今日，宗教社会学者の関心は，「宗教現象」が人間を超えた力や聖なるものとの関係よりもむしろ，人間相互の関係において構成されていく側面の方に注がれている。その場合，レーウやエリアーデの名を想起させる「宗教現象学」という旗印を掲げることは，どちらかといえば避けられる傾向にある。

　しかしながら，さしあたり人間相互の関係という観点から眺められる諸々の現象が，事実，何ら人間を超えたものとの関わりなしに成立していると断定するのは性急だろう。大切なのは，宗教現象をもっぱら人間を超えたものとの関わりからのみ語ったり，反対にそれが徹頭徹尾社会的事象にすぎない，と断じることではなく，宗教現象であると同時に心理的，社会的，政治的，経済的事象でもある，といった多元的，多層的な記述の方法を練り上げていくことだろう。◁6

（堀　雅彦）

▷6　ここではかなり楽観的な展望を記したが，宗教社会学と宗教現象学との関係は，近年，特に「宗教」というカテゴリーの妥当性をめぐって一部，論争的な展開を見せている。そうした状況については，島薗進・鶴岡賀雄編，2004，『〈宗教〉再考』ぺりかん社に収められた各論考，および金井新二，2005，「宗教現象学の120年によせて」『宗教研究』343：93-114などを参照されたい。

参考文献

ファン・デル・レーウ，G., 田丸徳善・大竹みよ子訳，1979，『宗教現象学入門』東京大学出版会

エリアーデ，M., 風間敏夫訳，1969，『聖と俗』法政大学出版局

I　理論・学説

　市民宗教と公共宗教

1　市民宗教と建国の精神

　宗教とは個人的な信仰のことであり，特定の宗教が公共的価値や社会的役割を有するわけがないと読者は考えるかもしれない。しかし，宗教に対するこのような考え方は日本特有の世俗化された宗教意識を反映しており，世界の多くの人々は，宗教が社会・文化の形成に大きな役割を持つと考えている。

　市民宗教（civil religion）の概念は，ローマ帝国の祭祀儀礼にまで遡るとする論者もいるが◁1，ジャン・ジャック・ルソーの『社会契約論』を起源とするのが一般的である。市民宗教とは，「社会契約と法の神聖さを肯定的教理とし，不寛容を否定的教理」とする契約国家の精神である◁2。その後，19世紀の社会学者であるエミール・デュルケームも，ルソー同様，フランス共和制の基礎に個人の自律性に対する崇拝を据えることを説いた。啓蒙主義者や市民社会論者は，絶対君主や教皇庁の軛からブルジョワジーとしての市民が自立することを説いたのだが，市民社会の基礎には権威と神聖さを与える必要があると考えた。

　市民宗教の発想はアメリカにも見られる。ロバート・ベラーによれば，「民族が超越的実在との関わりの中で自らの歴史的経験を解釈するための意味の次元」がアメリカの市民宗教であり，独立宣言に示されたピューリタン的信仰告白と合衆国憲法に示されたリベラリズムの伝統に連なる◁3。アメリカには独立宣言や大統領の就任演説，あるいは近年では新1ドル硬貨に「至上の審判者」「神の摂理」「In God We Trust」という表現が登場する。アメリカ建国の精神に登場する市民宗教は，独立，奴隷解放，**公民権運動**◁4などの歴史的試練を経て普遍的な民主主義を目指すアメリカの精神的支柱となったが，市場資本主義と覇権国家的政策により独善的宗教に相貌を変えてしまったとされる。

　ベラーはタルコット・パーソンズの弟子であり，彼の市民宗教論はパーソンズの社会システム論における文化システムの発想を歴史社会学的に応用したものである。どこの社会にも個々の宗教集団とは次元を異にした歴史や文化に内在する超越的精神と，それを元に社会形成をめざす政治的営みがあるだろう。フランスやアメリカの場合，確かに「市民」宗教は実質的な意味を持ちうるが，日本の場合，近代の国家神道や戦後の日本国憲法はどのような宗教的次元を持つのか，また日本人はそれらを社会形成の基礎にすえてきたのだろうか。

◁1　クーランジェ, F., 田辺貞之助訳, 1969,『古代都市』白水社

◁2　ルソー, J.J., 桑原武夫・前川貞次郎訳, 1954,『社会契約論』岩波書店の4章8節を参照。

◁3　ベラー, R., 河合秀和訳, 1973,『社会変革と宗教倫理』未來社

◁4　**公民権運動**
奴隷解放後も南部諸州では人種隔離法などに基づく差別が継続されていたが，有色人種をアメリカ合衆国市民として法律上平等に位置づけることを求めて，マルチン・ルーサー・キング牧師などの指導により訴訟や多岐にわたる行動がなされ，1964年に公民権法が制定された。

❷ 公共宗教と社会形成

　市民宗教は説教者や信奉者はいても，明確な教団組織や制度を持たないという意味で，文化・歴史概念といってよいかもしれない。それに対して，具体的な宗教組織・制度が社会の公共的役割を果たしていることを，実例を挙げて公共宗教へと概念化したのが，ホセ・カサノヴァである。彼は，カトリックやプロテスタント諸教派のような伝統宗教が，①独裁国家において市民の自由や権利を擁護する，②過剰な資本主義化に警告を発する，③胎児やヒト胚の医療や自然科学による処遇に意見するなど，社会の公共的領域に現在も関わっていることを指摘した。確かに，現代でも諸宗教は様々な社会事業に取り組み，国家に先んじて学校・病院・福祉団体を設立してきた。社会奉仕や地域発展を目的とする NGO／NPO はキリスト教系団体が母体であることが多いし，イスラームは元来が相互扶助的な宗教制度を有している。東南アジアの上座仏教や東アジアの大乗仏教にも，国の開発や社会福祉事業を補填する働きがある。

❸ 市民宗教・公共宗教論の論争的性格

　読者には市民宗教や公共宗教の概念に関してある種のわかりにくさがあろう。宗教が文化価値システムであると定義するのは社会学だけであって，実際の宗教は全て特定の宗教文化や歴史的背景を有する。例えば，ある特定の宗教を中心に市民宗教の象徴や公共宗教の公共的なる事柄が論議された場合，非宗教性を主張するものや，別の宗教文化を選択する人たちの位置はどうなるのか。

　アメリカはもはやヨーロッパからの植民者のものではなく，先住民や奴隷貿易で連れてこられたアフロ系アメリカ人，中南米から流入する出稼ぎ労働者や，世界各地からの移民が数多く暮らしている。今後，市民宗教のキリスト教的シンボリズムは，イスラームやアフリカ系宗教をどう処遇するのだろうか。

　また日本の靖国神社では，戦死者という国家に殉じた人々を公的に祀ることが本旨といっても，神道式の祀りは変えられない。別の信仰を持つものや国家神道の歴史性を受け入れないものにとって靖国神社には公共性がない。

　日本では，靖国神社に典型的な戦死者の慰霊の問題や，創価学会を支持母体とする公明党の政治活動などが公共宗教的な問題となる。しかし，あまりにも限定された話題ではないだろうか。日本の多くの「私民」宗教が，「市民」宗教に転じる契機がどこにあるのかといった建設的な議論こそ求められる。

　市民社会が実質的な中身を備えるためには，行政機構としての国家と人権や社会権を国家に保障された市民という2つのアクターだけでは足りず，その中間領域に様々な市民社会組織が活動する公共圏が必要である。公共圏を現代日本の宗教はつくり出せるのであろうか。

（櫻井義秀）

参考文献
カサノヴァ, H., 津城寛文訳, 1997, 『近代社会の公共宗教』玉川大学出版会

津城寛文, 2005, 『〈公共宗教〉の光と影』春秋社

古矢旬, 2004, 『アメリカ——過去と現在の間』岩波新書

鈴木透, 2006, 『性と暴力のアメリカ——理念先行国家の矛盾と苦悶』中公新書

I 理論・学説

13 宗教とジェンダー

1 宗教とジェンダーの複雑な関係

ジェンダーとは，社会科学においては，「社会的・文化的に作られた性のあり方」という意味で用いられる。「女／男らしさ」や「女／男役割」はそれぞれの時代や文化によって多様であるから，性のあり方の具体的内容は生物学的な性から本質的に決定されるものではなく，社会・文化的な産物だと考えるのである◁1。

ジェンダーは，人間を性的な存在として意味づけ，行動する方向を指し示すものであると同時に，そのような人間が生きていく社会的枠組み・機構を作り出しているものでもある。したがって，変化や違いはあってもジェンダーのない世界は実現し得ない。宗教はそれが生まれた土地の気候や文化，歴史から育まれてきた世界観であり，そこに住む生き方の方向性を定める指針となる。ジェンダーも家族制度をはじめとして，その地域で生きる人びとが生き延び，次世代を産み育て，社会生活を営むなかで作り上げられてきた生き方の方向性を示す指針である。どちらも文化や生活実態に根深く入り込んでいるものであり，一面的には捉えられないものだ。ジェンダーのない人間世界はありえず，人間の関わらない宗教が意味を成さないのであれば，宗教のあるところジェンダーの影響はどこにでも現れてくる。宗教とジェンダーとの関係は非常に複雑であり，互いに重なり合ったり，競合したり，補強しあうこともあり得るため，簡単には把握することも説明することも困難なのである。

2 宗教は性差別をしているか

宗教とジェンダーの関係を読み解くのは簡単ではないが，一般に，**フェミニズム**◁2の立場からは，多くの宗教が性差別を作り出した元凶であり，それを維持・強化する温床であり，女性を差別し苦しめる要因，そして女性に対する暴力を生み出す要因として否定的に捉えられてきた◁3。例えば，宗教を大義名分として起こる戦争は後を絶たないが，その際に多くの女性たちが戦時暴力の犠牲になっている。こうした暴力も宗教という大義の下では正当化されてしまう。宗教的理由によって性的，身体的暴力を振るわれた女性たちは，暴力の加害者に怒りを向けるよりも，宗教的理由から，被害を自分の罪として受け止め，宗教に救済を求めるという構図が見られるのである。

▷1 性が「男女の2つしかない」という考え自体もジェンダーである。実際には多様な性が存在しているのにもかかわらず，「性は男女の2つしかない」というジェンダーが多様な存在を否定・隠蔽する効果をもたらす。

▷2 **フェミニズム**(feminism)
性差別をなくし，性差別的な搾取や抑圧をなくす運動（フックス, b., 堀田碧訳, 2003,『フェミニズムはみんなのもの』新水社参照）。女性解放思想と呼ばれることもあるが，性差別のあるところ，男性も「男性的生き方」から自由ではなく，差別と抑圧の構造のなかにいる。フェミニズムは全ての人を差別や抑圧から解放する運動である。フェミニズムはジェンダーという視点を様々な研究分野に取り入れることを推進してきた原動力でもある。

▷3 大越愛子, 1997,『現代の宗教11 女性と宗教』岩波書店

なぜ被害を受けた女性が自分を責めるようになるのか。それは，多くの宗教の教理体系，儀礼体系のなかに女性を差別したり抑圧したりする内容が含まれているからである。曰く，女性は男性よりも穢れている，劣っている，罪が深い，女性は男性に従うものである，女性は宗教的救済を受けられない，女性の性は男性にとって危険である，等々。宗教的にも社会的にも男性を優位な状態に置き，女性を貶め，低い地位にとどめ置こうとする教理や儀礼はきりがない。ただし，宗教研究者のなかには，単に宗教を女性抑圧や性差別を維持・強化するものとして否定的に見るだけでは十分ではないとの指摘もある。宗教は男女両方に対して，その生き方の自由度を抑圧する側面もあれば，生きる方向性や活力など豊かな恵みを与えてくれる源泉ともなりうる。◁4

▷4 川橋範子・黒木雅子，2004，『混在するめぐみ』人文書院

3 代表的な宗教のジェンダー

最後に宗教におけるジェンダーのあり方を簡単に紹介しておこう。ただし，同じ宗教でも宗派や地域によって具体的な内容は異なる。

キリスト教では，神やキリストなど宗教的指導者のイメージは男性であり，女性は男性に従うものとされている。また，同性愛の禁止を唱えるなど**セクシュアル・マイノリティ**◁5に対しても抑圧的な側面を持っている。

仏教でも同様にその教理には女性蔑視的な側面が多く見られる。女性の出家が認められない場合もあるし，許されていても男性よりも戒律が多いなど差がつけられている。女性は不浄，嫉妬深い，軽率など，人間の質が男性よりも劣ることを主張する仏典もある。女性は仏になれないので，一生男性に仕えるべきだと説く五障三従という教えも見られる。

イスラム教においても，従順な女性像が称揚される傾向がある。また，イスラムの女性がヴェールをかぶって顔や全身を覆い隠す習慣にも女性隔離の思想があると考えられる。他の宗教にも見られる傾向だが，女性の性的魅力を恐れることが女性を排除する背景にある。

▷5 セクシュアル・マイノリティ (sexual minorities)
性的少数者。その社会において典型的あるいは規範的なセクシュアリティのあり方とは異なるセクシュアリティを生きる人々。

宗教でのジェンダーのあり方には教典に根拠のないものが多く，多くの宗教で生成期には女性が活躍しているのに，組織化が進むと女性が従属的地位に追いやられていく傾向がある。これら各宗教においてフェミニストによる女性の視点からの教典の読み替えや立場改善の動きが起こされている。

宗教はジェンダーによって影響を受け，ジェンダーのありようは宗教から影響を受けている。ジェンダー視点による批判的洞察がなければ，どんな宗教も適切に記述し，分析し，説明することは不可能である。宗教とジェンダーの関わりを検証することの理論的意義は，あらゆる宗教現象と絡まりあったジェンダーの作用に敏感になることを通して，いつも見慣れた世界を再発見し，再考する契機がもたらされることにある。

（猪瀬優理）

I 理論・学説

14 日本宗教社会学の開拓者（1）：柳川啓一

1 教育者としての柳川啓一

柳川啓一（兵庫県生まれ，1926-90）は東京帝国大学文学部宗教学宗教史学科，同大学院を経て東京大学の教授となり，20世紀後半の日本の宗教学界をリードした人物であった。

残された著作は多いとはいえない。「著書，論文をあまり発表しない」のが宗教学者の特徴であると，彼はエッセイのなかで記している◁1。とはいえ彼の関心は講，山岳信仰，祭（儀礼），祖先崇拝，新宗教，アメリカの日系宗教等々と多岐に渡り，後進の育つ良き土壌となった論文をいくつも著している。その意味で彼は疑いなく先見性を持った指導者であった。その門下からは多くの俊英が現れ，師を継いで指導的立場となって研究・教育に従事している。

2 機能主義理論の導入

柳川の宗教研究への貢献のうち，第1に取り上げたいのは機能主義理論の導入である。柳川はタルコット・パーソンズ◁2の理論に依拠し，宗教社会学がいかなる学問でいかなる分野を扱うかを確定する，すなわち体系化を試みる論文を発表している◁3。機能主義の詳細については別項に譲るが◁4，その試みは実証的・科学的宗教学の確立を目指した恩師・岸本英夫の志を継いだものであり，柳川の努力は確かに，日本における宗教社会学の成熟を促したものと評価できるだろう。現在ではパーソンズの理論は学界の主流にあるものとはいい難い。だからといって柳川論文の価値までが損なわれるものではない。柳川の論文を土台として（柳川以外の研究者により）多くの研究論文が執筆されていることからも，それは日本宗教社会学の1つの原点であったといえる。

3 人間関係の宗教

柳川は日本人の宗教の特徴を「信仰なき宗教」と表現する。それは，私たちの宗教が個人としての人間よりも，人間関係の上に成立すると捉えるからである。1人の人間のうちに複数の宗教が並存するのは，その人間が他者と結ぶ人間関係の種類に対応しているからであり，教義（信仰）とは関係のないレベルのことなのである。日本人の宗教への態度は寛容であるといわれるが，それも宗教が人間関係に悪影響を及ぼさないかぎりにおいて妥当する言説であろう。

▷1 柳川啓一，1987，「異説　宗教学序論」『祭と儀礼の宗教学』筑摩書房，5

▷2 20世紀アメリカを代表する社会学者。AGIL図式で知られる。

▷3 柳川啓一，1960・1961，「宗教社会学における機能主義理論」上・下，『宗教研究』161：53-67, 167：70-90

▷4 I-17 参照

日本の村落では，家の（先祖を含む）人間関係を基盤に仏教集団たる「檀家」が成立しており，片や地域社会の人間関係の上には「氏子」という神道集団が立脚している。この（家を垂直に貫く）檀家と（家々を水平につなぐ）氏子によって構成される社会において，いわば社会を斜めに貫き社会の緊張を緩和解消する宗教形態として「講」と「祭」がある。性別や年齢層等によるつながりを基盤とするこれらは，村落の社会構造を（一時的に）無効化し打ち解けた雰囲気をつくり出すのである。柳川は，村落における「家」を単位としての「檀家」「氏子」「祭」「講」による相互補完関係を，日本宗教の基本構造と考えていた。そして現代人とて，それらとへその緒でつながっていると述べている。

　人間関係は社会の変化に影響されざるをえない。社会が変わり人間関係も変われば，宗教，ひいては日本文化全体も大きく変わるだろうと柳川は推測する。そして生者と死者との関係の変化がその契機となるだろうとも，彼は書いている。1984年に示されたこの「予言」がいまも傾聴に値するものであることを，私たちは感じている。彼の残した仕事は，重要な準拠枠であり続けているといえる。

▷5　柳川啓一，1987，『現代日本人の宗教』法藏館。柳川啓一，1987，『祭と儀礼の宗教学』筑摩書房

❹ 学者としての柳川啓一

　冒頭にも引いたエッセイに次のような文章がある。「人事のすべてにおいて百パーセント合理的なものなどありえようはずもない」。「人びとの日常の世界と質を異にする別の世界を想定する二分法の認識にとらわれている所があれば，たちまちわれわれの視野の中に入る」。そこで「非合理，非日常，非常識という『非』の世界と，俗の世界の関係の分析」に取り組めと柳川はいう。例えば政治の世界が人々の日常から遠く離れているものと考えられているなら，それは研究の対象と目してよい。さしずめ政治家は呪術師であり，「夜明けは近い」といった物言いは来世信仰であり，政治を俗人に取り戻そうという市民主義は万人司祭説あるいは在家仏教に類比することができるというのである。好奇心を刺激されるところがあるなら，そこにゲリラのように奇襲をかけ，一定の成果を挙げてさっさと引き上げればよいのだ，とも彼は記す。その言にしたがうなら，いま宗教に学問的関心を持った読者は，どこへでも，関心の赴くままに（ゲリラのように）フットワーク軽く出撃すればよい。

▷6　柳川啓一，1987，「異説　宗教学序論」『祭と儀礼の宗教学』筑摩書房，3-11

　ただ，いかにゲリラとはいえ，そこには守られるべき矜持というものがなければならない。それは自分に対する厳しさであるかもしれない。宗教学者を「弥次馬」と類比した柳川もまた，自分に厳しい人物であったという。柳川の没後，弟子である薗田稔が編んだ論集のあとがきに薗田はこう記している。「なによりも教え子たちが魅せられたのは，既成の理論や観念には安易に妥協することを排し，まず自分の耳目で確かめられた実態と正面から切り結ぶ，壮絶ともいえる学究の姿ではなかったろうか」。柳川の学問的態度を如実に表す言葉であろう。宗教社会学はこうして育てられてきたのである。　　（三木　英）

▷7　薗田稔，1987，「編者あとがき」柳川啓一『現代日本人の宗教』法藏館，207

I 理論・学説

15 日本宗教社会学の開拓者（２）：森岡清美

三重県に生まれ東京文理科大学（東京教育大学・筑波大学の前身）に学び，東京教育大学，成城大学で教鞭をとった森岡清美（1923-）は，日本における宗教社会学研究をリードし後進に範を垂れ続ける存在である。

1 黎明期の日本宗教社会学

森岡の少壮期，宗教社会学といえばマックス・ウェーバーやエミール・デュルケーム等の理論を筆頭に，輸入された学説研究を指すところ大であったように思われる。「日本社会と宗教」の実証的研究はまだ緒についていない。もっとも当時，農村社会学が家・同族・自然村に着目し，先祖祭祀・氏神祭祀・神社の研究を盛んに行っていた。森岡はその影響を強く受け，輸入学説研究ではなく日本をフィールドとした，農村社会学ではなく宗教社会学の実証研究を行う。その最初の成果が1962年に発表された『真宗教団と「家」制度』である。[1]

2 宗教と家族の社会学

森岡は家族社会学研究の第一人者でもある。そしてこの家族研究が宗教研究に連動しているところに，彼の仕事の最大の特徴があるといえるだろう。『真宗教団と「家」制度』は，浄土真宗寺院の住職家とそれを囲む檀家群を家の連合と捉え，真宗教団を本山の住職家が頂点に据えられた寺院の連合として把握し，そこに二重の家の原理が存在することを論じたものである。

その「家」も戦後の民主化，さらには高度経済成長に伴う急速・広範な社会変動のうねりのなか，解体を余儀なくされる。そして家から「家族」へと日本宗教の社会的基盤が移りゆくなか，先祖祭祀のあり方もまた不可避的に変貌することになる。1984年の『家の変貌と先祖の祭』では，都市社会において仏壇・神棚の保有率の低下していること，先祖という言葉の指示する対象が近親に縮約され，例えば妻の亡母など，従来先祖に含まれてこなかった故人も追慕の対象となっていること，それに付随して夫婦双方の親・祖父母が供養の対象となるという双系先祖観の現れていることなどが指摘されている。[2]

また，日本の宗教組織の原型として，教えを説く側と受容する側との導き系統により成立する「いえ＝おやこモデル」を析出した仕事も注目に値する。そしてこのモデルが，交通手段の発達・人々の交流圏の拡大のなかで，導き系統ではなく地域的な最寄り原則（地区ブロック制）に立脚する「なかま＝官僚制連

▷1 森岡清美, 1962, 『真宗教団と「家」制度』創文社

▷2 森岡清美, 1984, 『家の変貌と先祖の祭』日本基督教団出版局

結モデル」に転換されようとしており，組織運営の円滑化が図られていることを彼は指摘している。しかしながら，情緒的おやこ関係の規定力の強い日本で，新しい組織モデルがいかに機能的とはいえ，どれほどに広まるのかと留保するところは森岡の慧眼を示すものであろう。◁3

　教団ライフサイクル論もここに紹介しておこう。出生・成長・成熟・老衰・死亡という個人の生命現象が家族においてもアナロジカルに観察できるとする家族ライフサイクル（家族周期）論の構想の上に，アメリカの宗教社会学者デヴィッド・モバーグによる所説（宗教団体が萌芽的組織・公式的組織・最大能率・制度的・解体の五段階を経るとするもの）等を参照しつつ展開された議論がそれである。これに依って森岡は，立正佼成会の分析を試みている。◁4

　以上が彼の研究の全てではなく，他にもキリスト教や新宗教の地域伝播，神社合祀といったテーマの著作も数多い。それらを含めた彼の研究には，（社会変動の荒波を受けての）宗教変動というテーマが看取できるように思われる。そして宗教を実証的に研究するというスタンスが，そこには貫かれている。

3　研究主体の姿勢

　彼は研究主体にとっての知的環境を，研究の機会を提供してくれ，また研究のアイデア・刺激を与えてくれるⒶ研究上の「重要な他者」，Ⓑ研究成果を盛った文献，Ⓒ研究対象の3つに分割している。さらにⒸはⒸ-1活字になった既刊資料，Ⓒ-2書き留められた記録資料，Ⓒ-3口述資料，Ⓒ-4観察・経験して得られる資料に4分類されており，Ⓒ-2とⒸ-3は公刊されたものでなく調査地でのみ得られるものであるとする。研究はⒶとⒷに拠ってのみ遂行されるのではなく，同等に重要なⒸに直接あたりつつ行われるべきであると，彼は説くのである。

　また森岡は次のように述べる。上記の知的環境と研究主体が相互作用する際，①最も効率の高い方向を取ろうとする（最大効率志向）か，②研究成果への自他の評価が高い場合には，その上にさらなる研究を積み重ねる（累積的展開志向）か，③誘われて他の研究に着手することになったとき研究資源を合理的に配分する（合理的配分志向），という志向が作用する。しかし3つが相互に強化し合うとは限らず，逆に足を引っ張ることもあるだろう。②のために①が削がれ，③のために②が削がれる，というように。場合によっては上記3つの志向が消極的になり，①′抵抗が最小と見込まれる研究に逃げたり，②′漫然と既存の研究を繰り返すようになったり，③′義理人情に絡まれて「まあまあ」研究を進めたり，となることもある。研究主体はこうした志向をもって知的環境と関わりあっているということを意識せよと，彼はその経験に基づいて説得的に語る。◁5 宗教研究に限らず，社会学研究を志す全ての者は森岡を範とし，その教えるところを肝に銘ずべきであろう

（三木　英）

▷3　森岡清美, 1986, 「宗教組織」宮家準・孝本貢・西山茂編『リーディングス日本の社会学19　宗教』東京大学出版会, 164-175

▷4　森岡清美, 1989, 『新宗教運動の展開過程』創文社

▷5　森岡清美, 1992, 「宗教社会学への道――社会学から」宗教社会学研究会編『いま宗教をどうとらえるか』海鳴社, 23-40

I 理論・学説

16 宗教社会学の古典： ジンメル，ウェーバー，デュルケーム

19世紀後半から20世紀前半，3人の偉大な学者が学的営為を重ねていた。ドイツのゲオルク・ジンメルとマックス・ウェーバー，そしてフランスのエミール・デュルケームである。社会学という学問の確立者として評されるこの3人の巨人は，等しく宗教に対し並々ならぬ関心を寄せた。

1 ジンメルの宗教社会学

ジンメルの研究は「社会はいかにして可能か」というテーマに向けられていた。それに対する答えは，「人々が他者と何らかの関係を結ぶとき，すなわち相互作用するとき，社会は成立する」となる。例えば誰かと友人関係を結ぶとき，またビジネス上の関わりを持つとき，社会（関係）は成立しているだろう。とはいえ，人は相手について存分に知った上で関わることになるとは，到底いえそうもない。これまでの経験を踏まえ，合理的に判断し，相手が「信頼」に足るとして関わるのである。もっとも，その判断は完璧ではありえない。裏切られることなど，いくらもあることだろう。かといって，そのリスクにおののいて関与を控えるわけにもいかない場合は，相手を「信仰」するほかあるまい。信仰とは，経験的・合理的根拠に十分に裏づけられず，たとえ些細な疑念が湧き上がろうが，それを打ち消して捧げられるものである。信頼に足ると確信できようはずもない店員を，われわれは疑わず「信じて」，そのサービスに対し代価を支払っているではないか。社会関係は相手への疑いをどこかで停止しなければ成り立ちようもないのである。相互作用，ひいては相互作用の集積である社会は，信仰という宗教的な次元において成り立つことを，ジンメルは明らかにしたのである。

2 ウェーバーの宗教社会学

ウェーバーが見出したのは，合理主義に貫かれた近代資本主義がその淵源に宗教（プロテスタンティズム，わけてもカルヴィニズム）を持つことである。人が死して後に行き着く先は永遠の死滅であるか，逆に救いであるか，その予定はすでに神によって決定されているという「予定説」をジャン・カルヴァンは説くが，その教義を受容した人々にとって，神のみぞ知るはずの死後の行方が天国であって欲しいと考えるのは自然なことである。そして彼らは，自身の救いへの予定を確証するため，禁欲しつつ，職業労働に励むようになる。禁欲は誰

しもが行えるものではなく，また神以外のものに心奪われることがないなら，禁欲の実践者は（良き方向に）選ばれた者と自己認識できるかもしれない。さらに職業とは天職であるとの新思想に励まされ，神の心に適う労働に勤しんだのである。彼らはこうした生活を送りつつ，欲に翻弄されていないかと絶えず自己審査して生活全般をムダなく合理化してゆく。その結果として彼らの元には富が蓄積されることになるだろう。篤信者ほどに利潤追求に励み，それは生命の終わるときまで続けられるのである。このような飽くなき利潤追求を人生の義務と捉える精神，これこそが資本主義の精神である。そして付随的に，伝統に安住していた社会が，その姿を合理的なものへと変えてゆくことになる。

とはいえ，ムダを嫌う徹底的に合理化された冷徹な社会は人間にとって脅威である。この脅威に直面しつつ日々生きることが人間の逃れられぬ運命となることを，ウェーバーは憂えたのであった。宗教が歴史という機関車を走らせるエネルギーであるとまではウェーバーも主張しない。しかし，進み行く歴史の行く先を切り替える転轍手の役割を果たすことを，彼は主張するのである。

③ デュルケームの宗教社会学

デュルケームの議論の衝撃は，神とは社会である，という主張に代表されるだろう。この結論に至るにあたり，彼はオーストラリア・アボリジニの宗教を研究する。同じ**トーテム**を先祖神と崇めるアボリジニの氏族は，雨季に彼らの聖地に結集し儀礼を執行するなか，その実践によって，ともすれば緩みがちになる氏族社会の結合を新たにする。宗教（儀礼）による社会統合の機能が，ここにおいて発揮されるのである。そして乾いた大地を雨が潤し植物が萌え出でて生命力の活性化を人々が実感すると同時に，彼らは「集合的沸騰」を経験する。ここに神は生まれたのだと，デュルケームは述べる。1人ではとても実行できないことも，集合し，かつ「沸騰」した状態であれば，やり遂げることも可能であろう。難事を成し遂げた力は不思議としか表せない力である。つまり神の力とは結集した人々＝社会の力だと理解できるのである。

デュルケームは宗教を定義するにあたり「聖なるもの」に着目する。それは，「分離され禁止された」ものであり，疑うことも否定することも許されない絶対不可侵のものである。これにしたがえば，宗教離れが取り沙汰される現代社会においても，多くの人間が共通の「聖なるもの」を奉じていることが指摘できる。それは人間（その自由，尊厳）である。デュルケームは「人間崇拝」を産業化以降の近代社会の新しい宗教として指摘するのである。人間の自由や尊厳は，誰であれ否定することができないであろう。

宗教は社会的なものである。同時に，社会それ自体が宗教的であるといえる。だからこそ，宗教社会学は生まれたのである。

（三木 英）

▷1 トーテム
氏族集団と特別な関係にあると考えられている特定動植物のこと（あるいは事例は少ないとはいえ，自然現象を指す場合もある）。このトーテムを中心とした信仰体系はトーテミズムと呼ばれ，デュルケームはこれを最も原初的な宗教と捉えた。

参考文献
ジンメル，G., 居安正訳，1998,『社会文化論 宗教社会学』青木書店
ヴェーバー，M., 大塚久雄訳，1989（改訳版），『プロテスタンティズムの倫理と資本主義の精神』岩波文庫
デュルケム，E., 古野清人訳，1975,『宗教生活の原初形態』上・下，岩波文庫

I 理論・学説

17 構造機能主義

1 宗教と社会構造

　現代仏教における三離れ（寺離れ，葬式離れ，墓離れ）は，現代人の家族意識（イエより個人単位での弔い・供養を重視）や生活形態（転勤する核家族）を反映している。しかし，仏教書が売れ，巡礼や修験道の行が流行るからといって伝統的家族が復権するわけではない。つまり宗教と社会には影響し合う部分はあるが，それぞれが全体社会の独立したサブ・システムなのである。ニクラス・ルーマンによれば，これが世俗化の社会学的含意である。しかし，親族の構造と連関する祖先崇拝のような宗教を観察したり，宗教と社会の関連を抽象的に考察したりするときには，宗教を社会構造の維持に機能的な文化体系と見なすこともできる。

　アルフレッド・R・ラドクリフ=ブラウン（1881-1955）やブロニスロウ・K・マリノフスキー（1884-1942）らによって築かれたイギリスの社会人類学は，社会や文化を構成する諸要素を相互に関連する全体と見て，それぞれの役割を検討していく機能主義を創始した。彼らの後継者はアフリカやアジアにおいて自らが発見した「未開社会」に関する民族誌を精力的に書いた。日本の農村社会学においても，イエ制度や村落構造と先祖祭祀，民俗宗教儀礼の分析に構造機能主義的視点が用いられた。なかでもタルコット・パーソンズの構造機能主義は1960-70年代の日本の社会学において一世を風靡した。パーソンズは社会システムの機能要件である適応（adaptation），目標達成（goal attainment），統合（integration），潜在機能（latent pattern maintenance）が社会の存続に不可欠と考えた。この機能が全体社会を維持するサブ・システムになるとき，それぞれ経済，政治，コミュニケーション，文化という領域が考えられる。宗教に関しては，既存の家族や地域社会，社会体制を維持・再生産するために宗教がどれだけ機能的な働きをしているかが調べられた。

2 構造機能分析への批判

　筆者が日本の祖先崇拝やタイの宗教儀礼を分析していたとき，家族や村落構造とそれらの機能的連関を描き出そうとしたが，これは論点先取の議論ではないかと思うようになった。つまり，機能主義的な分析というのは，ある社会単位をシステムと前提した上で，それがいかにシステムであるのかをさらにいい

たてるようなものである。分析の社会単位がシステムとしての相互連関を維持しているかどうかをまず検討すべきであるのに，その視点がなかった。

エミール・デュルケーム以来，宗教儀礼が社会的凝集力を活性化させ，社会秩序をイデオロギーとして社会構成員に内面化させるという宗教の機能的な説明は，コミュニティを見る観点として魅力的であった。コミュニティでは，親族構造と政治・経済構造，文化体系が相互に連関しあっているという想定が無理のないものに思えたからである。ところが，それは通りすがりの観察者の思いこみかもしれない。コミュニティでの長期の定着調査や組織への参与観察をしてみると，村落の権力構造や組織内の勢力争いの構図が見えてくるものである。

宗教文化は一定の価値観を社会構成員に示しているが，それが規範意識につながるのは現実に利害調整の機能が果たされているかぎりにおいてである。現存の宗教文化は機能がなくとも慣習として残存するか，特定の利害関係者から新たな機能を付与されて存続していることが多い。したがって，文化と社会構造の機能的連関よりも，むしろ権力を正当化する文化装置としての宗教のイデオロギー性を暴露する研究が現在は主流になりつつある。

③ 構造機能分析を超えた宗教を見る視点

ポストコロニアル・スタディーズの批判▷1を受けて民族誌研究は下火になり，民族誌の語り直しや語り方それ自体の研究が増えた。社会学においても対象の記述よりも記述方法や記述をめぐる権力関係を気にする人が増えている。しかし，羮に懲りて膾を吹く，ではいけない。学的営為をなす自己分析や自己批判の書は誠実であっても所詮は自己満足にすぎない。調査地，対象集団，対象者に正面から向き合い，自らの語りや記述方法について厳しく批判を受けた上で社会学の理論と方法を研ぎ澄ます努力をやめたところに学問的進展はない。

以下に構造機能分析を乗り越えるために筆者が考えた足がかりを列挙しよう。①機能（相関）の有無より，構造化の機序（なぜ，そうなるのか）の解明が優先されるべきである。特定の宗教文化の存在は，当該社会の構造的安定に寄与しているというより，特定の利害関係者や社会層の権力や勢力保持と関わる。②調査対象を歴史の奥行きと地域的広がりに位置づける。家族や村落を小宇宙として，そこで全てを説明しきる必要はない。日本の祖先崇拝は東アジアやアフリカのそれとの比較によってよりよく理解できるし，タイの村落構造も地域の社会史や国家の統治・行政のなかで見ていくことでより特徴を把握しうる。③1回限りの調査では相関分析がせいぜいである。**パネル調査**▷2が可能なような研究，調査環境を工夫して，相互関連の文脈や意味の深みを知りたいものだ。④研究は文化や社会を高見から客観的に記述するような行為ではない。研究者自身が特定の関心に基づいて，社会や文化を描き出す行為である。したがって，社会の各層から出された批判を生かす工夫が必要となろう。

（櫻井義秀）

▷1 **ポストコロニアル・スタディーズの批判**
旧植民地宗主国と植民地との支配・従属の関係が，宗主国の人文学・社会科学者による「未開」「宗教」「文化」の表象に表れていることを批判する姿勢。その問題意識から，調査するもの―されるものとの関係を厳しく問う研究方法。

▷2 **パネル調査**
特定の調査対象者を複数時点で調査し，調査項目ごとの変化と項目間の関連についてより精度の高い相互関係を検討できる。具体的な個人や家族に地域社会や労働市場，社会意識・文化などがどのような影響を与えたのかがわかる。

参考文献

ラドクリフ＝ブラウン，A. R.，青柳まちこ訳，1975，『未開社会における構造と機能』新泉社

フォーテス，M.，田中真砂子編訳，1980，『祖先崇拝の論理』ぺりかん社

エヴァンズ＝プリチャード，E. E.，向井元子訳，1982，『ヌアー族の宗教』岩波書店

ルーマン，N.，土方昭・三瓶憲彦訳，1989，『宗教社会学――宗教の機能』新泉社

パーソンズ，T.，富永健一・徳安彰・挾本佳代・油井清光・佐藤成基訳，2002，『宗教の社会学――行為理論と人間の条件 第三部』勁草書房

II 宗教研究の方法

1 理論と現実

1 宗教社会学における理論と調査

　筆者が大学院生の頃，「宗教社会学をやっています」というと，「マックス・ウェーバーの研究ですか」とよく聞かれたものだ。ウェーバーの行為論を理論的に発展させたタルコット・パーソンズの弟子である「ロバート・ベラーの市民宗教論で卒論を書きました」というと「なるほど」と頷かれ，「修論では祖先崇拝の調査をしました」というと「民族学（民俗学）的ですね」といわれた。その頃，理論研究とは偉大な学者の学説を勉強して紹介するか，学説史に位置づけ直すといった思想研究と見なされていた。先人の理論を自分たちが実地調査で検討するという発想は弱かったのである。

　ところが，社会人類学の領域に研究を進め，タイの地域研究を始めてみると，宣教師や行政官，旅行者による民族誌に依拠して論をたてる時代はとうに終わっており，フィールドワークによってエスノグラフィーを書き，現地の人々の伝承・史書を自前で収拾した後に，そのデータを用いて文化や社会理論を構築するのが一般的であった。社会学においても，構造機能主義やマルクス主義といったグランド・セオリーへの批判から，経験的に検証可能な社会事象の観察と知見の理論化をめざすロバート・K・マートンの中範囲の理論や，エスノメソドロジーなどの解釈学的社会学が登場した。そして，計量的・質的調査法の洗練がなされるにしたがい，理論構築のために社会調査をなすことは自明となってきた。

　宗教社会学においても，理論研究は資料収集や社会調査と結びつけられるべきであると考える。デュルケームやウェーバーは自ら調査はしなかったものの，当時としては最高水準の資料収集を行いながら社会・文化現象の比較研究を進め，古典期の宗教社会学の理論を作ったのである。しかも，同時代の社会に対する強烈な問題意識が理論の基底にある。私たちが彼らに学ぶべきは，研究方法であって，成果物としての学説だけではない。社会科学における学説は，時代性・地域性・思想性を含む創造的なものであるし，社会理論は実証研究によって常に乗り越えられ，革新されるべきものだからである。

2 宗教社会学の中範囲理論

　社会学ではマクロ（全体社会，国際社会，階層構造），メゾ（集団・運動，地域，親族），ミクロ（社会関係，個人の社会意識）に領域を分ける。ここで，宗教社会

学で提起されている近年の諸理論を例示しておこう。
①マクロ領域では，世俗化論，宗教のグローバリゼーション対応，宗教市場論などがある。今後の課題として，ファンダメンタリズムの勃興とその教説による反グローバリズム，反リベラリズム的生活規範の再秩序化の問題が，宗教と社会階層（国家間，国内双方）の関連を問うなかで浮上しつつある。
②メゾ領域では，教団組織論，宗教運動論が挙げられる。今後の課題は，宗教制度・組織が公共的な社会領域においてどのような役割を果たしているのかといったマクロ・メゾの接合的問題（カルト問題や公共宗教論）にある。
③ミクロ領域では，入信・回心・脱会論，カリスマや宗教儀礼におけるイデオロギーの問題，宗教意識や心理の問題もある。特に，カルト視される団体の布教・教化方法がマインド・コントロールとして精神医学や心理学から問題視されているが，宗教社会学としてどう応答していくのかが課題である。

▷1 宗教運動論については I-5 を参照。

これら中範囲の宗教社会学理論として提示されているものは，時代や地域，対象によって適用可能性が常に問題にされる。比較社会・文化的視点により，理論の妥当性が検討され，修正されなければならない。

③ 理論と現実の往復運動から

宗教社会学・家族社会学・歴史社会学といった複数の領域において，理論と実証の研究を極めて高度な水準で行った研究者に森岡清美という人がいる。森岡の研究方法論を学ぶことが最良の手引きとなると筆者は考えるのだが，以下では，初学者が留意すべき宗教社会学の研究方針を筆者の考えとしてまとめておく。
①宗教文化には倫理・道徳的価値が内包されているし，個人の思想・信条とも関わるために，規範的な論議の対象になりやすい。しかし，人間社会に存在する現実の宗教には，人間社会の特徴が反映されるものである。宗教社会学はそれらの諸特徴の構造化のしくみについて理解しようとする。
②具体的な調査課題となるのは，宗教的行為，信者の社会関係，教団の組織構造・運動，宗教文化の動態である。その課題に関わるかぎりでデータを収集，分析し，一般性の高い社会・文化理論の構築をめざす。「宗教現象」を捉える特殊な理論や方法論があるわけではなく，社会学的調査と同じやり方である。
③したがって，宗教という異文化的要素を多分に持つ調査対象に敬意を払うことは必要であるが，対象に対する共感的理解や内在的理解が他の社会現象以上に強調される必要はない。信仰がなければ宗教はわからないというものではないし，霊感やスピリチュアルな感受性がなくとも調査はできる。
④宗教文化に関わる知的伝統や先行研究の知識を蓄えることは重要だが，宗教現象の諸側面（カリスマ，憑霊，回心など）についての学説それ自体は，理論でも方法でもない。宗教現象を観察し，理論を構築するために必要な道具は，社会学の理論と社会調査の方法論である点を忘れないでほしい。

（櫻井義秀）

▷2 森岡清美については I-15 を参照。

(参考文献)
デュルケーム, E., 宮島喬訳, 1985, 『自殺論』中央公論社
デュルケム, E., 宮島喬訳, 1979, 『社会学的方法の規準』岩波書店
ウェーバー, M., 大塚久雄・生松敬三訳, 1972, 『宗教社会学論選』みすず書房
ヴェーバー, M., 大塚久雄訳, 1989, 『プロテスタンティズムの倫理と資本主義の精神』岩波書店

II 宗教研究の方法

2 世論調査

1 世論調査に見る宗教意識

　世論調査とは，人々の意見の全体的な傾向や分布（=「世論」）の測定を目的とした調査のことである。ほとんどの場合，日本人や東京都民というように調査対象を定め，そこから無作為に回答者を選ぶという方法がとられる。
　世論調査には，①政治や教育といった特定のトピックに限定して調べるものと，②様々な問題に対する意見を幅広く調べるものとがある。①についてはマスコミが行う政治意識調査がよく知られているが，宗教に関する調査はさほど多くない。②の代表的なものとしては統計数理研究所の「日本人の国民性」調査や，NHK放送文化研究所の「日本人の意識」調査がある。この2つの調査から，日本人の宗教意識の変遷について確認しよう。
　一般には，「日本人は無宗教である」「現代社会では宗教を信じる人が減ってきている」というように受け止められがちだが，図II-2-1を見ると，そうした考え方は適切でないことがわかる。何らかの信仰や信心を持っている人は3割程度おり，様々な社会の変化が生じているにもかかわらず，その割合はかなり安定しているのである。
　また，「日本人の国民性」調査には「『宗教的な心』というものを，大切だと思いますか」という質問があるが，「大切だ」と答える人は7割にものぼる。「日本人の意識」調査でも「宗教とか信仰とかに関係していると思われることがらは，何も信じていない」と答える人は3割以下にとどまっている。
　これらの調査結果を踏まえるならば，日本人は「無宗教」でもないし，宗教を信じる人が減っているわけでもないといえる。ただし，以下に示すように，仏教やキリスト教といった明確なかたちの宗教を自覚的に信仰する人は少なく，生活における重要性も低いと見なされている。
　2000年から毎年実施されている日本版総合的社会調査（Japanese General Surveys: JGSS）では，信仰の有無を「自分」と「家」とに分けて質問している。それによると，「自分」の宗教があると答えた人は1割程度にとどまり，「家」の宗教があると答えた人は2割を超えている。つまり，宗教を信じているとはいっても「家」の宗教という捉えかたをする人のほうが多いのである。
　また，世界の60ヶ国で比較調査を行った世界価値観調査（World Values Survey: WVS）には，「あなたの生活にとって宗教はどの程度重要か」を尋ね

▷1　宗教に関する世論調査については，石井研士，1997,『データブック現代日本人の宗教——戦後50年の宗教意識と宗教行動』新曜社が詳しい。

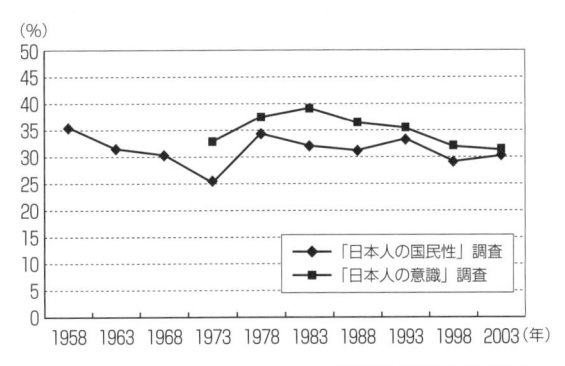

図Ⅱ-2-1 宗教意識の変遷：信仰や信心を持っている人の割合

出所：統計数理研究所「日本人の国民性調査」(http://www.ism.ac.jp/kokuminsei/index.html) および NHK 放送文化研究所編, 2004, 『現代日本人の意識構造［第六版］』日本放送出版協会より作成。
注：「日本人の国民性」調査は「何か信仰とか信心とかを持っている」と回答した割合，「日本人の意識」調査は「神を信じている」と回答した割合を示している。

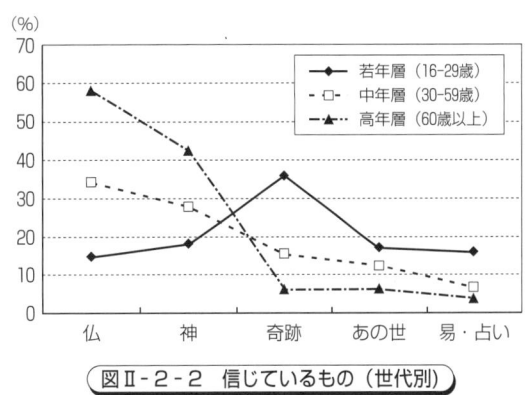

図Ⅱ-2-2 信じているもの（世代別）

出所：NHK 放送文化研究所編, 2004, 『現代日本人の意識構造［第六版］』日本放送出版協会より作成。

る質問があるが，日本の調査で重要だと答えた人は2割程度に過ぎない。これは調査対象国のなかでは中国に次いで低い。このように，日本人は宗教をあまり重要ではないものと見なす傾向があるといえよう。

② 世代で異なる宗教意識

では，日本人は何を信じているのだろうか。さほど重要性を感じていないとはいえ，信じる対象は多様である。しかも，世代によってその中身は大きく異なる。世論調査をもとに宗教意識の世代間の違いを確認しよう。

先の「日本人の意識」調査では，信じているものとして「神」「仏」以外に「奇跡」「あの世」「易・占い」といった選択肢を設けている。世代間の違いは明白である。高年層では「神」や「仏」を信じている人が多いのに対し，「奇跡」や「あの世」を信じている人は少ない。一方，若年層では「奇跡」や「あの世」を信じている人が多く，「神」や「仏」を信じている人は少ない。

なぜ，世代によって違いが生じるのだろうか。これには2つの解釈がある。1つは，年齢を重ねるにしたがって宗教意識が変わっていくという考え方である。これを「加齢効果」という。もう1つは成長期における世代ごとの社会環境の違いなどによって，意識にも違いが生じるという考え方である。これを「世代効果」という。実際にはどちらか一方のみの効果ではなく，「加齢」と「世代」とが複雑に絡み合って意識を形づくっており，その確認のためにはより複雑な分析が必要になる。

ここで見た調査以外にも，様々な世論調査がなされており，その多くは公開もされている。また，先の JGSS のようにデータそのものの使用が可能な調査も増えてきている。関心に応じて文献を調べたり，データを参照したりして，宗教意識の多様な姿にふれていただきたい。

（松谷　満）

▷2　電通総研・日本リサーチセンター編, 2004, 『世界60ヵ国　価値観データブック』同友館

▷3　宗教にかぎらず多くの世論調査結果を網羅的に集録したものとして，日本能率協会総合研究所編, 2005, 『日本人の価値観——データでみる30年間の変遷』生活情報センターを挙げておく。

▷4　東京大学社会科学研究所附属日本社会研究情報センター「SSJ データアーカイブ」(http://ssjda.iss.u-tokyo.ac.jp/, 2007.2.26) では，JGSS を含め600以上の調査データを提供しており，学生でも利用可能である。

Ⅱ 宗教研究の方法

3 質問紙調査

1 質問紙調査とは

Ⅱ-2 の「世論調査」も含め、調査票（＝アンケート用紙）を用いた調査全般を質問紙調査という。質問紙調査の特徴は、Ⅱ-6 「参与観察法」や Ⅱ-7 「ライフコースとライフヒストリー」などと比較するとわかりやすい。これらが少数の対象を深く掘り下げて調べる方法であるのに対し、質問紙調査は多数の対象にあらかじめ定められた質問をし、複数の選択肢のなかから回答してもらうという方法をとる。簡単にいうと「狭く深く」と「広く浅く」の違いがあるといえよう。質問紙調査は「広く浅い」がゆえに、宗教という個人の内面に関わる現象を適切に理解することができないと考えられがちだ。そのため、日本の宗教社会学ではあまり重視されてこなかった。しかし、たとえ表層的・間接的な測定であっても、人々の意識や行動の平均的な特徴を描き出すことで、宗教と社会をめぐる様々な事象を理解・説明することは十分に可能である。

2 質問紙調査の流れ

では、質問紙調査にはどういった手順があるのだろうか。右に示したのが大まかな流れである。

まず、過去の研究や資料をもとにして「何を明らかにするのか」という問題を設定する。その際、質問紙調査のデータをもとに「どのような計量分析を行うのか」を具体的にイメージすることが重要となる。

```
① 問題を設定する
     ↓
② 調査の対象を決める
     ↓
③ 調査の方法を決める
     ↓
④ 調査票を作成する
     ↓
⑤ 調査を行う
```

図Ⅱ-3-1　質問紙調査の流れ

次に、設定された問題に応じて調査の対象が定められる。対象の選び方には世論調査のように無作為に選ぶ方法と特定の集団に属する人々を任意で選ぶ方法とがある。前者のほうがより客観的な方法といえるが、宗教集団を調査する場合などは母集団が確定できないことが多く、後者が採用される場合もある。また、調査の方法としては、面接法、郵送法、集合調査などがある。◁1

対象を決めた上で、実際に用いる調査票を作ることになる。調査票作成のポイントとして、①設定した問題に即し、その解明が可能であること、②回答者にとって質問が明確であること、③調査倫理を考慮したものであること、など

▷1　面接法は調査員が対象者に直接面接を行いその回答を調査票に記入する方法、郵送法は調査票を対象者に郵送し回答を記入してもらった上で調査者に返送する方法、集合調査は対象者が集まっている場所で同時に調査票に記入してもらう方法である。

表Ⅱ-3-1　質問項目の分類

属性項目	性別，年齢，学歴，職業，居住地域，両親や配偶者の属性 etc.	
宗教項目	属性項目：入信した時期，信仰年数 etc.	
	意識項目：入信の動機，信仰の内容と程度 etc.	
	行動項目：信仰に関わる実践 etc.	
宗教外項目	生命倫理観や政治意識などの価値観や社会的態度，ライフスタイル，社会的ネットワーク etc.	

が挙げられる。とりわけ宗教の調査では，信仰に関する用語をよく吟味して用いないと適切な回答が得られないし，対象者との信頼関係が損なわれないよう質問の内容にも十分な配慮が求められる。質問紙調査の一般的な留意点については，社会調査のガイドブックなどを参照してほしい。[2]

③ 質問紙調査の対象と内容

宗教をテーマとした質問紙調査の対象および内容にはどういったものがあるのだろうか。まず，対象に関しては①一般の人々（信仰のある人も含む），②特定の宗教集団などに属する人々に分類することができる。①にはⅡ-2「世論調査」のほかに，地域調査，大学生調査などが含まれる。[3] ②について近年の具体例を挙げると，浄土真宗の住職と門信徒[4]，立正佼成会信者[5]，モルモン教信者[6]，崇教真光の青年信者[7]などを対象とした質問紙調査が行われている。

調査の内容は多岐にわたる。特定の宗教集団の信者を対象にした調査であれば，「何を信じ，どのような宗教活動を行っているのか」「その教団にはどういった属性（性別，年齢，学歴，職業など）の人々が多いのか」「どのような要因が信仰の程度に影響を及ぼすのか」「信仰の程度によって意識や行動に違いが見られるのか」「宗教意識や宗教行動は日常的な意識や価値観とどのような関連にあるのか」など様々な調査目的を設定でき，その目的に応じて具体的な質問項目が設定される。

質問項目は大きく3つに分けて考えることができる（表Ⅱ-3-1）。信仰の内容自体についての質問（宗教項目），回答者の属性についての質問（属性項目），回答者の宗教外の意識や行動についての質問（宗教外項目）である。

宗教調査では当然ながら，宗教項目が重要なポイントとなるが，その意識や行動には多様な側面があることに注意しなければならない。例えば，同じ宗教の信者でも，「集会にはよく参加するが，信仰のことはあまりよくわからない」「教団の教えを固く信じているけれども，具体的な行動は何もしていない」「信仰の内容よりも人々の交流に魅力を感じる」など信仰のパターンは様々だろう。こうした多様性をうまく捉えつつ，なおかつ調査目的に合致した質問項目を的確に取り入れられるかどうかが，質問紙調査の成否を大きく左右するといえよう。

（松谷　満）

▷2　松谷満，2007，「日本のキリスト教信者を理解する──計量的手法を用いて」宗教社会学の会編『宗教を理解すること』創元社では，筆者の調査経験をもとに質問紙調査の手順を説明している。

▷3　「宗教と社会」学会の宗教意識調査プロジェクト。結果の一部は井上順孝，1999，『若者と現代宗教』筑摩書房で紹介されている。

▷4　金児暁嗣，1997，『日本人の宗教性──オカゲとタタリの社会心理学』新曜社

▷5　稲葉圭信，1998，「現代宗教の利他主義と利他行ネットワーク──立正佼成会を事例として」『宗教と社会』4：153-179

▷6　杉山幸子，2004，『新宗教とアイデンティティ──回心と癒しの宗教社会心理学』新曜社

▷7　谷富夫，1994，『聖なるものの持続と変容──社会学的理解をめざして』恒星社厚生閣

参考文献

森岡清志編，1998，『ガイドブック社会調査』日本評論社

大谷信介・木下栄二・後藤範章・小松洋・永野武編著，2005，『社会調査へのアプローチ──論理と方法』ミネルヴァ書房

盛山和夫，2004，『社会調査法入門』有斐閣

Ⅱ　宗教研究の方法

4　計量分析

1　計量分析とは

　計量分析とは，Ⅱ-3の質問紙調査や実態調査（例えばある神社への参拝者数や仏壇の保有率など）によって得られた数値データを統計的な手法によって分析するものである。計量分析は基本的には2つ以上の変数の関連のしかたを捉え，「仮説」を検証するというスタイルをとる。Ⅱ-2「世論調査」の例でいえば，「宗教を信じる人が減ってきている」や「世代によって宗教意識が異なる」という仮説を検証するものであるといえる。

　計量分析では，因果関係の解明が目的とされる場合が多い。その場合，解明目的となる変数を被説明変数（従属変数），その原因として考えられる変数を説明変数（独立変数）と称する。実際の分析では，様々な説明変数が吟味され，何が被説明変数をよりよく説明できるかということが検討される。

　欧米では非常に多くの計量研究が行われているが，日本の宗教社会学では，計量分析に主眼を置いた研究は数少ない。その理由として，欧米でのキリスト教に対応するような単一かつ社会的影響力の大きい宗教が存在しないこと，他のアプローチが研究史において重視されてきたことなどが考えられる。しかし，欧米における計量的研究の理論枠組み，概念や指標の形式および内容など，すぐれた部分を摂取し日本での研究に応用するような試みが今後もっと増えてもよいだろう。[1] 以下では，計量分析のうち最も基本的な分析手法について紹介しよう。

2　クロス分析

　計量分析には様々な手法があるが，最も基本的なのはクロス分析である。これは行（よこ）と列（たて）にそれぞれ変数を配置してクロスさせ，各セルの数値（％）の大小によって関連のしかたを確認するというものである。具体的な例をもとに説明しよう。

　表Ⅱ-4-1はⅡ-2「世論調査」の図Ⅱ-2-2のグラフの一部を表で示したものであるが，これをクロス表という。表Ⅱ-4-1では，行の「世代」が説明変数，列

▷1　宗教の計量分析をめぐる問題点および日本での主要な研究事例については，川端亮・松谷満, 2007,「量的データを用いた宗教理解の可能性」宗教社会学の会編『宗教を理解すること』創元社を参照してほしい。

表Ⅱ-4-1　世代と「仏を信じているか」の関係 (%)

	信じている	信じていない	計
若年層（16-29歳）	15	85	100
中年層（30-59歳）	34	66	100
高年層（60歳以上）	58	42	100
全体	39	61	100

出所：NHK放送文化研究所編, 2004,『現代日本人の意識構造［第六版］』日本放送出版協会より作成。

の「仏を信じている／信じていない」が被説明変数と呼ばれる（図Ⅱ-4-1）。

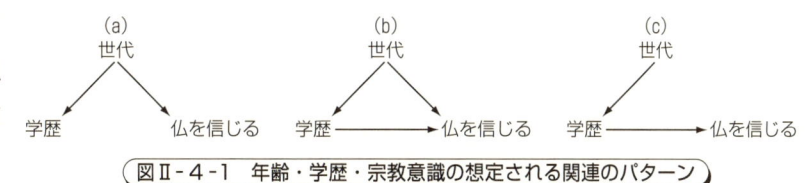

```
   (a)              (b)              (c)
   世代              世代              世代
  ↙  ↘            ↙   ↘            ↓
学歴   仏を信じる   学歴 → 仏を信じる   学歴 → 仏を信じる
```

図Ⅱ-4-1　年齢・学歴・宗教意識の想定される関連のパターン

　クロス表では実数よりも％が重要となる。実数だと説明変数のカテゴリー間の数の大小の影響を受けてしまい，比較しにくくなるためである。％で示すと，「若年層のなかで仏を信じている人は15％であるのに対し，高年層では58％である。したがって，高年層のほうがより仏を信じている人が多い」というような関連を明確に示すことができる。また，計量分析では表に見られる関連について，実際に「関連がある」と判定してよいのかを統計的に検定する手続きが存在する。検定の手続きについては統計学の入門書を参照してほしい。

3　エラボレーション

　先のクロス分析は「世代」と「仏を信じる／信じない」という2つの変数の関連を見たものであるが，これを実際の因果関係を表したものと見なしてよいのかという点については注意が必要である。他の変数の影響を考慮することによって，変数間の関連をより適切に説明し，解釈を行うことが可能になる。このような分析の手続きをエラボレーションという。

　具体例をもとにエラボレーションの重要性を説明しよう。「世代」と「仏を信じる／信じない」という2つの変数が関連しているものとして，例えば「学歴」を考えることができる。「学歴」を含めた3つの変数の関連として図1のように複数のパターンが想定される。（a）であれば「世代」と「仏を信じる／信じない」との関連は実際にあると見なすことができる。（b）であれば「世代」の関連とあわせて「学歴」の関連も重要だということになる。（c）になると「世代」と「仏を信じる／信じない」との関連は実は直接的なものではなく，「学歴」の影響が重要だと見なさなければならない。このように関連のパターンによって説明や解釈が大きく異なってくるために，エラボレーションは分析に欠かすことができないのである。

　エラボレーションには三重クロス表が用いられる。例えば先の二重クロス表を学歴別に作ってみる。その表において，世代間の違いが見られなくなるのであれば（c）のパターンであり，そこでも違いが見出せるならば（a）（b）のいずれかのパターンということになる。

　計量分析では，より多くの変数の相互連関を見るために重回帰分析やパス解析など，多変量解析と総称される様々な手法がある。それらの多くはパソコンソフトの普及により，初学者でも比較的容易に扱えるようになった。必要に応じて参考文献などを参照し，実際に分析していってほしい。

（松谷　満）

参考文献

ザイゼル，H., 佐藤郁哉訳・海野道郎解説, 2005, 『数字で語る社会統計学入門』新曜社

太郎丸博, 2005, 『人文・社会科学のためのカテゴリカル・データ解析入門』ナカニシヤ出版

土田昭司, 1994, 『社会調査のためのデータ分析入門』有斐閣

ボーンシュテット，G.W., ノーキ，D., 海野道郎・中村隆監訳, 1990, 『社会統計学』ハーベスト社

II 宗教研究の方法

5 インタビューの技法

1 インタビューとは

インタビューには3つの誤解があるようだ。第1に，突撃するものという誤解。テレビのレポーターのように取材相手にマイクやレコーダーをつきつけて〇〇についてどう思われますかというやり方は通用しない。一般市民はタレントでも政治家でもない。第2に，**ラポール**があれば聞き取りの精度があがるという誤解。誰にでも喋れる話のうちは友好的な雰囲気があれば語ってもらえるが，利害の絡む話は別だ。第3に，調査は相手に教えてもらう姿勢で臨めばよいという誤解。同情で調査に協力願えるのは学生のうちだけ。いずれ調査を受けることが被調査者に何らかのメリットをもたらす（語ることで被調査者の思考や感情が整理される，問題を社会にアピールしてもらえる）ことを納得してもらえる調査でなければ，聞き取りに応じてもらえなくなる。

インタビューを成功させるポイントは以下のような論点である。
①聞き取る問題や対象について可能なかぎり下調べを済ませておく。人というのはわかってくれる相手，勘所をつく話し相手だと興に乗って語ってくれる。
②インタビューの手法は適宜使い分けることが必要。
③インタビューには修練がいる。卒論・修論では学生同士でインタビューの練習をした方がよい。聞き取りは名人芸と評されるが，場数が芸を作るのだ。

2 インタビューの種類

質問紙に基づく調査ではインタビューの内容が構造化されている。**ダブルバーレル質問**や**キャリー・オーバー効果**を除去したり，聞く項目の順番も慎重に検討されたりしており，面接調査員は一定のやり方に沿って同じ聞き方をすることになる。これを構造化されたインタビューという。それに対して，質的調査では半構造化されたインタビューを相手や状況に応じて適宜使い分けていく。質問紙法のように回答を調査の枠に押し込めないという点で回答者の自由度は増すが，質問者の機転や経験によって聞き取られる内容が変化するため，分析に客観性を持たせるのに苦労する。

インタビューではメリハリを考え次のように聞き取りをするとよい。
①問題中心／エピソードインタビュー。回答者の個人属性に関わる件は最小限にして，論点を中心に短時間で聞き取る。いわゆる取材に近い。

▷1 ラポール
調査者と被調査者との間にある友好的・良好な関係のこと。調査やカウンセリングを円滑に行うために不可欠な要素とされる。

▷2 ダブル・バーレル質問
1つの質問文のなかに論点が2つ以上あるため，被調査者がどの論点で回答したのか判別がつかなくなるような質問のことをいう。

▷3 キャリー・オーバー効果
前におかれた質問に回答することで，後におかれた質問への回答が心理的影響を受けることをいう。

②専門家インタビュー。予め自分で問題を学習し、不明な部分に関して意見を求める場合に有効である。問題の当事者は自分のことに関しては専門家である。
③エスノグラフィック・インタビュー。自分も地域・集団の一員となって何事かをなす際に、場面に応じて少しずつ事柄の意味や背景を聞き出す。メモはその場で取れないので記憶しておき、後日整理する。
④ナラティブ・インタビュー／ライフコース・インタビュー。社会的事件、その人の経験などを長い時間をかけて自由に語ってもらう。最終的には話者と聞き手が相互に構成する歴史・社会の叙述になる。ただし主観的な経験を歴史の資料とつきあわせる聞き出し方が初学者には難しく、聞き出された膨大な情報の整理に多くの時間を要する。
⑤グループ・インタビュー。調査者が司会役となり、問題の当事者に特定のテーマについて自由に語ってもらう。語り方が日常会話に近くなり、議論の進展具合では新しい論点の発見につながる。エスノメソドロジーの会話分析を併用すれば、グループの人間関係や議論の方法に関わるデータも得られる。

▷4 エスノグラフィーについてはⅡ-9も参照。

▷5 ライフコース・アプローチについてはⅡ-7も参照。

▷6 エスノメソドロジーの会話分析についてはⅡ-8も参照。

3 ナラティブ・データの扱い

ナラティブ（語り）は事実的事柄に関わる解釈を含んでおり、時に解釈を導き出す当人の考え方が変わることで、先に聞いたのとは全く異なるナラティブが後から出てくることもある。典型的な例が、信仰者の入信動機の調査である。

特定教団に属して信仰を持っている人に「どのような経緯や動機で入信されたのですか」と尋ねれば、信仰歴の長い信者ほど教団の教義理解に沿ったかたちで自ら信仰に傾倒していった様子が語られる。こうした信者の解釈枠組みには宗教的教えや宗教集団の人間関係、職位などが大きな影響を与えており、信仰をやめた元信者に話を聞くと、当時の自分の置かれた状況や宗教団体の働きかけによって入信した様子が語られ、それに対して否定的な評価がなされることが多い。「マインド・コントロール」されたという言い方もあろう。

どちらも主観的事実としては本当の話である。同じ人でも異なる状況、異なる社会関係に置かれると異なる語りをするのが当たり前なのだ。容疑者の供述資料や法廷における証言が物証抜きに証拠能力を持ち得ないことと同様に、ナラティブそのものから事実的事柄を直接明らかにすることはできない。

では、聞き取り調査を何のために行うのか。社会や歴史を作りあげるのは私たち人間であるが、私たちは社会的諸事象に様々な意味を与え、いくつかの歴史認識の下に時代のつながりというものを考えている。社会を知るには、社会的諸事実を知るだけでは不十分で、私たちがそれらの出来事にどのような意味を与え、その社会や時代を生きるに価するものに仕上げてきたのかを読み解く必要がある。宗教とはそのような価値の体系であるため、インタビューではまず宗教行為や事柄にどのような意味があるのかを尋ねる必要がある。

（櫻井義秀）

参考文献
桜井厚, 2002,『インタビューの社会学――ライフストーリーのきき方』せりか書房
フリック, U., 小田博志・春日常・山本則子・宮地尚子訳, 2002,『質的研究入門――「人間の科学」のための方法論』春秋社
宮内洋, 2005,『体験と経験のフィールドワーク』北大路書房

II 宗教研究の方法

6 参与観察法

1 参与観察法とは

　参与観察法とは質的調査の一技法である。調査対象とする集団や地域に調査者が一定期間入り込んだり，住み込んだりして，集団や地域の一員となって当該集団の成員と直接に接触しつつ，生活や行動全般を観察してデータを収集する方法をいう。聞き取り調査（インタビュー）と異なり，調査者は対象集団の一員として行動全般に参与（参加）する。調査者の質問に対して調査対象者が答えるというやりとりの範囲を超えて，調査者が見聞きし，体験したすべてがデータとなり，聞き取り調査や文献からは得られない生の情報が得られる。外側から観察するだけでは実態が把握し難い未知の社会や集団を調査するときに有効な方法である。

　参与観察と同じような意味に用いられる言葉に「フィールドワーク」（現地調査）があるが，これは現地に赴きデータを収集する方法であり，参与観察や聞き取り調査を含んだ概念である。また「エスノグラフィー」（民族誌）は文化人類学において，文化を異にする民族についての記述や報告を意味するが，広義にはある地域社会や組織の文化，生活様式についての記述や報告も含める。参与観察はエスノグラフィーを描くためのデータ収集においても用いられる。◁1

▷1　エスノグラフィーについては II-9 も参照。

2 宗教調査における参与観察法

　宗教を調査しようとするときにも参与観察はよく用いられるが，一口に宗教といっても種類や信仰のあり方は多様であり，参与の仕方，程度も違ってくる。村落共同体の地縁・血縁に基づいた「合致的宗教集団」である神社や寺院，そこでの儀礼・行事の調査もあれば，自覚的信仰により形成された「特殊的宗教集団」であるキリスト教会や新宗教教団の調査もある。前者の調査であれば，地域に住み込み，儀礼や行事に参加するなどしての参与観察ができる。後者の場合，一員になるということは信者になることであるが，「ミイラ取りがミイラになる」可能性もある。第三者として信者の集まりや儀礼，行事に参加しつつ信者と行動をともにして観察するのは，行動全般をともにするわけではないため，厳密にいえば「非参与観察法」になるのだが，新宗教教団の調査の場合，こちらの方法が用いられることが多い。

　観察の視点は調査対象や調査して明らかにしようとする点によって様々であ

るが，およそ次のような視点にまとめられる。①組織観察。組織としてのあり方，指導者や信者の地位や役割，信者同士の関係やつながり方など。②儀礼・行事観察。参加者の数や属性（性別，年齢層），儀礼・行事の内容，実施・開催頻度など。③信者観察。日常的な宗教行動，行動パターン，信仰対象や指導者に対する態度，信者同士の会話や雑談，宗教的な語彙の用いられ方など。④地域観察。新宗教教団の調査であれば地域住民の態度（受容か排除か），教団の地域社会への関わり方など。神社や寺院の調査であれば，地域社会における位置づけなど。⑤施設観察。建物それ自体や内部の様子，境内地の様子など。

　宗教の世界は独自の意味世界を持つだけに参与観察は有効な方法である。宗教調査における参与観察の利点には次のような点が挙げられる。①信者の行動をまるごと観察することができる。②それに基づき，教義の内容，信者のものの見方，考え方などを理解することができる。③調査者が見聞きし，体験することすべてがデータとなり，調査対象を全体として理解できる。反面，欠点は次のような点になる。①調査者の存在が対象集団へ何らかの影響を及ぼし，変化をもたらす可能性がある。②密接に関わり過ぎると，本来調査者が持つべき客観的な視点が失われる恐れがある。③得られたデータは，誰が調査をしても同じになるとは限らず，その調査者ゆえに得られたデータであるという限定的な側面もある。

3　聞いていること，見てみたこと

　実際にその場に行って見てみると，これまで聞いているあり方とは違った面を発見することもある。一例として統一教会の場合を紹介しよう。統一教会は日本では「カルト」視される教団であり，調査研究は脱会した元信者への聞き取り調査に基づくものがほとんどである。韓国には合同結婚式で韓国人男性と結婚した日本人女性が数多く暮らしているが，彼女たちはマインド・コントロールによって判断能力を奪われ，韓国に嫁がされ，貧困や夫の暴力に耐えながら悲惨な生活を送っているとされる。

　ところが韓国で統一教会は「異端」「似而非宗教」（偽宗教）とされつつも，日本におけるほど問題視されていない。韓国の農村でも日本と同様に男性の結婚難が見られるが，統一教会は結婚相手を世話してくれる結婚相談所的な側面を持つ団体としても認識されていることがわかる。農村の男性に嫁いだ日本人女性たちの語るところによれば，彼女らは統一教会が説く結婚の宗教的意味づけに納得し，韓国での生活を続けていると解釈することも可能である。楽な暮らしではないが，何とか無事に暮らしているように見受けられる。もちろん，これまでいわれているように大変な生活を強いられている女性もいる。これを否定するつもりはない。ただ，実際に行って観察しなくては見えてこない部分もやはりある。

（中西尋子）

参考文献
佐藤郁哉，1992，『フィールドワーク――書を持って街へ出よう』新曜社
井上順孝・孝本貢・塩谷政憲・島薗進・對馬路人・西山茂・吉原和男・渡辺雅子，1981，『新宗教調査研究ハンドブック』雄山閣

Ⅱ　宗教研究の方法

7　ライフコースとライフヒストリー

1　ライフコース・アプローチとはどのような研究か

　人間行動の研究には，社会関係を重視した構造的アプローチと，時間を重視した力学的アプローチがある。ライフコース研究とはこの双方を取り込み，個人時間の経過のなかで起こる様々な出来事や個人の役割を追究したものである。
　社会学では，生物一般に見られる一生の規則的変化過程を捉える視点を用い，家族や個人を長期的観察から分析するライフサイクル論が用いられてきた。だが，もともと自然史的な発達を前提とした考えであるため，家族の類型的分析には有効だったが，時代背景の変化やライフスタイルの多様化を追うことは困難であった。また，成人期になっても人は発達するものであり，個人と家族の行動は相互に関係し合い，各々の人生は歴史的条件のなかで絶えず変化するため，次第にライフコース論が重視されるようになったのである。◁1
　具体的手法としては，共通の出来事を一定の時期に経験した同出生年齢集団たるコーホートを学歴別やコーホート別に比較する統計的方法と，ライフヒストリーを用いた個別的な方法が用いられる。前者の方法は「世代差」等を見出すために有効であり，個人のキャリアは様々な影響を受けながら歩むことを示し，人生の軌跡をたどる分析手法として家族社会学などで多くの研究蓄積をもたらした。また，後者の具体性を前者と併用する研究も進んでいる。

2　教団ライフコースと個人のライフコース

　日本の宗教社会学で，ライフサイクル論やライフコース論が用いられた研究は決して多いとはいえない。まず森岡清美により「教団ライフサイクル論」が提唱され新宗教の教団研究に導入された。◁2これに対し，途中で消滅した場合や，特殊な歴史的出来事で発展が妨げられた場合などの分析には限界があるとして，西山茂が「教団ライフコース論」を提唱し，研究を進めている。
　一方，信者個人のライフコースに着目した代表的研究として，渡辺雅子による大本の信者研究が挙げられる。◁3渡辺は，12世帯18名の大本信者を入信年と世代で区分し，教団との関わりの変化やライフコース上の家族・地域社会・全体社会における様々な出来事への対処などを考察した。そして，各々の信仰が危機対処にプラスに働くことや，入信によるネットワークが各人に危機を乗り越えやすくさせることなどの知見を見出した。

▷1　ライフコースの代表的なテキストに，エルダー, G. 他編，正岡寛司他訳，2003，『ライフコース研究の方法——質的ならびに量的アプローチ』明石書店がある。また，日本の研究成果の1つに，森岡清美・青井和夫編，1991，『現代日本人のライフコース』日本学術振興会がある。

▷2　森岡清美，1989，『新宗教運動の展開過程——教団ライフサイクル論の視点から』創文社。森岡清美については Ⅰ-15 参照。

▷3　渡辺雅子，2007，『現代日本新宗教論——入信過程と自己形成の視点から』御茶の水書房

3　ライフヒストリー・アプローチ

　ライフヒストリー（生活史）は，民俗学や人類学でも個人インタビューで得られた資料として活用されている。そもそも一般信者に対して，その信仰生活を質問紙調査や個々人へのインタビューで聞き取る方法は，宗教社会学の一方法として以前から採用されてきた。日本の宗教社会学においては，1970年代以降，巫女の成巫過程の詳細を描くことや，信仰受容の展開過程を見出すことを目的として，ライフヒストリーを用いる研究が見られた。

　近年，方法論的革新を目指した意欲作として，コンピュータ・コーディングや物語論を導入し，真如苑の「霊能」を扱った研究が刊行された[4]。質的分析と計量的分析の統合をなしたその研究では，インタビュー等で得られた個人の信仰に関するライフヒストリーから，頻出用語別に見取り図を作成しており，大量文書の処理等方法論の問題として注目すべき研究だといえよう。

　これとは逆に，むしろ新宗教教団幹部やキリスト教会の「牧師夫人」，真宗門徒など，信者たちが語るライフヒストリーの文脈を重視し，信仰生活史をより丁寧に捉え直そうとした研究も見られる[5]。そこでは，近年の社会調査論の動向を踏まえ，社会学が信仰を扱う上での方法論的議論もなされている。

　ただし，家族社会学に比すると，宗教社会学におけるライフコース研究やライフヒストリー・アプローチは蓄積が少ない。大いに推進すべき方法だろう。

4　ライフヒストリー・アプローチの調査方法

　ライフヒストリーの調査方法にも触れておこう。まず，個人の生活史の聞き取りが中心なので，生年月日，定位家族の状況，その後の生育歴に始まり，学歴・職歴，生殖家族の状況や現在に至るまでの履歴を聞き取ることが基本である。信仰に関しては，いま持っている信仰との出会い，信仰に至った経緯，重要な他者との関係，さらにそれ以前の宗教的経歴の有無や，信仰を持って以降の生活の変化や信仰に関する生活をたずねる。

　個人のプライバシーに全面的に関わる以上，調査には十分な倫理的配慮が求められる。調査同意や調査で知り得た情報の取り扱い（文章に書き起こした内容の相互チェックや論文化への対応，記録媒体の保管等），さらに聞き取り後，様々な理由で公表拒否があり得ることも調査者は理解しておかねばならない。そして，最終的に得られた資料（生活史）を，どのような形で分析・考察し，公表（論文化）するのが有効かも事例ごとに異なるだろう。

　また，このような対面調査は，対象者と調査者との関係が長く続くことが多分にある。宗教への勧誘や調査拒否，自らの世界観との葛藤を調査者が経験することも大いにあり得る[6]。それを，否定的に捉えるか正面から受け止めるかが，その後の調査研究に関わることはいうまでもない。

（川又俊則）

▷4　秋庭裕・川端亮，2004，『霊能のリアリティへ──社会学，真如苑に入る』新曜社

▷5　川又俊則・寺田喜朗・武井順介編，2006，『ライフヒストリーの宗教社会学──紡がれる信仰と人生』ハーベスト社

▷6　宗教調査に関しては，井上順孝，2002，『宗教社会学のすすめ』丸善ライブラリーなども参照。

II 宗教研究の方法

8 エスノメソドロジー

1 エスノメソドロジーの視点

友人との会話で「それってどういう意味？」といちいち言葉の厳密な定義を求める。自宅で下宿人のようにふるまう。レストランで他の客を店員のように扱う。電話に出てから10秒間沈黙する。ハロルド・ガーフィンケルは、日常的世界の自明な前提をかく乱するこうした違背実験を行い、日常の諸活動が「見られてはいるが気づかれていない」暗黙の共同作業によってそのつど達成されているものであることを示すとともに、自明な前提が危機にさらされたときも人はどうにかして共通の理解を産出し、いつも通りの社会的現実を維持できていることを示した。例えば、電話の沈黙に遭遇した被験者は、受話器の故障と解釈することで日常の秩序を保ちつづけた。人は誰でも実践的に社会的現実をつくり出しているのだ。

エスノメソドロジーは、社会の成員たちが日常茶飯事を首尾よく成し遂げるために使用する方法を明らかにする研究法である。ガーフィンケルによると、「エスノメソドロジーとは社会のメンバーがもつ、日常的な出来事やメンバー自身の組織的な企図をめぐる知識の体系的な研究だ」[1]。ジョージ・サーサスは、エスノメソドロジーと**エスノグラフィー**（民族誌）[2]の違いについて、次のように説明する。エスノグラファーは人々が何を信じているのか、どういう信念を持っているのかというデータを体系的に収集し観察するが、エスノメソドロジストは信念の内容ではなく、信念やその表現がどのように使用されているか、それが成員たちにとってどのような働きをしているかということを観察する[3]。

2 人は不思議な体験をどう語るか

ロビン・ウーフィットは、エスノメソドロジーの1分野である会話分析[4]の手法を用いて、超常現象体験がどのように語られるかを検証している。超常現象体験は一般的に疑わしく思われている。そのため、超常体験者は、自分の説明の事実性を構築するために特定のコミュニケーションの仕組みを利用する。話し手は、自分の経験が事実であることを疑わないが、他人からすると疑わしく思われるであろうことを予期している。それゆえ、出来事が超自然的な驚異であることを示すとともに、超常現象を体験した自分が正常でふつうの人間であることも同時に示すという課題をこなさなければならない。事例を2つ紹介しよう。

▷1　ガーフィンケル，H., 山田富秋・好井裕明・山崎敬一訳, 2004,「エスノメソドロジー命名の由来」ガーフィンケル，H., 他『エスノメソドロジー——社会学的思考の解体』せりか書房, 19

▷2　エスノグラフィーについてはII-9も参照。

▷3　サーサス，G., 北澤裕・西阪仰訳, 1989,「序論　エスノメソドロジー——社会科学における新たな展開」サーサス，G., ガーフィンケル，H., サックス，H., シェグロフ，E.『日常性の解剖学』マルジュ社, 7-30

▷4　会話を厳密に書き起こした記録（トランスクリプト）は、人々が自分の意図や動機を説明しながら社会的事態を相互に達成する過程を観察するためのデータとして便利なので、会話分析はエスノメソドロジーの主要な方法の1つとなった。

事例1

```
1        でもある晩友だちが一緒にいて (.)
2    X   二人でテレビを見ていたんですが
3        (.3)
4 挿入    その友だちもとっても霊感が強くて
5        それでエー
6        (1.3)
7    Y   そのー (.) あーあの音が始まって
8        あのかすかな音楽的な音が
```

事例1は「XそのときY」の形式である。Xの部分はごくありふれた日常的活動が選ばれる。次いで，Yの部分で対照的に超常現象体験の描写がなされる。そして，XとYの間に，出来事の神秘性を構築するための挿入句「その友だちもとっても霊感が強くて」が差し込まれている。これ以外にも挿入句には体験の確実性や知覚の正常性を示す言葉が選ばれることもある。

▷5 ウーフィット, R., 大橋靖史・山田詩津夫訳, 1998, 『人は不思議な体験をどう語るか』大修館書店, 183

事例2

```
1   友だちが言うんです
2   「何か感じた？」って
3   「何かを感じたなんてもんじゃないわよ！」
4   って私は言って,
5   「上には幽霊がいるわよ」って言いました。
```

事例2は直接話法である。他者の能動的発言を示す直接話法は，出来事の観察可能性の構築に寄与し，客観性を高める働きをする。直接話法により，同じ出来事を他者も同様に知覚していたという視点の相互性が確立される。

▷6 ウーフィット, R., 大橋靖史・山田詩津夫訳, 1998, 『人は不思議な体験をどう語るか』大修館書店, 223

3 アイデンティティの使用

ウーフィットは，「話し手は特定の事柄が推論されるように自分の活動を描写している。その事柄というのは，自分の体験が真実であることを支持し，確証することである。話し手のアイデンティティそのもの，すなわち『性格』や『気質』，『心理特性』，『信念』や『考え』が持ち出されるのは，これを目立たせようとする実際的な課題のためであり，またこうした課題の裏にはそうした特徴が潜んでいるのである」と指摘する。すなわち，エスノメソドロジー的視点からすると，アイデンティティとは比較的安定した個人の属性をあらわすものではなく，日常のコミュニケーション課題を成し遂げるために持ち出される材料なのである。

超常現象体験について語る人々は，認知の歪みや自尊心の欠如のせいで超常現象を体験するという社会科学者の仮説に当てはまらないよう，アイデンティティ戦略を講じているのだ。

（渡邊 太）

▷7 ウーフィット, R., 大橋靖史・山田詩津夫訳, 1998, 『人は不思議な体験をどう語るか』大修館書店, 260

II 宗教研究の方法

9 エスノグラフィー

1 エスノグラフィー

　アメリカの文化人類学者であるジョージ・マーカスとマイケル・フィッシャーは，『文化批判としての人類学』（原著は1986年）において，民族誌学とは人類学者が異文化の日常生活に加わって細かく観察・記録し，その後で細部を丹念に記述しながらその文化について記述する調査のプロセスであるといい，その方法をフィールドワーク（Field Work）と呼んだ。エスノグラフィー（Ethnography）は主として人類学者らによって主導されてきたが，近年では社会学をはじめ経営学や心理学など，人文社会科学の有効な研究と記述の方法として幅広く導入されている。ポーランド生まれの人類学者マリノフスキーが著した『西太平洋の遠洋航海者』（原著は1922年）が嚆矢とされる。

　この手法を用いて記述する場合，対象となる異文化（調査の現場）の人々の体験をいかに解釈するかが問題となる。ここでいう解釈とは，「経験に近い概念」によって示されるローカルなものをその特殊性において把握し，同時にそのローカルなものを「経験から遠い概念」によって第三者に理解可能なものに変換することである。

　この意味において，エスノグラフィーは単なる表面的な事実の記録ではない。それを記述する者が異文化の人々の言動に含まれた意味を読み取り解釈したものであり，そこで生まれた解釈をさらに別の出来事や行為とつき合わせることによって再解釈したものである。この意味で，クリフォード・ギアツはまた，エスノグラフィーの記述のあり方を「厚い記述」と呼んでいる。

2 フィールドワーク

　一般に現場に足を運んで行う調査をフィールドワークと呼ぶ。参与観察やオープンエンドの聞き取りなどを行う密着取材型の調査方法と，質問リストに基づいてインタビューしたり質問紙を配布してアンケート調査するといった方法がある。前者は研究者が現場に長期間滞在し**インフォーマント**の言動を詳しく書き記す質的調査，後者は比較的大量の数量的データを短期間で収集する量的調査と呼ばれる。以下，宗教研究におけるフィールドワークの手順を示そう。
①まず，調査しようと考える教団の出版物や新聞・雑誌などを読み，独特の言い回し表現やその意味などに慣れ，少なくとも熱心に活動している一般信者と

▷1　マーカス，G. E.，フィッシャー，M. M. J.，永渕康之訳，1991，『文化批判としての人類学』紀伊國屋書店

▷2　マリノフスキー，B.，寺田和夫・増田義郎訳，1980，『西太平洋の遠洋航海者』『世界の名著 71』中央公論社

▷3　ギアツによれば，経験に近い概念とは一般生活者が自分自身や他者の考えを表現する際に無理なく理解でき使えるような概念をいい，経験から遠い概念とは学問的な枠組みで用いられる概念をいう（ギアツ，C.，吉田禎吾他訳，1987，『文化の解釈学』Ⅰ・Ⅱ，岩波書店）。

▷4　インフォーマント（informant）
フィールドワークの対象者。エスノグラフィーという手法においては，口述による資料提供者として位置づけられることもある。調査者はインフォーマントと，「書く人」と「書かれる人」という二項対立的な関係性ではなく，両者の信頼関係を構築することを心がけるべきである。

同程度の知識を身につける必要があるだろう。
②対象となる団体や人々には調査についての理解と許可を得ることが望ましく，彼らに協力していただき教えていただくという謙虚な心がけが大切である。
③ノートに記録を取る。調査の年月日，天気，場所，時間的な流れ，視覚的・聴覚的情報，地図や施設の配置図，などまずは基本的なデータを収集する。
④インタビューは，問わず語りにいろいろなことを教えてもらう方法と，整理された質問項目に従って行う方法がある。重要だと思うことはメモ書きし，許可が得られたなら会話を録音する。その後，記憶をたどりながら聞き取り記録をまとめるのである。
⑤完成されたエスノグラフィーは，必ずしも初めから構成が出来上がっているわけではない。解釈と再解釈を繰り返した結果であることを忘れてはならない。
⑥記述・発表の際はプライバシーの保護を遵守し，一方的な解釈の押しつけをしないといったフィールドワークを行う者の倫理を忘れてはならないだろう。

3 エスノグラフィーの具体的な記述方法

　厚い記述の一例を示そう。世界最大のカトリック人口を擁するブラジルで，1980年代からペンテコスタリズム系のプロテスタント信者やカトリック信者が増え始めた。同時期には，日本から渡ったいくつかの新宗教教団も非日系人の信者数を伸ばすようになっていた。

　プロテスタントにせよカトリックにせよペンテコスタリズム系の運動に関わる人々にインタビュー形式でその魅力を尋ねてみると，従来のカトリック教会では体験することのできなかった聖霊のバプテスマという救済の新しさ，草の根運動的な信者指導の魅力，従来のキリスト教の考える罪意識からの解放などを挙げる。日系新宗教の信者の語りでは，根源的生命（神）との合一が救済をもたらすこと，聖職者が身近な存在であること，そしてそもそも罪の意識を説かないことなどが以上の指摘に比肩する。これらの特徴は，日本の宗教（社会）学の議論でいわれる新宗教の生命主義的救済観を示している。

　筆者はインタビュー調査によって，ペンテコスタリズム系の信者の「経験に近い概念」を日系新宗教に入信した人々の語りにみられる生命主義的救済観という「経験から遠い概念」から眺めることによって，現代ブラジルの宗教変容に関して従来語られてきた観察にとどまることのない，現象の新しい解釈方法を導いた。▷5 さらに，ペンテコスタリズム系の運動が拡大する理由として，経済的側面だけでなく，救済倫理の側面という新しい視点を補完した。この意味において，量的調査に基づく議論は質的調査の議論と相補的に用いられてしかるべきものである。このような方法が解釈と記述のみならず，研究蓄積そのものをも厚いものにしていくといえる。

（山田政信）

▷5　山田政信，2002，「ブラジルにおける生命主義的救済観――日系新宗教とペンテコスタリズム」『宗教と社会』第9号別冊：74-90

参考文献
エマーソン，R.，フレッツ，R.，ショウ，L.，佐藤郁哉他訳，2003，『方法としてのフィールドノート』新曜社
佐藤郁哉，2006，『フィールドワーク増訂版――書を持って街へ出よう』新曜社
芳賀学・菊池裕生，2006，『仏のまなざし，読みかえられる自己――回心のミクロ社会学』ハーベスト社

II 宗教研究の方法

10 グラウンデッド・セオリー

1 現場から生み出される理論

社会学史をひも解けば，デュルケームやウェーバー◁1などの大学者が近代社会全体を鋭く分析してきたことがわかる。現代もまたその延長上にあり，アノミー論やカリスマ論など彼らが提示した理論で説明可能な社会現象は確かに多い。

しかし，急速に複雑さを増している現代において，個々の生活の現場，あるいは社会活動の現場で起こる様々な問題に対して，これらの大理論は果たして的確に応答してくれるものなのだろうか？　グラウンデッド・セオリーは，そのような疑問から生まれてきた研究方法であり，研究の姿勢である。

アンセルム・L・ストラウスとバーニー・G・グレイザーは，1960年代初め大規模な共同研究プロジェクトを立ち上げ，複数の病院でフィールドワークを行った。当時，病院はすでに多くの人たちが死を迎える場所となっていたが，ガンなどの病名告知はいまだ一般的ではなく，終末期医療のあり方が社会問題となりつつあった。そこで彼らは，終末期患者の病状の経過に応じて病院スタッフが患者とどのように接し，また患者のいないところではどのようにその患者のことを語っているのかなどを観察すると同時に，病院スタッフにインタビューを行っている。つまり彼らはフィールドワークを通して，患者と病院スタッフとの間の社会的相互作用を捉え，人は生物学的な死を迎える前に，どのようなプロセスで「社会的に死んでいく」のか，そしてそれがその死に関わる人間関係にどのような意味を与えるのかを問うたのである。

その研究成果は『死のアウェアネス理論と看護』◁2をはじめ，1960年代後半に5冊のモノグラフとして刊行されたが，それに加えて，その調査・研究の過程で生みだされた斬新な研究方法であるグラウンデッド・セオリーについて論じた『データ対話型理論の発見』が1967年に刊行された。

この本のなかで彼らは，まず当時の社会学の全体的な傾向を痛烈に批判する。ビッグネームの「偉大なる先達」が生み出した誇大な理論（グランド・セオリー）を量的データの収集によって検証することばかりに向かい，社会学者の課題であった新たな理論の産出がなされないために，社会学が魅力に欠けたものとなっているというのだ。当時は論理的な演繹から生み出されたグランド・セオリーを，現実の様々な状況に応用できるかどうかの検証こそが必要だとされていたからである。

▷1　I-16参照。

▷2　グラウンデッド・セオリーの調査への応用については，『データ対話型理論の発見』以降グレイザーとストラウスの間に意見の相違が生まれているため，いくつかの流れが登場しているが，日本語で読める平易なものとしては，戈木クレイグヒル滋子編，2005，『質的研究方法ゼミナール——グラウンデッドセオリーアプローチを学ぶ』医学書院を参照。

その上で彼らは，理論の検証よりも理論を生み出すことが社会学者の課題として重要であることを主張し，現場から集められるデータから発見（産出）される理論（グラウンデッド・セオリー）について論じるのである。

2 データとの対話

では，どのようにデータから理論が生み出されるのであろうか？　まず，グラウンデッド・セオリーで産出される理論というのは，経験的な状況に適合し，一般人にも理解しやすいものでありながら，適切な予測や説明，解釈，応用などを可能とするような，体系化された概念（カテゴリー）のまとまりのことである。つまり，現場から得られたデータに基づくことで明瞭さや簡潔さを保ちながら，論理的一貫性や統合性を持ち，なおかつ，その現場以外のほかの状況へも応用できるようなものである。そのような概念群を得るために，コーディングの作業と比較を用いた分析が同時並行で進められる。

コーディングではまず，インタビューなどで得られた質的データを最小単位ごとにバラバラに切り分け（データの切片化），それぞれにラベル名をつける。そして，関連するラベル同士をまとめて抽象化し，カテゴリーを作るのである。

その際，データ同士を絶えず比較することによって，それぞれのラベルの持っている特性とその度合いを挙げていき，関連づけを密にしていく。また，カテゴリーが抽出された段階で理論的比較と呼ばれるほかのデータとの比較を行うことで，データだけからは読み取れない特性を多く挙げていって，カテゴリーの体系化を図るのである。もし，その過程で，データが不十分であれば，理論的比較に基づいて足りない部分を補っていく（理論的サンプリング）。このような作業を，新たにデータを分析してもカテゴリーの特性や度合い，カテゴリー間の関係についての新たな知見が得られない状態（理論的飽和）になるまで続けることで，データ対話型の理論が生まれるのである。

3 宗教研究への応用可能性

この理論の日本での研究・応用は，同時期にアメリカで隆盛したエスノメソドロジーなどに比べ出遅れた感がある。それでも対面的状況や実践的課題への応用に適しているため，医療や福祉などのヒューマンサービスの領域では早くから注目され現場の実践者の自己理解に効果を発揮している。宗教研究にこの理論を直接応用した例は見られないが，川端亮が真如苑の霊能者の内的世界に迫る際に試みたコンピュータ・コーディングの方法は，グラウンデッド・セオリーを意識した上でさらに質的データの計量的分析の可能性を開いているものである。他方，この理論がもつ実践的課題への応用可能性は，質的調査の1つのモデルとなりうるだけでなく，宗教実践者との共同研究といった新たな研究スタイルを切り開く可能性も持っているといえよう。

（西村　明）

▷3　グラウンデッド・セオリーの社会学説としての位置づけについては木下康仁，1999，『グラウンデッド・セオリー・アプローチ──質的実証研究の再生』弘文堂を参照。

参考文献
秋庭裕・川端亮，2004，『霊能のリアリティへ──社会学，真如苑に入る』新曜社
グレイザー，B.G.，ストラウス，A.L.，木下康仁訳，1988，『死のアウェアネス理論と看護──死の認識と終末期ケア』医学書院
グレイザー，B.G.，ストラウス，A.L.，後藤隆・大出春江・水野節夫訳，1996，『データ対話型理論の発見──調査からいかに理論をうみだすか』新曜社

II 宗教研究の方法

11 解釈的分析

1 誰が・何を・解釈するのか

「解釈」という作業は，ともすると社会学には似つかわしくないと思われるかもしれない。実際，こんなふうに考える人も少なくないだろう。「社会学のなすべきことは徹頭徹尾，冷徹にして客観的な事実の分析でなければならない。文学や芸術を論じるわけではないのだから，解釈などという，審美的な主観が入り込むような余地は極力排除すべきだ」と。

しかし，それとは異なる考え方が，すでに19世紀の末には提唱されていた。当時活躍したドイツの哲学者ヴィルヘルム・ディルタイによれば，精神諸科学（これは今日の人文科学に相当する）が扱う対象は，自然科学の対象とは異なり，意味を持つ事実である。自然科学の仕事がもっぱら事実の因果的説明に限られるのに対して，精神諸科学は事実の意味理解，わけても体験という事実の意味理解を目指す解釈学として発展しなければならない。◁1

「説明」学としての自然科学とは異なる「理解」学の基礎づけというこの構想は，マックス・ウェーバーの理解社会学へと継承された。人間の行為を外側から拘束する諸々の社会的事実を客観的・実証的に分析しようとしたのが現代社会学のもう1人の祖，デュルケームだとすれば，かたやウェーバーが着手したのは，人々の行為を内側から方向づける動機や意図の解明であり，つまり行為に込められた主観的な意味の理解という作業だった。◁2

ディルタイやウェーバーの考え方は，いまも様々な点で光彩を放っているが，やや素朴なロマンティシズムをひきずってもいた。それは，彼らにとって解釈という営みが，あくまでも表現の向こう側にあるものの解明を意味していたということである。ディルタイにとっては「体験」，ウェーバーにとっては行為の「動機」や「意図」が，それぞれ表現の向こう側にあるもの，言い換えれば言語以前の実在として前提されていたのである。

これに対して，近年の見方では，「体験」や「動機」「意図」と呼ばれるものはむしろ言語という素材によって構成されたものだと考えられている。つまり言語に先立つ実在というよりは言語の産物である，というわけだ。

例えば，ライト・ミルズによれば，「動機」とは行為の意味について当人や周囲が納得できるような説明のことであり，その説明は当該社会やコミュニティのなかで共有された言語のレパートリー（＝ボキャブラリー）によって組み

▷1 このようなディルタイの主張は，コントに代表される実証主義，すなわち自然科学の方法をそのまま人間や人間社会の分析に適用する考え方への異議申し立てでもあった。

▷2 もちろん，動機の解明だけならば，社会学の仕事は心理学のそれと変わらないことになる。ウェーバーの関心はさらに，行為の動機（＝主観的意味）とその社会的な帰結との関係──「意図せざる結果」というズレも含めて──へと向けられていた。

立てられねばならない。このとき，行為者は自らの動機を語るとともに，行為の舞台となる現実的な状況そのものについても，同様の語彙を借りて一定の解釈をほどこしていることになる。

つまり，個人の内側に想定される動機や意図と同様に，外側に想定されるところの状況もまた人々の解釈を通して構成されていく，ということになる。われわれが「社会的現実」と呼んでいるものは，一枚岩的な実在として聳え立っているのではなく，人々の多様な解釈の束として，日々多元的に構成されているのだ。それゆえ社会学者の行う「解釈」は，当該社会や共同体に生きる人々の解釈を解釈するという，やや入り組んだ作業とならざるをえないのである。

2 解釈の揺らぎとズレを記述すること

行為者自身による解釈を読み取るという作業は，社会学全般のなかでも特に宗教社会学では極めて重要な位置を占める。それはもちろん，宗教そのものが，一種の解釈装置としての側面を持っているからである。

いかなる宗教的信念も，人々が現実に対して与える解釈に浸透し，それを広汎にわたって規定するような力を持って初めて，諸々の心理的，社会的な機能を果たすことができる。したがって，そのような信念と現実解釈との具体的な関わりを明確に見極めることが必須の課題になるわけだが，そのためには教典や教祖の自伝，諸種の象徴や儀礼など，かつての宗教学が主な解釈の対象と見なしてきたものを扱っているだけでは足りない。一般の信者が折に触れて語り，あるいは互いに語り合うところの体験談など，日々新たに紡がれつつある言葉へと視野を広げることが必要になってくる。そこで，エスノメソドロジーや物語論など，解釈を重視するタイプの社会学全般において行われているのと同様の方法論の模索が，今日の宗教社会学でも行われることになる。

こうして，解釈的分析の方法は多様なものにならざるをえないが，さしあたり共有されているように思われるのは，解釈の体系性，統一性といった理念に過度にとらわれることなく，様々なレベルで観察される解釈の揺らぎやズレを，できるだけありのままに記述しようとする態度だろう。いわゆる宗教的回心や教団への入信，あるいは教団内での立場の変化などを通して，当事者による現実の解釈は次第に──時には劇的に──変わっていく。また，同一の状況をめぐって信者間，あるいは信者と非信者の間で解釈の葛藤が生じる事態も珍しくない。既成の理論的枠組みを適用して統一的な解釈を急ぐよりは，むしろ綿密な聞き取り調査に基づく**質的研究**の蓄積が求められるところだろう。

（堀　雅彦）

▷3　このような発想は，解釈を重んじる社会学の流れがウェーバーからシュッツらの現象学的社会学へ，そして今日の社会構築主義へと受け継がれる過程で次第に明確になってきた。

▷4　そうした動向については大谷栄一・川又俊則・菊池裕生編著，2000，『構築される信念──宗教社会学のアクチュアリティを求めて』ハーベスト社が参考になる。

▷5　**質的研究**
質問紙などを利用した計量的分析（量的研究）に対して，人々が内的に生きている現実の手ごたえや経験の質感など，数量化できないものを汲み取ろうとする研究法をいう。より具体的にはⅡ-5　Ⅱ-6　Ⅱ-7　Ⅱ-8　Ⅱ-9　Ⅱ-10を参照のこと。

参考文献
ウェーバー，M.，林道義訳，1968，『理解社会学のカテゴリー』岩波文庫
ミルズ，W.，青井和夫・本間康平監訳，1971，「状況化された行為と動機の語彙」『権力・政治・民衆』みすず書房
好井裕明，2006，『「あたりまえ」を疑う社会学──質的調査のセンス』光文社新書

II 宗教研究の方法

12 宗教史研究

1 宗教社会学は宗教史研究か？

宗教社会学における宗教史研究を考えると，2つのありようを看て取ることができる。1つは，研究対象である個別の宗教集団の史的解明である。島薗進は，宗教学の立場から，このことを次のように端的にまとめている。「現実に存在した（存在する）宗教についてまとまった知識を得ようとすれば，個々の『宗教』の発生やその後の経過について語らざるをえないだろう。たとえ，始まりが明らかでない宗教であったとしても，それがどの時代にどのような形をとって存在していたのかを明らかにしなければその宗教について，何か明確なことを述べることはできないだろう。規範的な言説に向かうことをひかえ，資料に即した叙述を志す堅実な宗教研究は，個々の資料群を基盤とした歴史叙述に依拠することを避けられない。特定の宗教，特定地域の宗教，特定の時代の宗教を論じようとするものは，宗教史の叙述に力を入れるのを常とする。」◁1

宗教の歴史を学ぶということは，単に，公にされた教義や信仰活動を明らかにするだけではない。新興宗教として邪教視された多くの新宗教教団の教団史であっても，それを詳細かつ客観的あるいは共感的視点から描くことは，それ自体，周縁化されてきた人々の生をすくいとり，理解しようとする営みとなるであろう。それは，歴史に埋もれ，あるいは地下水脈のように続いてきた情念を描き出そうとしてきた安丸良夫，ひろたまさき，鹿野政直，色川大吉などの近代民衆史や民衆思想史研究，あるいはサバルタン・スタディーズやポストコロニアル・スタディーズなどとも近縁的な学問領域なのである。

2 近代社会を解明する

もう1つのあり方は，近代社会そのものを対象化するものである。「近代」とはいかなる時代か，そして何が「近代」を生み出したのか，と。

例えば，近代的な知として形成された宗教学においても，「宗教」概念そのものに対する近年の系譜学的な関心がそのことを示している。◁2 逆説的なことに，宗教社会学は，自らを世俗的な社会であると認識しているような近代社会そのものを理解するための枠組みを提供しようとしてきた。キッペンブルクが指摘するように，「人々が宗教的なるものを求めない場での宗教的なるものの影響」◁3 について考察してきたのである。例えば経済的行動は，「他のあらゆる社会的

▷1 池上良正・島薗進・関一敏・小田淑子・末木文美士編，2004，『岩波講座宗教3　宗教史の可能性』岩波書店，2

▷2 アサド，T.，中村圭志訳，2004，『宗教の系譜──キリスト教とイスラムにおける権力の根拠と訓練』岩波書店。アサド，T.編，磯前順一訳，2006，『宗教を語りなおす──近代的カテゴリーの再考』みすず書房。アサド，T.，中村圭志訳，2006，『世俗の形成──キリスト教，イスラム，近代』みすず書房。竹沢尚一郎編，2006，『宗教とモダニティ』世界思想社

▷3 キッペンブルク，H.，月本昭男・渡辺学・久保田浩訳，2005，『宗教史の発見──宗教学と近代』岩波書店，246

行動と同様に，自らにふさわしい意味付与を必要としている」。これは社会学の創始者の1人であるマックス・ウェーバー以来の問題関心であるし，またもう1人の創始者で，社会を統合する道徳力や規範，価値観の源泉である集合表象が宗教的儀礼において獲得されると考えたエミール・デュルケムの問題関心でもあった。現在でも議論されている世俗化をめぐる論争などもこうした問題関心を継ぐものであり，宗教社会学のみならず，社会学一般にこうした伝統は引き継がれている。

3 多元的歴史と集合的記憶

では，現在の知的潮流の中で，宗教史を学ぶとは何をさすのか。そもそも「歴史」とは何なのだろうか。近年の歴史学では，歴史の複数性や多元性という視点が強調されている。歴史とは公教育の教科書のようなものだけではない。文献史学が扱ってきたような書かれた歴史以外にも，伝説や口承による歴史，語りによって伝えられてきた歴史がある。また，祝祭や儀礼の中で謡われ上演されてきた歴史がある。絵として描かれ，写真として撮影され，あるいは集められ展示されてきた膨大な表象がある。史実としての客観性ではなく，そこには情緒性や感情，実感や象徴性が伴っている。それは独自のリアリティをもつ領域である。例えばオーラル・ヒストリーが扱う口承史料は，その科学性や史実性ではなく，むしろ生きられた歴史を知る貴重な史料である。人々の多様で重層的なこうした歴史実践は集合的記憶として考えられるようになった。ある社会の文書化され推敲を重ねられてきた知的記憶が歴史であるとするならば，儀礼化され上演されてきた感情的記憶が集合的記憶であるともいえるであろう。さらに，集合的記憶の社会的な装置について考えることもできる。文書館，美術館，博物館などの施設，墓地や建築物，記念碑などの記憶が蓄積され構成される舞台となる場所性の解明である。また，記憶の政治的利用や競合する記憶の権力作用についても考える必要がある。何かが語られるということの背後には語られない何かがある。人々の記憶として何が語られ／語られなかったのか，あるいはどうしてそれが語られ／語られなかったのか。

宗教を考えてみると，宗教は伝統的に人々の生きられた経験に関わる実践であり，宗教的な祝祭や儀礼の中に過去の出来事が儀礼化されることが知られている。こうした歴史実践をフィールドとする宗教史研究を構想することもできるだろう。例えば，ある社会における感情的記憶の1つの領域として宗教教団を位置づけたり，社会における儀礼が記憶装置であるならば，それを宗教社会学の対象として社会自体の理解を試みる，などの方向性もある。これらは単なる教団史を超える研究対象となる。宗教社会学は歴史学や文化人類学とも切り結び，独自の知的領域を切り開いてゆく必要がある。

（粟津賢太）

▷4　キッペンブルク，H., 月本昭男・渡辺学・久保田浩訳，2005，『宗教史の発見――宗教学と近代』岩波書店，248

▷5　ヴェーバー，M., 大塚久雄訳，1989，『プロテスタンティズムの倫理と資本主義の精神』岩波書店。デュルケム，E., 古野清人訳，1976，『宗教生活の原初形態』上・下，岩波書店

▷6　保苅実，2004，『ラディカル・オーラル・ヒストリー――オーストラリア先住民アボリジニの歴史実践』御茶の水書房。ル・ゴフ，J., 立川孝一訳，1999，『歴史と記憶』法政大学出版局

III 事例研究と比較研究

1 調査の成否

1 調査の成功・不成功

　調査の目的は自分が立てた問題の解決に役立ちそうな資料・事例を収集することである。しかし，狙った調査結果を得られたとしても後追い調査の域を出ないのでは面白くない。また，焦点を絞りすぎると新しい問題を発見しそこなうことにもなる。

　このように調査が成功したかどうかを判定することは案外難しい。もちろん目当ての調査資料の開示・閲覧が拒否されたり，面接調査や定着調査が拒絶されたりするというのは，調査の可否に関わる見込みや準備の甘さがあったからで，こうした事柄は調査の成否という問題以前の話である。調査はできた，資料も集まった。しかし，予想していたものとは違うデータであったり，あるいは，調査する過程において自分の問題意識では掴みきれない対象や事例に直面したり，自分の価値観を砕いてしまうような人物と出会ったりすることで，調査する前とは全く異なる問題設定をすることになるかもしれない。これはこれでよい。なぜそうなったのかをそこからじっくり考えればいいのだ。調査の成否には問題や調査過程の反省的捉え直しが不可欠であり，それがあるかぎり，調査研究は前進するし，調査者の視野も拡大していくものである。

2 調査設計

　設計図なしに建物の建築ができないように調査にも設計がいる。大規模な量的調査では，図面をひく人（研究代表者），資材を調達する人・施工管理する人（調査責任者や研究者），現場で作業に従事する人（調査員）という具合に分業体制を敷くが，通常の社会調査，とりわけ質的研究では個人が全ての作業を行うことになる。図面をひき，工程を決めて調査するのは量的調査と同じである。

　以下に調査の設計として最低限必要な事柄を事例含めて記しておこう。
①研究設問を明確にする。「宗教とは何か」「信仰は必要か」といった人生をかけて考えるような問いを持っていたとしても，調査するためには限定した問いを立てる必要がある。「熱烈な信仰を持つ人が多い新宗教へ人はなぜ惹かれるか」くらいが妥当であり，調査可能な教団の事例調査を行えばよい。
②鍵概念の設定。宗教「に惹かれる」「を必要とする」状態になることを宗教伝統や宗教研究では「回心」と概念化しているが，このままでは抽象的すぎる。

そこで，観察・記述・分析可能な操作的概念を設定し，メンバーシップの強い教団への入信行為，信者の目に見える態度変化を回心の結果と考えるといった方法をとる。
③社会的事実を複層的に見ていく。信者の証しには回心や救済論の主観的理解が表現されるが，これを回心過程の客観的状況（当人の履歴・経歴，関係者との相互作用，教団組織）との関連で理解していく。
④事例をバリエーションの範囲において相対化する。つまり，回心の類型（突然か漸次的か，自発的か強制的か），回心の頻度（1回限りか，複数回か），回心の構造（自己探求的か，他者からの影響が強いか）など。

特定教団の信者がどのように回心していくのかを調査するには，これらの事柄をおよそ調べればよいということになる。そして，どの部分を誰にどの程度聞き取りを行い，不足している情報をどのように補うのかも考えておく。

3 調査をめぐる諸問題

宗教調査や社会調査は十分な準備と熟慮をもって行う必要がある。なぜなら，調査には次のような疑念が数多く表明されており，調査環境が厳しいからだ。
①調査の実証的客観主義への懐疑。「事実」を発掘し「現実」を写し取るような調査はありえない。調査者の問題意識，調査経費の出所，調査者・被調査者との関係性によって調べられる事柄が決まる。逆にいえば，調査のコンテキストからデータの妥当性が読み込まれるものである。
②調査公害。市場調査や行政・大学機関の数多くの調査，あるいは一部の不心得な調査者のために，一般市民は必ずしも調査に好印象を持っていない。プライバシーに配慮し，なおかつ肝心な事柄をどう聞かせてもらうかが試される。
③調査行為のポリティックス。調査者は被調査者や一般社会との関係において，誰のため，何のための調査なのかを常に問われる。いまでは学生・大学院生のレポートでもインターネット上に公開される。雑誌論文や書籍で公刊されたものだけが調査研究ではない。調査結果や公表された知見は，調査者の意図を超えて使われることもありうるし，政治的な対立構造に巻き込まれたり，社会的な争点に意見表明したりしていると見なされることもありうると心得ておこう。
④調査行為の権力性。調査者は被調査者に関わる様々な事柄を調べ，分析したものを世間に公表する。アメリカの社会調査やインタビューでは，調査資料の公表に関わる契約書のサインをその場で取るくらい，被調査の同意に気をつかう。調査を受けた人が自身のプライバシーや自己表現の機会を搾取されたという訴えが近年増えているためである。

調査はできたし，論文も書けた。しかし，調査行為に対する被調査者のリアクションや社会的反応は調査者にとって温かいものとは限らない。調査の成否とはそこまで含むものであるがゆえに単純には語れない。 （櫻井義秀）

▷1 縄張り意識の強い調査者・研究者のなかには，調査資料を独占し，現地や当事者に肝心の資料を返還しないものがいる。後続の調査者や研究者によって自分の研究を乗り越えられないようにするための工夫であろうが，このような行為は学問の進展を阻害するばかりか，研究者の社会的信用を失墜させる行為である。

参考文献
フリック，U.，小田博志・春日常・山本則子・宮地尚子訳，2002，『質的研究入門――「人間の科学」のための方法論』春秋社

III 事例研究と比較研究

2 調査倫理と社会倫理の葛藤

1 日本社会学会による倫理条項

「日本社会学会倫理綱領」(2005年制定)には次のような条項がある。
第2条〔目的と研究手法の倫理的妥当性〕会員は、社会的影響を配慮して、研究目的と研究手法の倫理的妥当性を考慮しなければならない。
第3条〔プライバシーの保護と人権の尊重〕社会調査を実施するにあたって、また社会調査に関する教育を行うにあたって、会員は、調査対象者のプライバシーの保護と人権の尊重に最大限留意しなければならない。

この条項に基づき、2006年には研究指針を公表し、社会調査に関わる配慮事項を明記している。多岐にわたるが簡単に調査倫理に関わる部分のみ要約する。
①研究の目的・手段・結果において、社会正義に反したり、個人・団体の人権や名誉を毀損したりしてはならない。
②調査目的、データの利用・保管法について調査の承諾を事前に対象者から得る。対象者には調査拒否の権利がある。
③知見を公開する際、プライバシー保護のために、対象者・団体・地名などを匿名化する配慮が必要となる場合があり、対象者との話し合いを十分に行う。

①は誰もが認めよう。②をそのまま受け取れば、拒否された調査は対象者の納得が得られていないのであるから調査は断念すべきということであり、③も、対象者の意図や利害を度外視して調査の知見を公表すべきでないということになる。

2 社会調査と調査報道

学生や大学教師が実施する社会調査の大半にとってこの種の指針は重要である。しかし、いくつかの職種では社会の公益を理由に②と③を敢えて守らないことがある。例えば、新聞や週刊誌・月刊誌、ニュース報道などでは、取材元を明かさないことはあっても、事件の渦中にある人・物や団体名を匿名にすることはない。対象者の同意を一切取り付けないために名誉毀損などで訴訟を起こされたりすることもあるが、社会的論議を提供するのが報道の目的だ。

公人や権力の側の公然の秘密や隠匿される不正を暴き出すジャーナリズムなしに、私たちは権力を監視する術がない。報道の公益性という観点から政治家・官僚といった公人や社会問題の渦中にある人物・団体の了解を取らずに調査し、敢えて報道するという行為がありうるのである。もちろん、「視聴者や

読者の知る自由（権利）」といった詭弁を弄して，未成年者や当事者以外の人をさらし者にする昨今の低級なジャーナリズムは議論の外である。

　日本社会学会は「社会学研究は対象や方法がきわめて多岐にわたるだけに，一律の基準を課すことは困難です。また倫理綱領や指針に求められる内容も，時代と社会的要請によって変化し，研究目的や具体的な状況によっても解釈・適用が左右されます」と述べており，調査報道以外にも，社会を調べることに伴う様々な問題や論議があり得ることを示唆している。

③ 調査倫理と社会倫理の相克

　筆者が行ってきたカルト問題の調査研究の経験から，調査倫理と調査現場のギャップや調査に求められる社会倫理の問題を以下にまとめておく。
①権力や勢力のあるものが社会的弱者の人権や自由を侵害するような社会問題を調べる場合，調査者―被調査者の間で様々な駆け引きが生じることがある。
②当該の個人や団体にとって「不都合な事実」を調べあげ，世間に公表しようとすれば，調査される側で「見せたい事柄」のみ見せるよう酒食・金銭，その他社会的便宜の提供によって調査者を丸め込もうとしてくることがある。
③懐柔を強硬に拒む調査者に対して勢力者は様々な示威行為をなしたり，組織の上層部から圧力をかけたりすることがある。その点で新聞記者やテレビ局の人たちよりも，フリーランスのジャーナリストや調査者が強いこともある。
④調査内容を全て実名で公表すれば，名誉毀損などの訴訟を受ける可能性がある。ここで経済力や組織的後ろ盾のないフリーランスは弱い。訴訟大国アメリカでは，ジャーナリストや出版社に総力戦を挑む教団の事例が報告されている。
⑤研究は特ダネ狙いではないし，個人や団体の長期的活動を観察することで初めてわかることも多いので，調査対象と良好な関係を築きながら長期間の調査を意図することがある。しかし，将来社会に危害を与える蓋然性が高い人物・団体を調査していながら，事実や問題点の公表を留保したため後に大きな被害が発生したような場合に，ジャーナリストや研究者は社会的に非難されよう。
⑥すでに社会問題化している団体を対象とするときは，当該の組織と反対運動の対立構造に巻き込まれ，調査者は立場性の表明を余儀なくされる。高みの見物が許されない調査の現場がある。調査が運動に巻き込まれることもある。
⑦社会調査が行われる状況は，本来〈調査者―被調査者―一般社会〉の三項関係において調査倫理が設定されるべきであり，調査対象者のプライバシーや権利に配慮する以上に，社会的正義を問題にしなければならない研究対象もある。

　社会調査とは本来知られていない事柄を明らかにすること，その知見が学術的に貢献し，なおかつ一般社会に有益であるという見込みが必要である。社会調査士や学位取得，キャリアのためだけの調査は調査公害とでもいうべきもので，社会調査への信頼性を損ね，社会学の価値を低めるだろう。　　（櫻井義秀）

参考文献
鎌田慧，1983，『自動車絶望工場』講談社
桜井厚，2005，『境界文化のライフストーリー』せりか書房

III 事例研究と比較研究

3 事例研究と比較研究

1 事例研究（Case Study）

　事例研究とは質的調査法の1つで，個人，家族，地域，集団，制度，文化，全体社会といった社会の単位を調査対象とし，社会過程を全体にわたって周到に記述し，研究テーマに関わる問題を1つの事例から考察する手法である。

　宗教研究でいえば，教祖，教団，地域社会と宗教，宗教政策と国家といったテーマに用いられている。ともかく，対象に関わる大量の資料を集め，読み込み，全体像を描くわけだが，問題意識が明確ではない場合，どこまで記述の範囲を拡大すればよいかわからなくなる。もちろん，資料収集の過程でおのずから問題が見えてきて，その解決の鍵となる資料が手に入り，仮説が浮かんだ時点で調査を終了し，問題群における諸要素の因果関係などを考察する。

　事例研究は誰でもできるものとはいえ，下記の要点を心得る必要がある。①事例を描いて終わりではない。○○教の教祖を描くというのは，教祖特有のカリスマや権威・権力の獲得・保持のされ方に関して，教祖と弟子・信者，教団構造のあり方にまで言及した議論を展開してこそ，事例の意味が出てくる。②事例研究は調査者の個性や独創が反映される極めて思想的なものである。悪くいえば，恣意的な資料操作やまとめ方になる可能性が高い。人文学ではこれでもよいのだが，社会科学では社会の規則性や構造特性を明らかにすることが最終的な目標であるから，1回かぎりの社会現象からある程度一般性のある知見を出すことができるよう方策を考えなければならない。

2 比較研究（Comparative Study）

　社会学とは近代社会の特質を前近代社会との比較から明らかにしようとした社会学の先人たちによって作られたものである。デュルケームの分業やウェーバーの合理化という概念による社会変動の説明は歴史的な比較なしにはありえない。デュルケームは自殺率の高低に影響を与える社会的要因を比較することで，社会科学における相関（因果）関係分析の基礎を作ったし，ウェーバーも世界の宗教文化と経済との関係を比較することから近代化論を構築した。

　要するに，社会学は心理学と異なり，現実的にも倫理的にも社会実験ができないのであるから，ある現象を生み出した諸社会や諸事例を比較して，共通点と差異を見ながら，特定の要因群との相関や因果関係を考察するしかない。し

かし，社会学の初心者には比較に関して無意識的・慣習的な誤解がある。
①事例研究といえども，単独の事例を議論の俎上にのせることは稀である。そもそも，特定の事例を研究するに至るには，問題関心を喚起した出来事や先行研究があるはずで，自らの事例研究と先行研究を比較して考察すべきである。
②社会現象は様々な社会単位が複雑に関連した実態であり，特定の社会単位1つを抜き出して比較するのは難しい。複数の要素・要因が絡まってある種の社会現象を生み出している。そこを切り分け，特定の条件の有無と現象の生起を関連づければ，普遍性の高い社会理論に近づいていく。
③この切り分け方は，学問ごとに独自であり，法学，経済学，社会学が社会現象の因果・相関関係において見るところは違う。事例研究では諸要因の有無だけを条件として要因群の現象生起への影響を論理的に比較してみればよい。
④従来は，研究者のセンスと問題の背景的な知識から要因群の切り分けと比較を行っていたのであるが，近年，客観的・体系的な比較を論理的に行うための分析手法が開発されている。関心のある人は参考文献を見てほしい。

3 事例研究における先行研究

　仮説を検証するために行うのが統計的計量分析であり，他方事例研究を含む質的研究は仮説を生み出すために行う。この区別がついていない社会学の研究は意外に多い。仮説検証をめざすという書き出しで始まる事例研究がないか，読者はよく注意してほしい。この誤解が生じる原因は先行研究の使い方にある。
①先行研究から分析の観点や方法を学び，それを依拠する理論として，その理論の妥当性を検証するというわけである。これは検討するというのが正しい。
②現象が，変数（要因群）と変数間関係で示された理論仮説に特定され，しかも測定可能な指標を持った変数に操作化された仮説が妥当するかどうかを，大量データに統計的分析を適用することで検討するのが検証に相当する。
③特定の社会現象を無数の要因群を含めて丸ごと考察の対象に収め，しかも一事例ないし任意の複数事例だけで検討する事例研究から一般的な知見は出せない。だからといって，事例研究が統計的計量研究より価値なしとはならない。
④仮説の検証を意図する調査がなされるためには，資料や調査による大量データ取得が前提となるし，そもそも検討に値する仮説がなければならない。複数の事例研究により特定の社会現象に関していくつかの仮説がすでに出されていて，その検討が学問的に重要であるという段階において仮説検証型の調査がなされるのである。事例研究は仮説構築の過程に貢献できるし，問題の性質や調査環境によって大量観察が不可能な場合は事例研究として調査を行うしかない。
⑤事例研究で慎重に行いたいのは，先行研究との比較である。仮説はもちろんのこと，仮説創出に用いたデータ，社会現象，調査の条件や特徴の差異を明確に認識した上で先行研究を適切にレビューすることが重要である。

（櫻井義秀）

参考文献
真木悠介，1981，『時間の比較社会学』岩波書店
鹿又伸夫・野宮大志郎・長谷川計二編著，2001，『質的比較分析』ミネルヴァ書房
佐藤郁哉，2002，『組織と経営について知るための実践フィールドワーク入門』有斐閣
フリック，U.，小田博志・春日常・山本則子・宮地尚子訳，2002，『質的研究入門――「人間の科学」のための方法論』春秋社
デンジン，N.K.，リンカン，Y.S.編，平山満義監訳，2006，『質的研究ハンドブック』全3巻，北大路書房

Ⅲ 事例研究と比較研究

4 東南アジアの宗教事例

1 イスラーム

　イスラームは，東南アジアで最大の信者数を持つ宗教である。世界最大のムスリム（イスラーム教徒）人口を要するインドネシアをはじめ，マレーシア，ブルネイ，フィリピン南部ミンダナオ島，スールー諸島，さらにはマレーシア国境に接するタイ南部に分布する。

　東南アジア出身のイスラーム教徒が登場するのは13世紀後半以降である。16世紀以降の植民地支配はイスラーム共同体を解体・弱体化させたが，第1次世界大戦前後からは大衆的民族運動や独立運動の基礎となって復興し，第2次世界大戦後は独立する各国の国民国家形成の過程で宗教としてのイスラームを利用した政治的統合が図られた。近年，イスラーム教育の再興，モスク建設の活発化，イスラーム法適用の明確化など「イスラーム復興」の現象が東南アジア各国で見られる。

　2000年の9・11同時多発テロ以降，イスラーム過激派の影響が東南アジア各地で認められる。インドネシア・ジャワ島では2002年と2005年に爆弾テロ事件が発生し多数の死者を出し，容疑者として国際テロ組織「ジェマ・イスラミア（JI）」のメンバーが逮捕された。タイでは，2001年南部ソンクラー県ハジャイ駅での爆発事件を皮切りに今日まで悲惨な事件が続いている。2005年にはアルカイーダ系工作員とタイ南部イスラーム過激派との接触の事実が確認され，2007年タイ政府はマレーシア政府と協力し軍レベルでテロ対策を講じる体制を整えている。

2 キリスト教

　東南アジアへのキリスト教の伝播は，15世紀末から16世紀初期に開始されたヨーロッパ勢力による植民地化と関係している。16世紀後半にスペイン植民地となったフィリピンでは，カトリックを唯一の公認宗教とする政教一致の体制が敷かれていたが，19世紀末から第2次世界大戦後までのアメリカ植民地期になるとプロテスタントが広まった。

　東南アジアにおけるキリスト教徒の宗教人口は少数だが，ヨーロッパ世界との接触初期から宣教師による教育，医療，社会福祉などの活動が布教の先駆的役割を果たしてきた。少数民族や華人などの移民社会において改宗者を得て勢力を伸ばし，入信の形態は民族的地域共同体を基盤にした集団改宗であること

▷1 華人
　東南アジアの華人は，上座仏教や大乗仏教のほかに大乗仏教的要素に道教・儒教を融合した「三教」と称される宗教を信仰している。学校や養老院，施療院など社会福祉活動が活発な寺院もある。庶民レベルでは童乩（きー）（霊媒師）などを通じてシャーマニズムとのつながりを持つことも多い。東南アジアで最も華人の現地融和が進んでいるタイでも20世紀前半には「排華」運動が見られ，マレーシアやインドネシアのイスラーム教徒が多数派を占める地域ではムスリムと華人が対立し，近年に至るまで相互差別や反華人暴動が発生している。マレーシアでは，ブミプトラ政策の中核であるマレー人の要件としてムスリムであることが憲法上明記され，非ムスリムである大多数の華人との利害対立は根強い問題と化している。インドネシアでは，近年華人のキリスト教改宗が進むなかで，少数派の「キリスト教徒である華人」と多数派の「ムスリムで生粋のインドネシア人」との新しい対立の構図が生まれつつある。

が多い。第2次世界大戦後，タイを除く東南アジアの国々は独立を果たし，各国のキリスト教会は旧宗主国との関係を保持しつつ，アジア地域間の教会の連帯強化を図り，教会を中心とした草の根活動を展開している。

こうした連帯の運動が拡大する一方で，カトリック教国フィリピンのミンダナオ島南西部やスールー諸島では，自治独立を主張するムスリムと政府との紛争が今日まで絶えない。1970年代マルコス政権がムスリムに対し弾圧を加えた際に結成された「モロ民族解放戦線（MNLF）」は，1996年ラモス政権下で一度停戦に合意したが，近年イスラーム原理主義過激派「アブ・サヤフ」との接触が指摘されている。

3 上座仏教

東南アジアに流布した**上座仏教**は，主に大陸部に分布しており，ミャンマー，タイ，ラオス，カンボジア，ベトナム南部，さらにはインドネシアの一部でも信仰されている。スリランカで成立・発展した大寺派（マハーヴィハーラ）の流れを引き，出家した僧侶によって組織されるサンガ（出家者教団）を中心に展開してきた。出家者は，文字通り生活の基盤である家を捨て，律に準じた修行生活への専念を要求される。世俗的な経済活動が禁じられているために，彼らの生活は必然的に他者への依存を余儀なくされる。つまり，出家者の修行生活は，世俗からの生活物資の提供があって初めて成立・存続が可能となる。

上座仏教の出家中心主義，戒律至上主義およびパーリ語経典の使用という特質が，分布する国々での信仰実践の形式や教義に均質性を持たせている。また，成人男子の一時出家が慣習として確立されているが，近代化と消費生活の浸透により，近年信仰実践のあり方が多様化してきている。タイ都市部の仏教信徒の間では，一時的な出家修行生活よりも，普段の仕事や日常生活にどのような満足を得るかの関心によって欲求追求型と欲求抑制型の2つの信仰実践の傾向が見られる。同様にタイでは，タクシン政権時に実施された官庁の整備・統合の際に，教育省の管轄下にある宗教局を独立した省へと格上げすることを望む僧俗双方による運動が起きている。これは，タイ人の仏教信仰のあり方が拡散的に多様化することを危惧したサンガ上層部がサンガと政治の関係を再強化し，「仏教徒であるタイ人」というアイデンティティの再生を図った動きとみることができる。他にも，地方村落の開発活動に従事する僧侶が存在し，タイでは「開発僧（かいはつそう）」と呼ばれ，国内外のNGO・NPO団体と協力し村落生活の改善・改良に携わっている。

近年，タイではバンコクの仏教大学を中心に年間数千人のカンボジア仏教僧侶を教育指導のために受け入れている。彼らは，仏教に関する教科だけでなく，寺院の建立や運営，地域レベルの福祉活動の指導的役割に関しても学んでいる。

（泉　経武）

▷2　上座仏教
従来現存する南・東南アジアの仏教には，部派仏教の一派である"上座部"の仏教を意味する「上座部仏教」の呼称が用いられてきた。しかし，近年「上座仏教」の呼称がフィールド調査に基づく研究分野で使用されている。ここでもそれに準じた。

参考文献
酒井忠雄編，1983，『東南アジアの華人文化と文化摩擦』厳南堂
竹田いさみ，2006，『国際テロネットワーク』講談社現代新書
田辺繁治編著，1993，『実践宗教の人類学――上座部仏教の世界』京都大学学術出版会
寺田勇文編，2002，『東南アジアのキリスト教』めこん
橋廣治，2004，『東南アジアにおけるイスラム過激派事情』近代文芸社

III 事例研究と比較研究

5 東アジアの宗教事例

1 東アジアの宗教史

　東アジアという広大で多様な地域のなかで，宗教現象におけるある程度の共通性を見出すとすれば，その1つとしてまず儒仏道という3つの宗教の影響関係を挙げることができる。儒教は中国では前漢の時代から政治理念の根幹としての地位を確立し，王朝時代を通して政治的な影響力を発揮した。仏教は1世紀までに中国に伝わり，浄土信仰や観音信仰，禅宗などが民衆に広まって独自の発達をとげた。道教は古くから様々な民間信仰と接点を持ちながら展開し，ある意味では中国的民俗文化の母胎のような存在となった。中国では三教合一といって，儒教を中心にこれら三教を融合させようとする傾向が強かった。

　これらの三教は東アジアの他の地域でも影響力を持ったが，地域に応じて違いが生じている。例えば台湾は17世紀以来，オランダや鄭氏一族，清王朝，日本など，常に外来の支配者の統治下で大陸からの移民を受け入れながら徐々に中国化するという歴史をたどっており，政治権力と結びついた儒教以上に，移民たちの生活に根づいていた道教の影響が目立つ。朝鮮半島は高麗の時代まで仏教が国教的地位を占めていたが，李氏朝鮮の時代に排仏と儒教倫理の浸透が進み，現在では中国以上に儒教的であるといわれることもしばしばである。日本の場合，この三教のなかでは相対的に仏教の影響が強く残ったといえそうである。聖徳太子の崇仏以来，鎌倉仏教や江戸時代の檀家制度など，日本仏教は各時代において重要な政治的役割を果たした。

2 西欧の衝撃と日本の侵略

　東アジアにおける宗教史のなかで見落せないのがキリスト教の影響である。16世紀以来まずカトリックが，次いで19世紀初頭からプロテスタント諸派が東アジア布教に乗り出したが，最初は東アジアの諸政権から邪教と見なされ，布教を禁じられている。布教が本格化するのは西欧諸国の政治的軍事的優位が顕著になった19世紀半ば以降である。キリスト教は東アジアの人々の西欧文化に対する理解を助け，また医療や学校制度の普及といった近代化を促進する上で大きな役割を果たしたが，改宗者は必ずしも多くはなかった。唯一朝鮮ないし韓国では，日本による韓国併合前後からキリスト教，特にプロテスタントの信者が急増し，日本からの独立運動やその後の民主化運動などでも大きな役割を

果たしつつ現在に至っている。その一方で19世紀半ばの朝鮮には，硬直化した儒教のみならずキリスト教にも批判的で，民族主義的排他的な傾向を持つ東学という宗教的運動も生まれており，西欧の衝撃による葛藤の深さを偲ばせる。

また，日本による侵略は，東アジアの宗教のあり方にも大きな影響を残した。日本は，**皇民化運動**は宗教ではないから信仰の自由の原則に抵触しないというロジックによって，朝鮮や台湾，満州などの占領地域に神社を建設し，一部で参拝を強要した。李氏王朝によって長らく仏教が抑圧されていた朝鮮では，日本の政府および仏教団体によって仏教信仰が活性化されると同時に，僧侶の妻帯が奨励されるなど日本仏教化が推進された。

3 戦後の宗教状況

戦後，中国は共産主義国となり，宗教に対する統制を進めた。俗に**五大教**といわれる主要な宗教については聖職者や宗教活動場所を管理し，新宗教の活動は基本的に認めていない。また，儒教は克服されるべき旧社会の根幹をなす思想であったとされ，宗教とは見なされない。総じて科学的思考が尊ばれ，宗教をそれに対立する障害物と見なす傾向が強い。ただし，近年では共産主義の凋落など，国内外の情勢の急変によって，宗教の信者，特にキリスト教信者が増えているともいわれている。

中国本土が共産主義化したことで，**正一教**，**ペンテコステ系諸派**，**一貫道**など，多くの宗教団体が台湾に逃れてここを新たな本拠地とした。紆余曲折はあったものの，台湾政府は中国本土では取り締まられるような新宗教の活動や盛大な儀礼などを，一定の統制を加えつつも許容している。道教の信仰が一般に最も盛んであり，プロテスタント，カトリック，仏教がそれに続く。世俗での慈善活動に力を入れる新仏教の運動も活発であり，創価学会や天理教など日本の新宗教も数多く進出している。

朝鮮半島は戦後の南北分断により，北朝鮮の宗教状況についての詳しい情報は得られない状況にある。韓国では独立運動や民主化運動を支えてきたプロテスタントの活動がいまも活発である。朝鮮仏教は妻帯制度の排除など日本仏教化からの揺り戻しと，プロテスタントの影響力により，やや勢いを削がれた感がある。東学はその後天道教となって今日も存続しているが，度重なる弾圧のため，教勢は長期低迷傾向にあるといわれる。

なお，これまで取り上げた宗教現象のほかに，山川草木に神が宿るとする精霊信仰的な心性や，朝鮮のムーダン，日本のイタコやユタ，中国南東部から台湾にかけての童乩などの様々なシャーマニスティックな活動を，東アジアは文化の深層部分で共有していると考えられる。こうした深層部分との関連性を読み込むことによって，様々な宗教現象を異なる角度から理解することも可能になるかもしれない。

（長谷千代子）

▷1　皇民化運動
植民地に暮らす人々に，天皇の臣民としての自覚と生活態度を身につけさせることを目的とする政治的な運動。

▷2　五大教
イスラム，仏教，道教，プロテスタント，カトリックを指す。

▷3　正一教
全真教と並ぶ，道教の二大教派の1つ。

▷4　ペンテコステ系諸派
20世紀初頭，アメリカで始まったプロテスタントの一派で，聖霊降臨の体験を重視する。

▷5　一貫道
無生老母信仰を中心とする民間信仰で，一種の終末思想を説くため，中国本土では邪教として禁止された。

▷6　イタコ・ユタについてはⅤ-5を参照。
▷7　童乩についてはⅢ-4 ▷1，Ⅴ-9を参照。

III 事例研究と比較研究

6 南アジアの宗教事例

1 ヒンドゥーとムスリム

　南アジアという地域概念は通常インド，パキスタン，バングラデシュ，ネパール，ブータン，スリランカ，モルディブの七ヶ国を包含する。この地域にはインド由来のヒンドゥー教や仏教，また外来のイスラーム教など多数の宗教が混在し複雑な様相を呈している。南アジアの紛争の代表例であるカシミール問題も宗教上の対立がその1要素となっている。インド・パキスタン分離独立時，ムスリムが多数派を占めるカシミールの住民はパキスタンへの帰属を望んだが，ヒンドゥー教徒であった藩王はインドへの帰属を選択した。以来，その領有を巡って両国は対立し続けており，いまだ事態の解決を見ていない。

　またインド国内ではテロや暴動も頻発している。インド独立当初のガンディー暗殺（1948年）から，近年ではヒンドゥーたちによるアヨーディヤーの◁1 モスク破壊（1992年）やグジャラート州における列車爆破（2002年），デリーの繁華街パハール・ガンジ爆破事件（2005年），ムンバイの通勤電車爆破事件（2006年）など毎年のように大きな事件が起きている。これらの当事者たちはヒンドゥー対ムスリムという対立関係を所与のものとし，そのどちらかに与すると自認しており，また国際的にも宗教的な対立と見なされている。

　本来ヒンドゥーが大勢を占めていたインドではイスラーム勢力の侵入が8世紀から続き，その接触は16世紀のムガル帝国まで数百年に及ぶ。現地住民の改宗も相次ぎ，2001年時点でインドには人口の13％，数にして1億4,000万人近◁2 くのムスリムが存在し，パキスタンとバングラデシュでは人口の9割を占める。しかしヒンドゥーとムスリムが政治的，社会的に重要な帰属集団であるとされるようになるのはそれほど過去のことではない。19世紀後半以降，独立運動に伴う「インド人」としての国民意識形成や独立後のインドとパキスタンの対立といった情勢のなかで両者は互いに異質であるとの自覚を強めていく。

　インド独立運動時代の指導者**サーヴァルカル**がヒンドゥトヴァ（ヒンドゥー◁3 性）という概念に基づくインド国家の形成を主張し，その一派が独立後も活動を続けている。だが世俗主義を掲げる国民会議派が長らく政権の座にあり，ヒンドゥーを前面に出した主張が主流となることはなかった。イスラーム国家であるパキスタンへの対抗措置として宗教に「寛容な」インドを演出する必要もあり，ムスリムを非難するような態度は公には避けられていた。だが1970年代

▷1 ヒンドゥー教の英雄ラーマが生まれたとされる都市。ムガル帝国創始者のバーブルがモスクを創建した。

▷2 本項目の統計は各国の国勢調査による。

▷3 サーヴァルカル
(Vinayak Damodar Savarkar, 1883-1966)
元来は独立運動家であったが，後にヒンドゥー・ナショナリストとしての性格が強くなり，1923年に *Hindutva: Who is a Hindu* を著した。

▷4 シーク教
ナーナクによって16世紀に創始された宗教。唯一神を教義とする一方で，輪廻を認めるなどイスラーム教，ヒンドゥー教双方の影響が見られる。インド北西部のパンジャーブ地方を中心に広まり，ムガル帝国時代には独立政権を打ち立てた。1980年代にはインドからの独立をめざす一派が勢力を持ち，パンジャーブ州都アムリトサルにおけるインド軍の武力突入事件（1984年），インディラ・ガンディー首相暗殺（1984年）

末以降，国民会議派が野党連合に政権を奪われる事態が多発し，また**シーク教**◁4
徒による反政府活動や**コミュナリズム**（宗派主義）と呼ばれる各宗教間の対立◁5
が問題化する。こうした状況の中，1998年の総選挙においてヒンドゥー・ナショナリズムを掲げるインド人民党（BJP）が勝利し連立政権が誕生すると，BJPはパキスタンに対する強硬姿勢を打ち出し，核実験の実施にも踏み切った。

　BJPはヒンドゥー重視の流れを汲む政党であり，自らの主張をヒンドゥトヴァあるいはヒンドゥー・ナショナリズムと呼ぶ。彼らヒンドゥー・ナショナリストはイスラームの「脅威」に対抗してヒンドゥーの団結の重要性を説く。彼らがいうヒンドゥーは明らかにサンスクリット文化やバラモン文化といったインドで正統的とされる文化を想定している。しかし彼らは仏教やシーク教などの諸宗教，またドラヴィダやムンダなどの非アーリア民族をも全てヒンドゥーに含めており，様々な要素から成り立つインドを1つの概念で包もうとしている印象はぬぐえない。なおBJPは2004年の総選挙において国民会議派に破れたが，現在も野党第一党として存在感を示している。

❷ スリランカの宗教

　スリランカは古い伝統を持つ仏教国であり，上座部の仏教徒が2001年時点で人口の8割近くを占めている。だが過去16世紀からポルトガルやオランダ，イギリスといった西欧諸国により植民地化されてきた。ポルトガルやイギリスのカトリック宣教師は活発に布教活動を行い，それに刺激されるかたちで仏教僧たちも次第に仏教徒の組織化を進めていった。19世紀末から20世紀に活動した**ダルマパーラ**は仏教復興と人口の多数派であるシンハラ民族の団結を訴え，ス◁6
リランカを仏教徒たるシンハラ民族の国とする主張の浸透に尽力した。

　イギリス統治時代はプランテーションの開発が進められ，その労働力として多数の南インド出身者のタミル人がスリランカに流入してきた。彼らのほとんどはヒンドゥー教徒であり，また言語もタミル語などのドラヴィダ系の言語であった。彼らはスリランカに定住し，地域によっては住民の多数を占めることも多くなる。これに対する反感がシンハラ民族のナショナリズムと結合し，20世紀前半からタミル人を標的とする暴動がたびたび起こるようになる。

　1972年にはシンハラ語を唯一の公用語とする新憲法が公布され，少数派のタミル人への圧力がますます強まったため現在のタミル・イーラム解放の虎（LTTE）の前身となる組織が立ち上げられた。それ以降も暴動が多発しタミル人の犠牲者も増大の一途をたどる。それに対抗すべくタミル人たちはLTTEなどの武装勢力支持に傾いていった。その結果，スリランカは慢性的な内戦状態に入っていく。近年では2002年に停戦協定が結ばれ交渉が行われていたが，2006年に交渉が膠着したまま戦闘状態に突入するなど，これまでに何度かあった交渉の機会も全て失敗に終わっている。

（山畑倫志）

Ⅲ-6 南アジアの宗教事例

などを起こした。

▷5　**コミュナリズム**
本来は共同体主義の意。南アジア研究においては宗教的な共同体と民族とを対応させ，それらの対立関係を軸として政治的主張を行う思想のことを指す。

▷6　**ダルマパーラ**（Anagarika Dharmapala, 1864-1933）
スリランカの仏教界を再興した人物として知られ，東アジアの仏教徒や欧米の神秘主義者たちにも影響を与えた。

参考文献

内藤雅雄, 1989,「ヒンドゥー・コミュナリズムとRSS」佐藤宏・柳沢悠・内藤雅雄編『もっと知りたいインドⅠ』弘文堂

Jaffrelot, Christophe, 1996, *The Hindu nationalist movement and Indian politics: 1925 to the 1990s: strategies of identity-building, implantation and mobilisation*, London, Hurst.

近藤光博, 2002,「インド政治文化の展開――ヒンドゥー・ナショナリズムと中間層」堀本武功・広瀬崇子編『現代南アジア3　民主主義へのとりくみ』東京大学出版会

近藤光博, 2004,「宗教とナショナリズム――現代インドのヒンドゥー・ナショナリズムの事例から」池上良正・島薗進・関一敏・小田淑子・末木文美士・鶴岡賀雄編『岩波講座9　宗教の挑戦』岩波書店

川島耕司, 2006,『スリランカと民族――シンハラ・ナショナリズムの形成とマイノリティ集団』明石書店

III 事例研究と比較研究

7 アメリカの宗教事例

1 アメリカ人の宗教性

　アメリカの宗教の大きな特徴の1つとして，人々の宗教への関心の高さが挙げられる。個々人の宗教性に関する世論調査によれば，84％のアメリカ人は神の存在を信じ，また86％の人々は死後の生があることを確信しているという。また，宗教的志向性に関する調査では，人口の64.4％が自らをプロテスタント，25.0％がローマ・カトリック，2.4％がユダヤ教，そして1.3％がその他の宗教に位置づけていることが明らかとなった。回答者のなかで「無宗教」と答えた人は，全体の6.9％にすぎない。しかし，別の調査において，「無宗教」と回答した人々は，非伝統的かつ超自然的な信仰，例えば，占星術や輪廻転生といった様々な心霊現象を受け入れ，東洋の神秘主義を一般の人たちよりも高く評価する傾向の強いことが指摘されている。こうした結果を踏まえると，アメリカ人のほとんどは，キリスト教かそれ以外の宗教かは別として，宗教への関心が極めて高いことがわかる。

　アメリカ人は教会所属に関しても高い数字を示している。人口の実に約62％が実際に教会のメンバーとなっているのである。地域別で見ると，いわゆる「バイブル・ベルト」と呼ばれる南西部と中西部の州でその割合が高く，逆に西部で最も低い。しかし，アメリカ西部は，新宗教運動（統一教会やハレクリシュナ運動やサイエントロジーなど）の最も盛んな地域でもある。教会出席率も高く，約40％のアメリカ人は毎週日曜日の教会礼拝に出席しているとの推計もある。これとは対照的に，ヨーロッパ諸国の大半における教会出席率は，数％から10数％程度であり，宗教の社会への影響力の低下，すなわち世俗化の傾向が指摘されている。アメリカの宗教状況は西洋社会では例外的なものとして理解できるだろう。

2 アメリカの宗教的多元性

　アメリカの宗教についての第2の特徴は，その多様性にある。現在，アメリカには1,500以上のキリスト教の教派（デノミネーション）が存在している。10万人以上のメンバーを持つ教会も，ローマ・カトリック（5,986万人），バプテスト（3,640万人），メソジスト（1,356万人），ペンテコステ派（1,002万人），ルター派（835万人）をはじめ30以上ある。

▷1　以下のデータは，すべて次の文献を参照した。Stark, Rodney and William Bainbridge, 1985, *The Future of Religion*, Berkeley: University of California Press.

▷2　Stark, Rodney and William Bainbridge, 1985, *The Future of Religion*, Berkeley: University of California Press.

▷3　World Almanac and Book of Facts, 1994: 726-727, 1996: 644-645.

こうした主要な宗教集団のほとんどは，特定の人種や民族集団と密接に関わっている。具体的には，ヒスパニックやアイルランド系アメリカ人はローマ・カトリック，ギリシャ系アメリカ人はギリシャ正教，アフリカ系アメリカ人はプロテスタント，特にバプティズムに所属している割合が高い。多くの教会では，人種や民族の境界を越えた人々のつながりを強調しているが，実際には，アメリカにおける日曜日の午前10時から11時は，「アメリカが最も人種や民族ごとで分離している時間」として知られている程である。

　アメリカの宗教的多元主義は，人種や民族の多様性に加え，国家による宗教保護政策にも起因している。アメリカ建国の理念ともいうべき合衆国憲法修正第1条では信教の自由を保障しており，これによって様々な宗教が存在し，信者獲得のため競合することが可能となっているのである。

3　アメリカの市民宗教

　アメリカには国教はなく，極めて多くの教派が共存しているため，アメリカ人全体に共通するような宗教性を論じることは困難なように思われる。ところが，「アメリカ宗教」と呼ばれるような存在が確認されている。

　W. ハーバーグによれば，アメリカの宗教はキリスト教のプロテスタント，カトリック，およびユダヤ教の3つを中心として成り立つが，これらは「アメリカ的なライフスタイル」を讃えることを中心テーマとするバリエーションにすぎないという[4]。多くの教会においては，アメリカという国家が聖なる祝福を受けていること，アメリカ人は神と特別な契約をした「選ばれた人」であることといったアメリカ的宗教文化の中心テーマが教えられている。

　宗教社会学者のロバート・ベラーは，このようなアメリカの多様な宗教伝統に通底し，アメリカ人として共通して保持する超越的次元の信念を「市民宗教」と呼んだ[5]。アメリカ人は，アメリカ合衆国が聖なる存在であることを前提とし，その市民にふさわしい信念やシンボルや儀礼を通して愛国的心情を表現する。その内容は，合衆国建国に関わる文書や歴代大統領の就任演説などに見られるという。アメリカでは，国旗，合衆国憲法，独立宣言などのシンボルへの崇敬は極めて強いが，これも市民宗教の表れである。また現在では，卒業式，選挙キャンペーン，アメフトのスーパーボールといった公共のイベントのほとんどにおいて国歌斉唱や忠誠の誓いの独唱といった市民宗教的な儀礼がなされる。

　「市民宗教」概念に関連する世論調査の結果においても，アメリカ人は「アメリカこそは現在の神に選ばれた国家である」「アメリカ人としての生活を通して神を体験しうる」といった理解を示していたという[6]。人種や民族，地域や階層によって異なる多元的宗教性を補完するかたちで，市民宗教がアメリカの宗教の重要な一側面をなしているといえるだろう。

（伊藤雅之）

▷4　Herberg, Will, 1955, *Protestant, Catholic, Jew*, University of Chicago Press.

▷5　ベラー，R., 河合秀和訳，1973，『社会変革と宗教倫理』未來社。なお，市民宗教については Ⅰ-12 も参照。

▷6　Wimberly, Ronald, 1976, "Testing the Civil Religion Hypothesis," *Sociological Analysis*, 37: 341-352.

III 事例研究と比較研究

8 ヨーロッパの宗教事例

1 ヨーロッパにおける宗教事情

ヨーロッパといっても，それぞれの国には重複しながらも異なる文化がある。宗教事情もヨーロッパで一括できない。そこで，当然のことではあるが，基礎的なデータにあたる必要がある。ヨーロッパ調査ならば，ヨーロッパ価値観調査（EVS：European Values Study）のデータがある。ヨーロッパ価値観調査では，5年毎に各国でデータをとっているが，毎回全ての項目でデータをとっているわけではなく，宗教関連では1999年のデータが最新である。1999年のデータをいくつか紹介しよう。まず，宗教人口比率であるが，フランスではカトリック52.6％，プロテスタント1.4％，イタリアではカトリック81.2％，イギリスではカトリック12.6％，プロテスタント55.0％である。月に1回以上宗教礼拝に参加する人は，フランス11.8％，イタリア53.1％，イギリス18.6％である。死後の生を信じている人は，フランス38.4％，イタリア61.4％，イギリス43.2％である。3ヶ国だけでも違いが見えてくる。他にも輪廻転生を信じている人，お守りを持っている人など宗教に関するデータのあるヨーロッパ価値観調査データベースから，質問項目と国を選択し，オンライン上でクロス表を作成することも可能である。

ヨーロッパの多くの国では教会に参加しなくなるという点で世俗化が進む一方，20世紀末にはオウムのようなカルト・セクトが社会問題化した。しかし，2001年9・11のアメリカ同時多発テロ事件以後，カルト・セクト問題よりもムスリムをはじめとする移民・民族問題が宗教関係の社会的関心事となっている。

2 イギリスの宗教事情

上記のデータを見てもわかるように，ヨーロッパでも国によって宗教事情は異なる。ここではイギリスを取り上げることにする。イギリス（The United Kingdom of Great Britain and Northern Ireland）は，イングランド，ウェールズ，スコットランド，北アイルランドから構成されているが，人口比率ではイングランドが8割以上を占めている。イギリス統計局の2004年の国勢調査では，イングランド人口約4,900万人。そのうち，71.7％がキリスト教徒，無宗教が14.6％，ムスリムは3.1％で150万人，ヒンズー教徒が55万人，シーク教徒が33万人，ユダヤ教徒が26万人，仏教徒が14万人である。

▷1 http://www.europeanvalues.nl/

▷2 イギリス統計局（National Statistics UK）。これら各国の統計については，「社会調査士資格支援サイト」（http://altruism.cocolog-nifty.com/）のリンク集からデータを参照できる。

1995年のイングランドの国教会受洗者数は約2,500万人で，人口の約6割にあたるが，この数字は幼児洗礼を含めて人生のある時期に受洗した人の数である。実際に毎週，国教会に通う信者は84万人，他のキリスト教宗派を合わせた合計は316万人，イングランド総人口の8％である。また，1997年生まれの新生児の国教会における受洗率は23％であり，1965年の51％と比べると国教会離れの傾向が顕著である。

イギリス国営放送BBCによる2000年の宗教調査では，国教会の信者と主張する人が35％，神を信じる人が62％，魂の存在を信じる人は69％，天国の存在を信じる人は52％である。組織化された宗教が廃れる一方で，人知を超えたものに対する畏敬の念が全く失われたわけではない。

3 イギリスの宗教・文化多元主義

先に見たように，様々な国からの移民があり，人種の混在するイギリスでは宗教も混在している。ヒースロー空港には，キリスト教徒に加え，ムスリムが礼拝するための場所も存在する。イギリス軍兵士を宗教別にみると，キリスト教信者18万3,000人，ムスリム305人，ヒンドゥー教徒230人，仏教徒220人，シーク教徒90人である（イギリス国防省2005年）。従軍宗教者として約300人の牧師がいるが，ムスリム，ヒンドゥー教徒，仏教徒，シーク教徒の従軍宗教者の採用が増えている。中等教育での必須科目である「宗教教育」ではキリスト教に加え，イスラーム，ユダヤ教，ヒンズー教，シーク教，仏教を学ぶなど，人種差別も未だに根強いイギリス社会は，エスニック・マイノリティが増加するにつれ，文化多元主義的な方向へと否応無しに舵取りを強いられている。

筆者はかつてロンドンを中心に新宗教の利他主義研究を行った。そのときの調査対象の1つが，キリスト教系のジーザス・アーミーである。信者の人種と国籍は多様で，信者たちは厳格で質素な生活を送り，麻薬中毒者，アルコール中毒者や社会的弱者に対して伝道している。イギリスでは約130の刑務所において500人以上の宗教者が受刑者の慰問をしているが，彼らも毎週のように慰問活動をしている。しかし，権威主義や共同生活に対する批判があり，街頭での布教活動で社会的弱者をリクルートしていると非難されることもある。

ヨーロッパでは，既成の宗教や文化と異なる価値観，世界観，ライフスタイルが様々なかたちで社会問題となることが多い。しかし，イギリスには今のところフランスのようにムスリムのスカーフ着用を禁止する法律を制定する動きはない。白人がイスラームに改宗するケースもある。文化多元主義は，伝統主義者や保守層の反発もあるが，現状に鑑みてのイギリス社会の1つの選択といえよう。

（稲場圭信）

▷3 稲場圭信, 2004, *Altruism in New Religious Movements*, 大学教育出版。ロンドンの留学生活，フィールドワークについては「テムズ河の風」(http://keishin.way-nifty.com/jp/)を参照。

▷4 フランスでは2004年9月に「宗教シンボル禁止法」が施行された。政教分離の原則から，公立小中高校で宗教への帰属をこれ見よがしに示す標章や服装を禁じている。ムスリムのスカーフ着用も禁止対象である。

参考文献

稲場圭信, 2001, 「イギリスの新宗教と社会」国際宗教研究所編『現代宗教』東京堂出版

内藤正典, 2004, 『ヨーロッパとイスラーム——共生は可能か』岩波書店

小倉襄二・有沢僚悦・吉野文雄編, 2000, 『EU世界を読む』世界思想社

モンクロ, 波木居純一訳, 1997, 『フランス宗教史』白水社

浜林正夫, 1987, 『イギリス宗教史』大月書店

III 事例研究と比較研究

9 ロシアの宗教事例

1 ロシア宗教史概観

「ロシア」という言葉から何を連想するだろう。地理的には日本に隣接していながら，多くの日本人にとっては近くて遠い「未知の国」かもしれない。そのロシアの宗教事情となるとなおさら一般に知られる機会は少ない。現在，ロシア国内に存在する宗教を規模の順に挙げると，ロシア正教会，イスラーム，プロテスタント諸派，ローマ・カトリック教会，仏教系となる。なかでも全人口の約80％を信者として擁するロシア正教会はロシアの歴史，文化，および社会形成に多大な影響を与えてきた。

ロシア正教会は**東方正教会**◁1（オーソドックス，ギリシャ正教とも呼ばれる）というキリスト教派に属する教会である。ロシアに伝わる伝説によると，最初にスラブ地方にキリスト教を伝えたのはイイスス・ハリストス（イエス・キリスト）◁2の使徒アンドレイ（アンデレ）といわれている。これはあくまでも伝説であり，ロシアが公式にキリスト教を受容したのは，キエフ大公ウラジミルが正教の洗礼を受けた988年である。ウラジミル大公はキリスト教によって人民を教化することを決定し，キリスト教の国教化に踏み切った。以降，ロシアではキリスト教が国によって擁護され，「ロシア正教会」として国家とともに発展していった。しかし，1917年にロシア革命が勃発し，ロシア正教会ならびにロシア国内の宗教団体は全て無神論を掲げる共産党政権の仇敵と見なされ，激しい弾圧を受けることとなった。その結果，多くの宗教者が迫害され，一般市民の宗教的活動も極端に制限された。◁3 1980年代後半からペレストロイカが始まり，約70年間の宗教弾圧に終止符が打たれた。現在，ロシア国内における宗教活動は自由化され，国内にはロシア正教会を筆頭に様々な宗教団体が存在している。

2 現代のロシア正教会

現在，ロシアにおいて特定の国教は存在せず，政教分離が原則である。約70年間におよぶ宗教弾圧の結果，人々の宗教に対する帰属意識が薄らいだことは否めない。しかし，1000年以上にわたって国の中心的な宗教として存在してきたロシア正教会がロシア社会に与える影響は非常に強い。ペレストロイカ以降，ロシア正教会の最高指導者である総主教アレクセイ2世の主導によって，ロシア正教会の復興が急ピッチで進められている。社会主義体制下において多くの

▷1　東方正教会
東方正教会はキリスト教が発生した当時の伝統を継承する正統な教会を自認しており，ギリシャ，東欧世界では多数派のキリスト教であり，また中東や欧米にも多くの信者が存在する。

▷2　東方正教の世界を表すために，ここでは日本正教会で使用している正教会用語を採用している。例えば，イエス・キリストはイイスス・ハリストスとギリシャ語の発音に近い読み方をする。カッコ内に一般で使用されているキリスト教用語を補足しておく。

▷3　クレマン, O., 冷牟田修二・白石治朗訳, 1977, 『東方正教会』白水社

教会や修道院などの宗教施設は破壊され，閉鎖に追い込まれたが，現在それらの施設は再建・修復され，ロシア各地で正教の洗礼を受ける人々も急増している。プーチン大統領をはじめ，大物政治家にも熱心な正教徒が多く，公式の場でロシア正教会が活躍することもある。また，2007年4月に死去したエリツィン前大統領の葬儀がモスクワ市内にあるハリストス救世主大聖堂で執り行われたが，これは現代ロシア社会におけるロシア正教会の立場を表す象徴的な出来事であろう。

ロシア正教会の影響は一般のロシア国民の生活にも垣間見られる。例えば，東方正教にはキリストの復活を祝う「パスハ」（復活祭・イースターの意）と呼ばれる1年で最も重要な祭日が存在し，ロシアでもこの祭日は盛大に祝われる。復活祭前の6週間は「ポスト」（日本語では「斎」）と呼ばれる準備期間で，動物性食品（肉・乳製品・卵・魚）を制限する宗教的な食事規定がある。この食事規定を厳格に守ることは容易ではないが，最近ではポストを実践するロシア正教徒が増加し，都市部ではファストフード店などでもポスト用メニューが用意されている。また，総主教アレクセイ2世によるパスハの祈祷はテレビ中継され，何万人ものロシア人が一斉にハリストスの復活を祝うのである。

無神論国家による空白の時代があったにせよ，ロシア国民の大多数はロシア正教会を「ロシアの伝統」として尊重しており，正教徒であることを自らのアイデンティティ形成にとって不可欠なことと自覚している。

３ 多様化するロシア国内の宗教事情

「ロシア＝ロシア正教会」という印象が強いが，ロシア国内にはユダヤ教徒やイスラーム教徒も昔から存在してきた。近年では周辺国からの移民や労働者の流入によってイスラームがロシア国内で第2の宗教となり，他にも多種多様な宗教がロシア国内にひしめいている。

1990年代，宗教の自由化に伴い，ローマ・カトリック教会，プロテスタント諸教会はロシアへ宣教団を積極的に派遣し始めた。また，新興宗教やいわゆるカルト的な宗教集団の存在も目立つ。宗教者やカルト教団による犯罪も起きており，ロシア正教会などの伝統的な宗教組織によって宗教問題対策も検討されている。さらに最近では，占星術に代表されるオカルティズムもロシア国民の心を捉えているようで，ロシア社会全体が「スピリチュアル」なものを希求していることがうかがえる。社会主義体制が崩壊し信教の自由が認められたロシア社会では，今まさに伝統宗教も新興宗教も拮抗し生き残る道を模索している。

このように，ロシアの宗教事情は極めて複雑であり，今後の展開に目が離せない状況である。

（落合美歩）

▷4 ロシア正教会は「リヨンの聖イリネイ記念情報センター」を設置し，新興宗教やカルト問題対策に取り組んでいる（http://www.iriney.ru/index.html, 2007.6.22）。

III 事例研究と比較研究

10 ラテンアメリカの宗教事例

1 カトリシズムと異種混淆性

▷1 カトリシズム (Catholicism)
ラテンアメリカの政治の舞台では独裁的軍事政権の批判勢力や農地改革の実施を迫る政治力として機能する一方で、先住民や黒人奴隷の宗教と習合する民衆の宗教として現世利益をもたらしており、彼らの共同体原理として機能している。

ラテンアメリカの宗教は**カトリシズム**[1]が主流だと見なされることが多く、住んでいる人々もたいていの場合そのように考えている。周知のごとく、この地域は16世紀にスペイン人・ポルトガル人によって植民地化された。現在も多くの場所で見かける植民地期の宗教建造物や宗教カレンダーにしたがって行われるカーニバルといった祭りに、カトリシズムの影響力を感じ取るのは容易である。とはいえ、この地域は歴史的に、先住民、ヨーロッパ人、そしてアフリカからの奴隷によって形成されたために複雑な宗教風土を生み出している。つまり様々な宗教伝統の混淆や共存が見られるのである。

例えば、メキシコ・チアパス州の山奥のカトリック教会では先住民の呪術師（クランデーロ）が薄暗い教会堂の片隅で沢山のロウソクに囲まれてマヤ語で呪文を唱える姿を見かける。また、ブラジル・バイーア州のカトリック教会では白いドレスを着飾ったアフリカ系の女性たちがアフロ・ブラジリアン宗教の集会を行っている。先住民やアフリカの宗教文化がカトリシズムと混淆し、その信仰が現代にまで息づいているのだ。一方、都市の教会では着飾った白人の淑女と紳士がカトリック教会に響き渡るパイプオルガンの音色を楽しむ姿も見られる。これらの光景はバリエーションに富んだラテンアメリカの宗教事情を私たちに実感させてくれる。

このような宗教の多様性が民族や社会階層の違いを排他的に特徴づけ、相互の関わりを許さないと理解することは不正確である。その理由の１つに、グアダルーペ（メキシコ）とアパレシーダ（ブラジル）の聖堂にある褐色肌の聖母の例を挙げることができる。これらの聖母像は国民的な宗教シンボルとして崇められており、メキシコ性やブラジル性といった国家統合のイデオロギーと結びついている。これらはカトリシズムに根ざした異種混淆性を特徴とする多様性の統一というラテンアメリカの宗教状況をよくあらわしている。

▷2 解放の神学
キリスト教による人々の救済を心的レベルのみならず、社会的な不正義をもたらす権力構造からの解放というレベルにも位置づける実践的な神学。メデジン（1968年）、プエブラ（1979年）

一方、日本の新宗教もこの多様性の１つの要素になっている。ブラジルでは生長の家や世界救世教の知名度が高く、非日系人の入信者の割合も高い。これらの新宗教は日本の宗教性のみならず、キリスト教やヨーロッパの心霊主義などを取り込んだ教義を持っているが、そのシンクレティックな特徴が現地の人々の入信を容易にしているといえる。

現在では日本国内でもラテンアメリカの宗教事例が観察できるようになっている。1980年代の半ばから出稼ぎとして日本国内で働くようになったペルー人やブラジル人は現在約30万人だといわれる。彼らの宗教的ニーズを満たすようにスペイン語やポルトガル語で集会を開くカトリック教会やプロテスタント教会も増えている。また，生長の家や世界救世教に加えて天理教なども彼らのために現地の言葉で集会を開くようになっている。

図Ⅲ-10-1　カリスマ刷新運動
聖体顕示台を運ぶブラジル・カトリック界のスター的神父マルセロ・ホッシ。

2　カトリシズムの政治性

16世紀にはラテンアメリカのカトリック教会はスペイン（ポルトガル）国王の庇護の下に置かれたが，国家が征服事業に教会を利用したという側面も持っている。結果として民衆の魂の征服はこれによって進められ，カトリック教会は特権的な地位を長らく享受した。19世紀初頭にラテンアメリカ各国が独立を果たした結果，政教分離が進み，教会は寺院建設費をはじめとして国家から与えられていた特権を失うことになった。しかし，その後も植民地遺制としてのカトリシズムは民衆の統合原理として機能してきた。

大きな変化が訪れたのは1960年代からである。第2バチカン公会議（1962-65年）では，アジョルナメント（今日化）を旗印に様々な変革がもたらされた。社会主義，プロテスタント教会などと共存関係を模索する動きが見られる一方で，ラテン語によるミサを廃止し俗人が祭儀にかかわることのできる自由化への兆しを見せた。また，1959年のキューバ革命の成功はカトリック教会の左派を活性化させ，マルクス主義的な**解放の神学**に基づいた生活基礎共同体の活動を促した。そして，1964年にブラジルで誕生した軍事政権下ではカトリック教会が軍政に抑圧される人々の「声なき者の声」となった。

現在，解放の神学の勢いは衰えた。それは，解放の神学が抑圧された民衆の・・・運動であって，民衆に・・運動でなかったからだと指摘されている。一方，今日ではカリスマ刷新運動が隆盛である。これは，**聖霊のバプテスマ**を授かるとされるプロテスタントの**ペンテコスタリズム**の流れを汲むものであり，アメリカの学生の間で1960年代に生まれた。

社会変革を志向した解放の神学と異なり個人の霊的救済を重視する点からは，カトリシズムの統合機能と政治性における変化を看取することができる。

（山田政信）

の2つの公会議でカトリック教会の中心的な課題として公認された。

▷3　**聖霊のバプテスマ**（the baptism of the Holy Spirit）
ペンテコスタリズムでは，祈りにおいて聖霊に満たされること（バプテスマ）が救済の1つの証しであると理解される。この体験を得た者は異言を語るようになり，救済や予言の能力を神から授けられると信じられている。

▷4　**ペンテコスタリズム**（pentecostalism）
ユダヤ教の祝祭日（ペンテコステ）に聖霊が降臨するという信仰を受け継ぐキリスト教内部の運動。聖霊の働きによって病人を癒し，悪霊を祓い，祝福を与え，奇跡を起こすと信じられている。Ⅴ-8も参照。

参考文献

アンドラーデ，G., 中牧弘允編，1994，『ラテンアメリカ——宗教と社会』新評論

乗浩子，1998，『宗教と政治運動——ラテンアメリカのカトリック教会を中心に』有信堂

渡辺雅子，2001，『ブラジル日系新宗教の展開——異文化布教の課題と実践』東信堂

III　事例研究と比較研究

11　イスラーム世界の宗教事例

1　イスラーム世界

　研究者が「イスラーム世界」という用語を使用する場合，イスラーム共同体（ウンマ）のことや，イスラーム教徒がマジョリティを占める地域，あるいはイスラーム諸国会議機構加盟の国々などを指す場合が多い◁1。イスラーム世界において，イスラーム教徒は，敬虔さの程度に違いはあるにせよ，「正しい」イスラームを模索し，日々の信仰を営んでいる。「正しい」イスラームとは簡単にいえば，それに従えば死後天国へ行けるイスラームの理念や実践のことであり，その基本は**六信五行**である◁2。また，クルアーンの解釈によって構築されているイスラーム法（シャリーア）は，イスラーム教徒の生活の隅々まで規定している。そのため，イスラーム教徒は，日々の暮らしのなかで生じる諸問題について，それがイスラーム的に正しいかどうかを，イスラーム法の専門家であるイスラーム法学者（ウラマー）に相談したり，イスラーム聖者などに相談する。

2　「正しい」イスラームの日常化

　20世紀後半，世界各地で宗教的価値を見直し，再評価する動向が生じた。イスラーム世界もその例外ではなく，多くのイスラーム教徒は，「正しい」イスラームについて考えた。この時期には，宗教的義務である礼拝の遵守，女性のヴェール着用，モスク建設運動などが「正しい」イスラームとして現れた。この時点での動向は，伝統的に正しいとされてきたイスラームの諸実践をきちんと守る機運が高まったものである◁3。しかし，近年のイスラーム世界では，そうした諸実践は日常化している。例えば，都市部では，ヴェールをするのは当たり前という感覚を内面化した状態で，ヴェールをファッションの一部として楽しんでいる女性を多く見かける。また，このヴェールのファッション化は，宗教的なものと世俗的なものが相互浸透し，両者の境界が曖昧になっている現象としても読み取れる。これと似た事例としては，経済・消費活動と結びついた，観光会社によるメッカ巡礼のツアー化，クルアーンの章句やアッラーの名前が書かれたキーホルダー，ステッカー（宗教グッズ）の販売などが挙げられる。

3　「正しい」イスラームの多様化

　20世紀後半に見直された伝統的な諸実践が日常化しているなかで，新たな宗

▷1　「イスラーム世界」という用語については，その使用法について問題が提起されている（羽田正，2005，『イスラーム世界の創造』東京大学出版会）。

▷2　六信五行
イスラーム教徒の信仰箇条。六信は，アッラー，天使，使徒，啓典，来世，定命を信じること。五行は，信仰告白，礼拝，喜捨，断食，巡礼を行うことである。

▷3　小杉泰，2006，『現代イスラーム世界論』名古屋大学出版会

教的動向も見られる。それは，新しい信仰スタイルを提示する宗教的知識人の出現である。彼らは，イスラーム法学者とは異なり，イスラームの専門知識を修得してはいない。また，なかでも，従来の宗教的知識人とは異なり，欧米の科学技術だけではなく，欧米の文化にも親和的な信仰スタイルを説くものが若者の人気を得ている。彼らは，欧米の文化・価値観に憧れながらもイスラーム的に正しくありたい若者たちに，「かっこいい」先進的なイスラーム教徒の信仰スタイルを提示したのである。また，同じような理由から，ファッショナブルに信仰を表現するポップ歌手なども，若者の人気を得ている。こうした動向が生じたのは，イスラーム教徒の新興知識人層の台頭に加えて，テレビやインターネットの普及によるところが大きい。各種メディアの普及により，様々な人々が自らの「正しい」イスラームを広範囲の人々に提示することが可能となっているのである。また一方で，民衆の側でも，各種メディアを利用することで，様々なイスラーム的知識へ手軽にアクセスすることが可能となっている。つまり，「正しい」イスラーム教徒になるためのチャンネルの多様化が，発信する側と受信する側の双方向から進んでいるのである。

❹ スーフィー教団

現在，イスラーム神秘主義（スーフィズム）の集団である**スーフィー教団**にも新たな動向が生じている。そのなかでも注目すべきは，宗教実践における感情的高揚，トランスを再評価・実践する新たな近代的教団が出現していることである。トランスは，近代以降，宗教的知識人や高学歴のアッパーミドル，近代的教団により，宗教的逸脱，前近代の遺物として批判され続けてきたものである。また，スーフィズムは，欧米諸国では，イスラーム教徒以外にもヒーリングやエコロジーとの関係で注目されており，スーフィー教団のなかには，ヒーリングセミナーを開催している教団もある。日本でも，アメリカに本拠地を有するスーフィー教団が，対象者をイスラーム教徒に限定せずに，スピリチュアリティ・センターを開設している。スーフィー教団の特徴として，世界規模のネットワークを有している点が挙げられるが，ここでは非イスラーム教徒をも含む「癒し」のネットワークが，スーフィー教団を通じて創出されているのである。

（新井一寛）

▷4　スーフィー教団
スーフィー教団とは，導師（シャイフ）や聖者のもとで，アッラーとの神秘的合一体験や倫理的向上を志す人々の集団。

▷5　新井一寛，2006，「動的宗教としてのイスラーム——現代エジプトのスーフィー教団」『季刊民族学』117：92-104

IV 世界の歴史宗教

1 キリスト教

キリスト教は，いまからおよそ2000年前にイエスの教えを中心としてユダヤ教の中から生まれた一神教である。これまで政治，経済，哲学，芸術，科学など多方面に影響を与えながら発展し，現在では世界最大の宗教となっている。

1 聖書

キリスト教の教典『聖書』は，ユダヤ教と共通する「旧約聖書」とキリスト教固有の「新約聖書」の2つからなる。新約聖書は，イエスの死後にイエスの復活を信じる者たちが書いた数々の文書をまとめたもので，4世紀末にはほぼ現在の27の文書が正典として確定し，後に世界各国語に翻訳されていった。

新約聖書はギリシア語で書かれており，イエスの言行・受難・復活を描いた4つの「福音書」，使徒たちの言行録，信徒らに宛てて書かれた手紙，黙示録などからなっている。書かれた時期は，27の文書のうち最も古いものが紀元後50年頃，最も新しいものが2世紀中頃であると考えられている。

2 「イエス・キリスト」とパウロの宣教

「キリスト」とはヘブライ語「メシア」のギリシア語形で，「救い主」を意味する。イエスは紀元前6-4年頃にパレスチナの地で生まれ，30代前半のときにガリラヤで洗礼者ヨハネから洗礼を受けた後，自ら教えを説き始める。イエスの活動の中心は，病人を癒し，たとえ話を語り，ときには奇跡も起こしながら，「神の国」の到来を人々に告げ知らせることであった。わずか2-3年の活動だったが，そのカリスマ性から多くの信奉者を得た。特にイエスの側近となった12人の弟子たちは「十二使徒」と呼ばれる。イエス自身は新しい宗教を起こすことを意図していたのではなく，ただ「神の国」は虐げられた者たちのものだと説き，神と隣人への愛を基礎に据えて旧約聖書の精神を完成させることをめざしていた。だが当時のユダヤ教指導者たちはイエスの言動を危険思想と捉え，彼への反感をつのらせていった。やがてイエスは捕らえられ，裁判にかけられて十字架刑に処せられる。しかし後に弟子たちの間でイエスが復活したという信仰が広まり，ここに宗教としてのキリスト教が産声をあげる。

ユダヤ教世界の内部でなされたイエスの活動が，「キリスト教」という世界宗教へと展開していく上でパウロは決定的な役割を果たした。パウロは熱心なユダヤ教徒で，初めはむしろキリスト教を攻撃する側の人間であったが，ある

▷1 「旧約」「新約」とはそれぞれ「旧い契約」「新しい契約」を意味する。キリスト教徒は，神がモーセを通じてイスラエルの民と結んだ「旧い契約」に対して，罪の赦しと救いをもたらす「新しい契約」の預言がイエスによって成就されたと考える。

▷2 日本語訳の聖書にはいくつかの種類の翻訳があるが，さしあたりは日本聖書協会の「新共同訳」が標準的である。また聖書学の確かな見地から聖書の中身や背景をわかりやすく解説したものとしては次の本などがある。山我哲雄，2005，『聖書』PHP研究所

▷3 ユダヤ教とキリスト教の関係については次の本などを参照。加藤隆，2002，『一神教の誕生——ユダヤ教からキリスト教へ』講談社

日キリスト教徒の迫害に向かう途中で，復活したイエスに出会う体験をして回心し，一転して残りの生涯をキリスト教の宣教に捧げた。パウロは，人は律法で規定された「行い」を守ることで義とされるのではなく，あくまで神とイエス・キリストへの「信仰」によって義とされるという「信仰義認論」の立場にたち，特にユダヤ人以外の異邦人への宣教活動を自らの使命とした。パウロは3度の宣教旅行を行い，また各教会の信徒たちに頻繁に手紙も書いた。それらは「新約聖書」に収められ，日々の生き方から神学にいたるまで，キリスト教を支える重要な土台となっている。律法にこだわらないパウロの宣教は，後にキリスト教が全世界に広められていく上での重要な一歩となったのである。

3 現代のキリスト教諸教派

現代のキリスト教諸教派は，「東方正教会」「ローマ・カトリック教会」そして「プロテスタント諸教会」の大きく3つに分類される。

11世紀にコンスタンティノポリスを中心とする教会とローマを中心とする教会とで東西に分裂し，それ以後，東の教会は東方正教会として独自に発展していった。統一的な組織は持たないが，イコン（聖画像）崇敬が盛んで，神秘主義的な傾向があり，荘厳かつ華麗な儀礼などを特徴とする。ギリシア，ロシア，その他スラブ系民族の国々に信者が多い。

ローマ・カトリック教会はローマ教皇を頂点とするピラミッド型の組織を持ち，全世界で約10億人の信者を擁する。マリア崇敬や聖人崇敬が盛んで，総本山はバチカン市国のサン・ピエトロ大聖堂である。20世紀後半からはプロテスタントや東方正教会との教会一致運動や他宗教との対話など（エキュメニカル・ムーブメント）にも積極的に参加するようになった。

宗教改革以降，プロテスタント諸教会はルター派，改革派，英国国教会（聖公会）など無数の教派に分かれて現在にいたっている。それぞれは多様であるが，聖書を信仰の中心に置き，聖職者と平信徒との本質的な差異を考えず，教会を通さずとも救われうると考える点などでは概ね共通している。現代では福音派やファンダメンタリストなど保守的なグループが勢いを増す傾向もある。

日本には16世紀にフランシスコ・ザビエルによってキリスト教が伝えられ，現在では全国各地に様々な教派によるキリスト教主義の学校（ミッションスクール）もある。またイエスの生誕を祝う「クリスマス」は多くの日本人にもイベントとして受け入れられ，結婚式をキリスト教形式であげるカップルも多い。遠藤周作や三浦綾子などキリスト教作家の小説も多く読まれ，近年では『ダ・ヴィンチ・コード』などキリスト教をテーマとした映画もヒットした。だがキリスト教信仰そのものが広まっているというわけではなく，現在の日本のキリスト教信者数は，全人口の約0.8％にとどまる。教派の内訳は，プロテスタントが約55％，カトリックが約43％，東方正教会が約2％である。　　　　（石川明人）

▷4　次の本はキリスト教の様々な教派の情報を整理したものとして便利である。八木谷涼子, 2001, 『知って役立つキリスト教大研究』新潮社

▷5　宗教改革
贖宥状（免罪符）の販売をはじめとするカトリック教会の腐敗への抗議として，マルチン・ルター（1483-1546）によって口火が切られた。結果的にヨーロッパ各地にプロテスタント教会を生み，世界史的にも大きな影響を与えた。

IV 世界の歴史宗教

2 仏教

1 原始仏教

　古代のインドでは神々への供儀とその果報との関係を主とした宗教形態が存在した。その祭式に用いる讃歌や手続きなどをまとめたものが**ヴェーダ**▷1と呼ばれる文献群である。時代が下ると，祭式の執行とその結果との関係を考察し，祭式の手順が精緻になり，抽象的な思考の素地ができあがってくる。なかでもヴェーダ文献の一種であるウパニシャッドには輪廻や業の概念の萌芽が見出され，以降のインド思想全般の大きな枠組みが見られる▷2。輪廻自体からの解放（解脱）もウパニシャッドで語られている。そのような思想状況のなかで，祭式の効能を否定しヴェーダやバラモンの権威を離れた思想家たちが現れる。

　仏陀（釈迦，ゴータマ・シッダールタ）もそのような思想家の1人である。生没年は文献によってかなりの開きがあるが，紀元前7-4世紀の間に活動した人物と考えられている。彼はそれまでに築き上げられてきた輪廻と業の思想を下敷きにしながらも，新しい教義を示した。生とは苦しみであると規定し（苦諦），苦しみが現れる原因を明らかにし（集諦），苦しみをなくすことを目的とし（滅諦），そのための方法を示す（道諦）という苦しみを乗り越える方法論（四諦）を説いたのである。解脱の方法としてはバラモンたちの祭式主義，また当時流行の苦行主義を排し，**八正道**▷3という実践法を示した。

　仏陀は修行者の集団であるサンガを作り上げ，集団として行動した。後に集団運営の規則として戒律が作られ，それが出家者の行いの規範となった。

2 分派と伝播

　仏陀の死後，その教えは経典としてまとめられた。しかししばらくすると，戒律の解釈の違いなどから仏教教団の分裂が開始する。伝承の1つによれば，上座部と大衆部の根本分裂から始まり，20部にまで分かれたとされている。初期経典の維持に努めた上座部はスリランカを拠点として後代まで残り，現在の東南アジア仏教の基礎となる。これら部派仏教教団は各地の政権の保護により，経済的な安定を得，教理上の問題解決に力を注いだ。

　こうした部派仏教の態度に対する実践的な運動が大乗仏教である。彼らは自らを大乗（偉大なる道）と呼び，既存の教団を小乗と貶め，より実践的な活動としての苦行や隠棲を尊んだ。法華経や華厳経，般若経など東アジアでも知ら

▷1　ヴェーダ
知識の意。狭義には『リグ・ヴェーダ』『サーマ・ヴェーダ』『ヤジュル・ヴェーダ』『アタルヴァ・ヴェーダ』の4ヴェーダを指すが，広義にはそれに付随するブラーフマナ，アーラニヤカ，ウパニシャッドも含む。

▷2　辻直四郎，1981，『ヴェーダ学』法藏館

▷3　八正道
見解，思惟，言葉，行い，生活，努力，思念，精神統一のそれぞれの正しい実践方法のこと。

れた経典は彼らが仏陀の真意を説くものとして新たに作った経典である。

4-5世紀に北インドの政権を握ったグプタ朝の頃より始まった古典復興の動きのなかで，再びヴェーダに権威を置くバラモンたちが支持を得るようになった。教団を維持するために政権からの支持が不可欠であった仏教教団は，思想上の優位を巡って盛んに議論を行った。部派仏教のなかでも有力な一派である説一切有部の主張に対抗して，「法」の実在性を否定し「空」を強調する中観派，さらに「空」である事物は認識能力たる「識」によって生じるとする唯識派が現れる。また議論の土台となる論理学も高度なレベルにまで発達し，ここに至って，仏教思想はかなりの一貫性を有する体系となる。

さらに時代が下ると，性的な表現をも取り入れた呪術的な儀式を記す文献が多く現れてくる。この**密教**化を最後に仏教はインドから姿を消す。その原因としてはイスラームのインド侵入や社会・経済情勢の変化，ヒンドゥー思想との過度の接触など複数の要因が挙げられている。

3 アジア各地での広まり

上述のようにインドにおける仏教は一時その影響力を失ったと考えられている。だがインド以外の地域において仏教は様々な展開を見せている。

アジア各地に広がる仏教はその歴史的背景から3つの地域に分類出来る。まず，東南アジア大陸部には仏教徒が過半を占める地域が多い。この地域では仏教が王権と結びつき，現代社会においても影響力を保持し続けている。上座部仏教が基本となっており，**パーリ語**の経典がそのまま聖典となっている。

中国では後漢から南北朝を経て唐・宋に至るまでサンスクリット語などの非漢語で著された経典が漢語へと翻訳され続けた。それは漢訳大蔵経としてまとめられている。唐代初めまでは仏教以前から存在していた儒教や道教などから強い反発を受けたが，次第に融合の度合いを深めていく。中国独自の発展としては膨大な経典の整理のなかから生まれた**教相判釈**があり，また唐代以降になるとより中国的な色彩を帯びた浄土思想と禅思想が発達する。中国仏教の影響は朝鮮，ベトナム，日本などに及んでいる。

チベットでは8世紀半ばに仏教を国教とした。インド仏教徒との接触がかなり後代まで続いていたため，他地域と異なり精緻な論理学や密教の文献が多く残っている。中観派や唯識派の影響も強く，チベット内部でさらに発展していく。チベット仏教は中国，モンゴルなど東アジア諸地域にも影響を及ぼし，元・清の宮廷においては一定の勢力を保ち，16世紀にはモンゴルの指導者をチベット仏教に帰依させた。

（山畑倫志）

▷4 **密教**
世界を構成する諸要素を宗教的儀式の諸要素と対応させ，その操作により様々な目的を遂げようとする思想。仏教以前からインドに存在した思想だが，仏教徒はそれを大乗仏教の理論によって体系化した。

▷5 **パーリ語**
中期インド語の1つ。仏陀の時代の言語に比較的近いものと考えられている。

▷6 **教相判釈**
制作時期の異なる経典が中国では順序にかかわらずもたらされたため，それらの順序や優劣を判定するために育った学問。その意見の違いから天台や華厳などの学派が生まれた。

参考文献
柏木弘雄，1995，『仏教思想史ノート』世界聖典刊行協会
早島鏡正・高崎直道・原実・前田專学・山口瑞鳳・鎌田茂雄編，1982，『インド思想史』東京大学出版会

Ⅳ 世界の歴史宗教

3 儒教・道教

1 形成過程

儒教と道教はどちらも中国育ちの宗教といえるが，いくつかの点で対照的な特徴がある。その形成過程を見ると，儒教は孔子（紀元前551-紀元前479）と孟子（紀元前372-紀元前289）によって基本的な体系化がなされ，前漢の時代に王朝時代の政治的社会的枠組みを支える思想としての地位を確立する。隋の時代には科挙が始まり，儒教的な素養の高い者を官吏に取り立てる制度として20世紀の初めまで改編されながら連綿と続き，儒学者の政治的社会的地位を保証する機能を果たした。儒教関連の経典としては古くから五経が重んじられてきたが，南宋の朱子（1130-1200）が入門編としての四書を整え，のちに**四書五経**◁1として科挙のための教科書的な体裁が確立した。

一方道教は，その開祖的存在としてしばしば**老子**や**荘子**◁2の名が挙がるが，儒教の孔孟と違って，彼らが道教の方向性を決めたわけではない。例えば最初の道教教団といわれる五斗米道は後漢末に四川省で張陵が始めたもので，主に病気治しを行い，信仰集団を形成して一時は宗教王国の様相を呈した。また晋代の葛洪は，様々な修練によって不老不死の神仙になるという思想を『抱朴子』で詳細に理論化し，道教における神仙思想の重要性を確立した。12世紀に興った全真教は禅宗の影響を受けて厳格な出家主義や修行を行って一大勢力となった。なお，この間五斗米道の遺流は天師道，新天師道，正一教などに変遷を遂げた。明代以降，道教は政治的に正一教と全真教の二派に整理され，今日に至っている。このように道教は様々な道教集団が歴史のなかで登場し，それにつれて「道教」の意味や実践が拡大していったと考えた方がよい。

道教の政治的な位置づけは儒教に比べると低く，時代ごとに変動はあるものの，概して制度的には外来の宗教である仏教とともに，儒家である官僚たちから管理されるという関係にあった。儒教が中央の王朝によって公認されたエリートの洗練された思想であったとすれば，様々な時代や地域の民間信仰を再編しつつ，裾野を広げていったのが道教であるといえるかもしれない。

2 思想と実践

教義や実践においても両者には対照的な面がある。儒教は現世における道徳的議論や洗練された儀礼行為を重んじ，神や霊などの超自然的なものについて

▷1　四書五経
四書は『論語』『大学』『中庸』『孟子』，五経は『詩』『易』『書』『礼記』『春秋』。

▷2　老子・荘子
老子は紀元前5世紀，荘子は紀元前4世紀頃に活躍したと思われるが，生没年未詳。

は積極的に論じない。そのため儒教は宗教としてよりも儒学ないし儒家の思想として捉えられることが多い。宗教教団のようなものを形成することもなく、儒学者たちは科挙で最終試験まで合格すれば国家の官僚となり、そのレベルまで届かなくても地元の名士として一定の政治的影響力を持った。このように儒教は現実の政治や社会での機能が目立つため、例えばマックス・ウェーバーや余英時[3]は、経済観念や合理主義の発達に関わる倫理的思想として儒教を論じている[4]。現代の中国においても、儒教は宗教ではないという見解が優勢である。

しかし儒教を宗教として見ることが不可能なわけではない。例えば池澤優は儒教が重視する「孝」という徳目を祖先崇拝の視点から研究しているし[5]、加地伸行はシャーマニズムとの関連性を強調して、儒教を独自の死生観に基づく宗教であるとしている[6]。また、有徳の天子が天下を治めるという儒教の徳治主義の根底には、誰が天子になるかは天命によるという思想があり、政治という現世的な行為に天命という超自然的なものの裏づけを与える構図があるといえる。儒教が、積極的には語らないものの暗黙の前提としている宗教性を、どこまで「宗教」の範疇に取り込んで考えるかによって、儒教が宗教かどうかの見解が分かれるといえよう。

一方、一般的に道教の開祖とされる老荘の思想では、人間の日常生活から宇宙までを貫く道（タオ）という真理を体得し、自然な流れに身を任せて生きることが重要とされる。しかしこの老荘思想は道教の唯一の中核的思想というわけではなく、老子はむしろ神仙の1人として神仙思想に取り込まれたともいえる。神仙になることをめざして苦行する道士たちの宗教的理想は世俗の世界からはほど遠い。しかし道士の実践のスタイルとしては、在家のまま霊界や神々に関する道教的知識を生かして葬送儀礼を取り仕切ったり、符籙と呼ばれる一種のお札を作ることで魔除けや医術を施したりするものもある。こうした実践はむしろ民衆の生活と密着しており、種々の民間信仰との境目が一層定かではない。このため道士の道教と民衆の道教をある程度区別する考え方もある。

3 儒教と道教の現在

現在、中国共産党は、政治的判断を含む歴史的な紆余曲折の末に、道教は宗教として扱うが、儒教を宗教とは見なさない立場をとっている。このように両者の間には、制度的にも歴史的にも、そして内容的にも様々な差異を見出すことができるが、それにもかかわらず、人々の日常生活のレベルで見た場合、儒教と道教それに仏教はある種渾然一体となった様相を呈している。1人の人が先祖を祀り、関帝廟に参拝し、観音菩薩を拝んでも、信仰的に矛盾していると見なされることはない。それぞれの教えの違いばかりではなく、それらを接合する仕方のなかに現れる中国民衆の世界観をそれなりに統一的なものとして読み取ろうとする姿勢もまた必要であろう。

（長谷千代子）

▷3 ウェーバー, M., 大塚久雄・生松敬三訳, 1972,『宗教社会学論選』みすず書房
▷4 余英時, 森紀子訳, 1991,『中国近世の宗教倫理と商人精神』平凡社
▷5 池澤優, 2002,『「孝」思想の宗教学的研究——古代中国における祖先崇拝の思想的発展』東京大学出版会
▷6 加地伸行, 1998,『儒教とは何か』中公新書

IV 世界の歴史宗教

4 イスラーム

1 イスラームとは

イスラームは西暦7世紀前半にアラビア半島で生まれた宗教である。「イスラーム」の原義はアラビア語で「唯一神に絶対帰依すること」であり，その教義の根本は「唯一神を信じること」と「ムハンマドを預言者として認めること」である。「唯一神の他に神はなく，ムハンマドは神の使徒である」と明言する行為を信仰告白といって，イスラームに入信する際に証人の前で行われる。また，イスラームはユダヤ教やキリスト教と同じく，唯一神（＝アッラーフ）を信仰する，中東特有の一神教の系譜に連なる宗教であるが，イスラーム教徒の理解では，イスラームはそれらの先行する一神教信仰が「最後の預言者」ムハンマドによって最も純粋なかたちで復興されたものである。

基本的な教義は「唯一神」「天使」「預言者」「啓典」「終末」「運命」を信じること（六信）であり，加えて「信仰告白」「礼拝」「喜捨」「メッカへの巡礼」「ラマダーン月の斎戒」（断食）が信徒の義務（五行）とされている。

イスラームは西暦7，8世紀におけるアラブの大征服を通じて中東世界に広まっていった。その後，徐々に隣接する諸地域へと拡大し，現在ではアフリカ，中央アジア，南アジア，東南アジアにも多くの信徒が存在するほか，ヨーロッパ，アメリカその他の地域でも，移民などを通じて信徒を増やし続けている。

2 ムハンマドとクルアーン

ムハンマドは，570年頃にアラビア半島北西部の町メッカに生まれた。彼は成人してから隊商貿易に従事していたが，610年頃，洞穴にこもって瞑想していたときに，突然大天使ガブリエルが現れ，神の啓示を下したという。葛藤ののち神の啓示に確信を抱いたムハンマドは，その後生涯にわたって神の啓示を受け取ることになった。彼は，その教えをまず家族に，続いて一般にも広めようとしたが，旧来の多神教信仰を奉ずる人々からの妨害を受けたため，622年にメッカを離れ，自分とその教団を受け入れてくれるメディナへと信徒とともに移住した。これをヒジュラ（聖遷）という。メディナで自らの宗教共同体を拡大したムハンマドは，徐々にメッカへの攻勢を強め，630年にはメッカを無血降伏させた。メッカの**カアバ神殿**にあった360体の偶像は全て破壊され，メッカの住民のほとんどがイスラームに改宗したという。

▷1 アッラーフはアラビア語で一般名詞であるイラーフに定冠詞が付き，「その神」すなわち唯一神をあらわすとされる。そのため，キリスト教徒がアラビア語で神のことをいう場合もアッラーフという単語を用いることになる。

▷2 中村廣治郎，1998，『イスラム教入門』岩波新書

▷3 イスラームではこのヒジュラを紀元とするヒジュラ暦が用いられ，巡礼，斎戒（断食）をはじめとするイスラームの宗教行事はこれに基づいて行われる。

▷4 **カアバ神殿**
イスラーム以前にはメッカでの多神教信仰の中心として機能した神殿であり，イスラームでも神聖なものとされた。礼拝は必ずカアバ神殿の方向（キブラ）に向かって行われるほか，巡礼の目的地でもある。野町和嘉，2002，『メッカ――カラー版：聖地の素顔』岩波新書

ムハンマドは632年にメディナで死亡したが，彼が受け取り信徒に伝えた神の言葉を，彼の死後にまとめたものがクルアーンである。クルアーンは神の言葉そのものとされ，イスラームの根本となる聖典であって，原則としてイスラーム教徒の信仰生活，社会生活全てを規定する。そこには終末論などの神学的要素や，礼拝，巡礼の方法といった儀礼的要素だけでなく，婚姻，相続などの民法的規定や犯罪者に対する処罰などの刑法的規定までが含まれている。

3 ハディースとウラマー

聖典としてのクルアーンを補完するのがムハンマドのスンナ（言行）のハディース（伝承）である。クルアーンには細かな規定が行われている箇所もあるが，規定が具体化されていない部分も多い。そのような場合にハディースが参照される。そのことについてムハンマドがどうふるまっていたか，信徒からの質問にどう答えたかが，クルアーンに次ぐ規範となったのである。これらはムハンマドの言行を直接見聞きした信徒から，後の世代の信徒へと口承で伝えられた。その後ハディース集として書物のかたちにもまとめられている。

クルアーンとハディースに通じ，それに付随する諸学問を修めたことによって，諸々の問題を判断する知識がある人々のことをウラマー（知識人）と呼ぶ。イスラームにおいては本来，教会組織や聖職者と一般信徒の区別は存在しないが，問題が起こった時に人々はウラマーに意見を仰ぎ，ウラマーはイスラームから見て正しい判断を行うという役割を担っている。◁5

4 イスラームの展開と分派

ムハンマドの死後，イスラーム共同体にとって，誰を指導者とすべきかが大きな問題となった。当時のイスラーム教徒にとっての指導者は，単に政治的なリーダーというだけでなく，自分たちを天国への正しい道へと導く者と考えられており，指導者を選び間違えることは，信仰においても誤りを犯すことになったためである。◁6 例えば，661年にアリーとムアーウィヤの間の内戦はアリーの死で終わったが，アリーを支持していた人々のなかには，その後も預言者の近親であるアリーの血統にのみ指導者たる地位を認め，その他の人々を指導者とは認めない者がいた。彼らはシーア・アリー（アリーの党派）と呼ばれ，これがのちのシーア派の原型となる。

一方でムアーウィヤの開いたウマイヤ朝やその後のアッバース朝を容認し，共同体の合意を尊重した大多数の人々は，指導者よりも預言者のスンナを伝えるハディースを重視する方向に向かい，スンナ派と呼ばれるようになっていった。そのなかでもハディースをどのように適用するかという点をめぐって，多くの学派が生まれた。◁7 これらの学派は原則として共存可能なものであるが，時に学派同士の抗争も生じた。

（亀谷　学）

▷5　一方で，中世以降には，このような学問的知識を背景とせず，血統や敬虔さによって尊崇を集める聖者も現れ，スーフィー教団などの形で広く民間に浸透した。

▷6　Crone, Patricia, 2004, *God's Rule: Government and Islam*, New York: Columbia University Press.

▷7　スンナ派ではハナフィー派，マーリク派，シャーフィイー派，ハンバル派の4大法学派が大多数を占める。また，シーア派その他の宗派にもそれぞれ学派が存在する。

IV 世界の歴史宗教

5 ヒンドゥー教

1 ヒンドゥー教とは

　ヒンドゥー教の定義はしばしば漠然としたものとなる。なぜならば特定の開祖も教会のような組織制度もなく，神や経典も多様であり，全体像を捉えることが困難なためである。この雑多ともいえる特徴の形成には歴史的要因が深く関係するため，その成立過程の把握はヒンドゥー教を理解する上で重要である。

　ヒンドゥー教の起源は種々想定されるが，最も影響力があったのは紀元前にインドに侵入したアーリヤ人の信仰であり，彼らが残したヴェーダ文献はヒンドゥー教の聖典の１つとされる。そこからヒンドゥー教への展開は複雑を極めるが，単純化するとヴェーダ信仰からバラモン教，そしてヒンドゥー教への変化と捉えることができる。ヴェーダ信仰とは神々への讃歌，供犠を中心とした信仰であり，アーリヤ人がインド侵入以前から保持していた信仰と考えられている。ヴェーダ信仰において神々に対する祭式を独占したバラモン階級はやがて祭式実行による利益を喧伝し，自らの優位性を主張するようになる。この祭式信仰を一般にバラモン教と呼ぶ。それに対して仏教やジャイナ教といったバラモンの優位性を認めない思想が登場し，ある時期優位に立ったこともある。その後，バラモン教の支持者たちはそれら新思想の要素を吸収し，より幅広い思想を有するようになる。この過程で成立した思想を一般にヒンドゥー教と呼ぶのである。他方でアーリヤ人以外の先住民族の影響も大きく，またギリシャ文化，イスラーム教，キリスト教などの外来思想からの影響も無視できない。仏教，ジャイナ教，シーク教などインド起源の他の宗教は，発生の経緯および信徒の所属意識の点において大きな差異を持つため通例ヒンドゥー教には含めない。ヒンドゥー教の成立過程にはまだ不明な点も多く今後の解明が待たれる。

　現在，世界最大のヒンドゥー教徒を抱えるインドでは，その数８億2,000万人（2001年）に上り，インド人口の８割を占めている。また隣国ネパールでも人口の８割に当たる1,800万人（2001年）の信徒を抱える。インド近隣のイスラーム教国であるパキスタン，バングラデシュ，仏教国のスリランカにも多数のヒンドゥー教徒がいる。また，南米のガイアナには人口の３割（2002年），アフリカ近海のモーリシャスにも人口の５割（2000年）の信徒がおり，両国ともヒンドゥー教徒が最大多数を占めている。さらに他地域の信徒数も含めると世界のヒンドゥー教徒の数は９億から10億人ほどと推定されている。◁1

▷1　統計は各国統計局の調査による。

2 ヒンドゥー教の思想

　ヒンドゥー教にかぎらず，インドを起源とする宗教は共通の思想を有している。すなわち，①行為は常に結果を生むという業思想，②生物は業にしたがって次々と生まれ変わるという輪廻思想，③輪廻からの解放を最終目的とする解脱思想という3つの共通思想である。ヒンドゥー教ではこの思想の下に哲学，信仰，社会制度が多様なかたちで成立している。哲学では中世までに**六派哲学**と呼ばれる諸派が確立し，その精緻な議論は聖典や神などを理解する土台を作り上げた。社会制度ではヴァルナ（階層）とジャーティ（職業，所属集団）を基本としたいわゆるカースト制がヒンドゥー教と密接に結びついている。ヒンドゥー教の法典群は各人のヴァルナ，ジャーティの行為を規定し，その行為が業として来世に影響すると説く。これは前世の結果としての現在の生を受け入れ，来世の幸福のために各自の義務を遂行するという社会生活の指針を定着させた。

　信仰形態として特筆すべきものはバクティ運動である。バクティとは神々への献身，信愛を意味する。最終目的である解脱への道として伝統的な祭式行為や**ウパニシャッド**，さらに仏教の影響による智慧や瞑想が挙げられるが，現実的にそれを為しうる人々はかぎられる。バクティ運動はただひたすら神を崇め愛すれば解脱に至ると説き，15-17世紀に民衆を中心に全インドに広まった。

3 ヴィシュヌ，シヴァ，シャクティ

　ヒンドゥー教ではヴェーダの神々に加え『マハーバーラタ』『ラーマーヤナ』など各種叙事詩の登場人物，高名な思想家など様々なものが崇拝の対象となるが，広く認められている主要神は世界の創造を司るブラフマー，維持を司るヴィシュヌ，破壊を司るシヴァの3つである。ヴィシュヌは本来『ヴェーダ』にわずかに登場する神だったが，次第に位置づけが高まり，伝説上の人物たちと同一視され，**ラーマ**をはじめ，仏陀までもがその化身とされるようになった。『**バガヴァット・ギーター**』に登場するクリシュナが最も有名である。またシヴァは非アーリヤ起源と推定され，インドでよく見られるリンガ（男根像）崇拝はシヴァとの関係が深い。ヴィシュヌとシヴァの信徒はそれぞれ大きな宗派を形成しているのに対し，ブラフマー単体への信仰は非常に少ない。これら3つの神々は究極的にはブラフマンなどと呼ばれる単一の存在に集約させられる。

　ヒンドゥー教の主な宗派はヴィシュヌ派，シヴァ派，そしてシャクティを崇めるシャークタ派の三派を挙げるのが妥当であろう。シャクティとは本来女性原理を表す言葉である。これは元来インドにあった地母神信仰を元にしたものとされ，後に各種女神を取り込み，信仰における重要な要素となった。宗派といっても他の神を並行して信仰することに妨げはなく，互いに排除しあうような関係ではない。これもヒンドゥー教の特質の1つといえる。

（山畑倫志）

▷2　六派哲学
サーンキヤ，ヨーガ，ヴェーダンタ，ミーマーンサー，ニヤーヤ，ヴァイシェーシカの各派。詳細は早島鏡正他編，1982，『インド思想史』東京大学出版会を参照。

▷3　ウパニシャッド
ヴェーダ文献群のなかでも最も遅くに成立したとされる諸文献。祭式よりも苦行や瞑想を重視し，哲学的な思索に基づく記述が見られる。

▷4　ラーマ
叙事詩『ラーマーヤナ』の主人公。その妻シーターとの夫婦愛や羅刹王ラーヴァナの討伐は現代インドにおいても広く親しまれている。

▷5　『バガヴァット・ギーター』
叙事詩『マハーバーラタ』第六巻に含まれる一篇。同族との戦いを憂う主人公アルジュナに対しその戦車の御者であるクリシュナが自己の義務を全うするべきことを説く。

参考文献
山下博司，2004，『ヒンドゥー教──インドという〈謎〉』講談社

Ⅳ 世界の歴史宗教

6 神道

1 神道とは

「神道」。まずはこの文字を見て，皆さんはどう発音し，何を思い浮かべるであろうか。「シンドウ」と読み，神の道を究めるための何か特別なものを連想する人も少なくないであろう。ところが，神道という語は，「シンドウ」という呉音ではなく，「シントウ」という漢音で読まれるのが一般的である。また，この神道という概念は，研究者によって定義が極めて多様であるため，ここでは一般的な概念を示しておきたい。

神道とは，日本古来の民族宗教であり，日本最初の歴史書として養老4年（720年）に編纂された『日本書紀』に日本の文献上初めてその記述が見られる。そのなかで，用明天皇の記事に「天皇，仏法を信けたまひ，神道を尊びたまふ」とあるように，仏教の伝来によって外来の宗教と区別するために土着の信仰を指す語として用いられている。つまり，日本民族が伝統的に継承してきた神信仰とそれに関係した思想や儀礼や習俗などを意味するのである。古代より日本人は，人間の力では計り知れない超越的な存在を意識し，その存在に対して，おそれかしこむ心を持ち，山・川・海など全ての自然から受ける恩恵に感謝し，様々な自然現象を神として崇拝してきた。木や岩などが「神聖なもの」とされる由縁でもある。

すなわち，神道とは，日本の宗教伝統で最も古い自然崇拝に由来するものである。

2 神社と神職

神道において欠かせないのが神社と神職である。神道の神々を祀るために設けられた施設の総称を神社といい，神社での神明奉仕と管理・経営に専門的に携わる人を一般的に神職もしくは神主と呼んでいる。現在，神社本庁が全国の大多数の神社を包括しており，2005年12月末日時点で，神社数は79,051社，神職数は21,594人（内女性神職数2,737人）◁1となっている。

神社では，一般に初宮・七五三参り，結婚式，車のお祓い，厄祓いなどのお祓いや様々な祭事を執り行っている。神社の年中祭事の主なものは，**歳旦祭**◁2・**元始祭**◁3・**紀元祭**◁4・**祈年祭**◁5・**新嘗祭**◁6・**除夜祭**◁7・**例祭**・**大祓神事**◁8などである。このなかでも例祭は，各神社にとって特殊な祭事であり，祭神が祀られた日もしく

▷1 「神社・神職数現況」，2006，『月刊 若木 文月』第685号，神社新報社，29
▷2 歳旦祭
元旦の朝に行われ，新年を祝い，皇室の弥栄と氏子・崇敬者の安穏と繁栄を祈る祭事。
▷3 元始祭
1月3日に行われ，『日本書紀』『古事記』の神話に由来し，国家隆盛を祈る祭事。
▷4 紀元祭
2月11日に行われる日本国誕生（建国記念日）を祝う祭事。
▷5 祈年祭
トシゴイノマツリともいわれ，2月17日に行われ，その年の五穀豊穣を祈る祭事。
▷6 新嘗祭
祈年祭と対置され，11月23日に行われ，新穀を神に供え，その年の収穫に感謝する祭事。
▷7 除夜祭
12月31日に行われ，古い年を追いやり，新しい年を迎えるという年越祭ともいわれる祭事。
▷8 大祓神事
6月と12月の晦日，年2回行われる祭事であり，私たちの罪・穢れ・過ち・災いなどを形代（人形を型どった紙）に移して祓い清める神事。

は神社が創建された日などの由来によって執り行われる重要な祭事の1つである。その他にも各神社において，多様な祭事が執り行われている。その1つの例として，熊野那智大社における「那智の火祭り」について後述したい。

次に神職についてもふれておきたい。神職には，神社本庁の規定により階位と身分があり，浄・明・正・権正・直の階位，特級から四級の身分がそれぞれ定められている。神職資格は，階位検定講習会（短期間）や神職養成機関（2年課程）および國學院大学・皇學館大学（4年課程・専攻科1年課程）で取得できる。また，各神社内部において神職は，一般的に宮司・権宮司・禰宜・権禰宜・主典・出仕と職制が区分される。

③ 熊野那智大社「那智の火祭り」

熊野那智大社は，紀伊山地に位置する和歌山県の那智勝浦町那智山に鎮座する**熊野三山**の一社である。この社の創建は，社伝によると，神武天皇東征の折，熊野灘から上陸し，那智山に光が輝くのを見て大滝を神として祀ったのが始まりであるとされている。その後，仁徳天皇5年（317年）には，社殿を大滝からほど近い，那智山中腹の見晴らしの良い現在地に遷し，「**大己貴尊**」を始め，主祭神である「**熊野夫須美大神（伊弉冉尊）**」を中心に縁の深い11社の神々を祀った。その時，大滝を「飛滝大神」として祀った（現在の「熊野那智大社別宮飛瀧神社」）。また，熊野という地方は，巨石や巨木や滝などに神が宿るという自然崇拝と仏教の浄土信仰とが一体となり，役小角を始祖とする「**修験道**」の修行の場として神仏習合信仰が展開される。つまり，熊野は，日本古来の神仏習合信仰のルーツというべき聖地でもある。

この熊野那智大社を代表する例祭として，一般に「那智の火祭り」もしくは「扇祭り」といわれる特殊神事が毎年7月14日に行われる。12基の扇神輿が本社を出発し，別宮で迎えられ，また本社へ戻るという一連の神事である。別宮の参道石段では，12本の手持ちの火のついた大松明（重さ約60kg）で清め扇神輿を迎えるという荘厳な神事であり，全国から多くの参拝者が集う。この神事は，仁徳天皇5年のこの社の創建に由来し，神霊・神力を振るい起こし，万物の生成発展を祈る神事である。また，扇神輿出発の前には，本社境内で大和舞・那智田楽（国の重要無形文化財）・田植舞が執り行われ，別宮境内でも田刈舞が執り行われる。

（佐藤寿晃）

図Ⅳ-6-1　那智の火祭り
出所：南紀州新聞

▷9　塩竈神社神職養成所・出羽三山神社神職養成所・神宮研修所・熱田神宮学院・京都國學院・大社国学館・國學院大学別科と全国で7ヶ所ある。

▷10　熊野三山
熊野本宮大社（田辺市）・熊野速玉大社（新宮市）・熊野那智大社（那智勝浦町）の3つの神社の総称である。

▷11　修験道
山岳修行を通じて霊力を感得し，その力を基に祈祷・修法などで救済活動を行う宗教。中世初頭に宗教体系が確立された。

参考文献
山折哲雄監修，1991，『世界宗教事典』平凡社
上山春平他，1992，『日本「神社」総覧』新人物往来社
國學院大學日本文化研究所編，1994，『神道事典』弘文堂
三橋健編，1995，『わが家の宗教8　神道』大法輪閣
井上順孝編，1999，『神道――日本生まれの宗教システム』新曜社
篠原四郎，2001，『熊野大社　改訂新版』学生社

V 土着信仰とシンクレティズム

1 キリスト教の土着化

1 土着化とは

　宗教の土着化とは，ある宗教が発祥地とは異なる地域に伝わり，その地で定着する過程において，その宗教に備わっていた性質や特徴（神観念，教義解釈，儀礼など）が移入された地域の社会的・文化的特質の影響を受けて変容し定着することをいう。例えば中東で生じたキリスト教は，地中海沿岸から世界中に広まり，各地で特徴的な土着化の過程を進んだ。宗教が発祥地と全く同じように「移植」されることはない。ここでは，キリスト教の宗教的特徴と大きく異なる宗教文化を持つ，日本でのキリスト教の土着化について見ていく。

2 日本のキリスト教における「先祖祭祀」と「神観念」

　日本のキリスト教は，結婚式やクリスマス，キリスト教系の学校など，その多くがあまり宗教的ではないかたちで，抵抗なく受け入れられてきた。しかし，日本でキリスト教を「信仰」として受容する場合には，先祖祭祀と神観念の違いが問題となる。まず，先祖祭祀についてであるが，多くの日本人は，定期的な祭祀を行うことと引き換えに先祖は「家（族）」を守ってくれると考えている。しかし，キリスト教では唯一の神を信じるため，先祖を祀るという行為は信仰上の障害になる。また，死者への「供養」という考えも持っていない。そのため，キリスト教は，「家（族）」を省みない「自分勝手」な宗教と思われた。
　この問題を解決したのが，1941年に村井純（じゅん）によって創られた日本生まれの「**イエス之御霊教会教団**」◁1である。この教会では，信者が近親死者や先祖に代わって洗礼を受けることによって，不信仰（未信者）だった近親死者や先祖も，神の救済に与ることができるという「身代わり洗礼」が行われている。この「身代わり洗礼」が依拠する聖書の言葉は◁2，日本人クリスチャンの切実な宗教的要求に応じるために日本において聖書のなかから「発掘」されたのである。
　また，「主イエスを信じなさい。そうすれば，あなたも家族も救われます」（使徒言行録16.31）との聖書の言葉は，日本人クリスチャンに大きな希望を与えている。その「家族」に，不信仰（未信者）の生きている家族だけでなく，近親死者や先祖も想定することで，キリスト教は自分勝手ではない「家族みんなの宗教」になるのである。このようにして，キリスト教は「家（族）」と「先祖」を取り込むことによって日本で受け入れられた。このような聖書解釈は，

◁1　**イエス之御霊教会教団**
カトリックとプロテスタントのどちらにも属していない日本で生まれたキリスト教会。独自の「水子供養」や「慰霊祭」を行っている。また，「霊讃歌」（讃美歌に類するもの）には「祖先祭」と題する歌もある。

◁2　「そうでなければ，死者のために洗礼を受ける人たちは，何をしようとするのか。死者が決して復活しないのなら，なぜ死者のために洗礼など受けるのですか。」（新約聖書「コリントの信徒への手紙一」15章29節）の言葉に依拠している。

日本での土着化の過程で生じたものであり、聖書解釈の多義性とキリスト教の多様性を示している。もちろん、イエス之御霊教会の聖書解釈や儀礼は日本での一般的な土着化の事例ではない。しかし、他の教派のキリスト教も含め、日本でキリスト教を信仰する際に、たとえそれが高度な教理理解を伴った個人的な信仰であったとしても、信者が家族や先祖を全く意識しないことはないであろう。

3 沖縄のバプテスト教会を事例に

次に神観念について見ていく。日本人は、全てを水に流して赦し、温かく見守ってくれる神仏に親しんできた。日本人は、御祓でその身が清まり、微笑む観世音菩薩の慈悲で救済されることを願う。一方、キリスト教では、罪を悔い改め、他の神を捨て去ることを求める厳しい「父なる神」が想定されている。

この神観念に関して、筆者が行った沖縄バプテスト連盟への調査を見ていきたい。沖縄は現在でも先祖祭祀が盛んで、独自の宗教儀礼や慣習が多く残っている。そのようななか、信者たちは先祖祭祀を唾棄すべき行事とは考えず、信者の多くが儀礼や慣習に関与していた。信者たちは、先祖祭祀の儀礼を都市化社会での家族や親族との紐帯を維持してくれる大切な「世俗」の行事として認識していた。その際、信者が持つ神への意識は、「神は形ではなく、心を見る」「神はわかっておられる」「神が全ての文化を創った」などであった。信者は、全てを優しく包み込み、寛容に理解してくれる「神」を想定していた。たとえ儀礼や慣習に異教性が含まれていても、それらを単なる「文化」や「形式」、「世俗」の行事として再解釈することを、「神」は赦してくれるのである。このような神観念の変化によって、先祖祭祀は信仰の障害ではなくなっていた。

ところで、戦後沖縄のキリスト教には、日本本土やアメリカとの政治的な関係も投影された。例えば、沖縄バプテスト連盟だけを見ても、日本バプテスト連盟がアメリカ軍統治下の沖縄伝道を「国外伝道」と位置づけたことなど、沖縄と日本本土の教会の間には、歴史認識の不一致がある。また、基地に批判的なアメリカ人宣教師の解任問題において、一部の牧師たちはアメリカの宣教団体に対して、民主的な教会運営、教会の自主独立、信仰・良心の自由を主張した。このように、戦後の沖縄の教会は常に政治的問題にも晒されてきた。

異文化の宗教を信仰することは、信者ではない家族・親族との間に葛藤を引き起こす。馴染みのない宗教的価値観はホスト社会の正当性を揺さぶるのである。また、宣教する側とその宗教を受容する側との間には、教義理解や受容形態の差異が生じる。しかし、土着化の過程で生じた葛藤や差異への取り組みこそが適応への道を見つけ出してくれる。信者たちは、彼らの生活世界において実践可能な信仰を積極的に創り出すのである。そのような彼らの受容を「骨抜き」の信仰と理解せず、多様な文化を包み込んだ宗教的豊穣として捉えると、信者たちのアクチュアルな信仰が理解できるのではないだろうか。 （吉野航一）

▷3 バプテスト
プロテスタントの一派。聖書を唯一の拠り所とする福音主義である。17世紀にイギリスで生まれるが、現在はアメリカで最も大きなプロテスタントの1つである。主な団体として、日本には日本バプテスト連盟と日本バプテスト同盟、沖縄には沖縄バプテスト連盟がある。

参考文献
安齋伸、1984、『南島におけるキリスト教の受容』第一書房
窪徳忠編、1978、『沖縄の外来宗教』弘文堂
マリンズ, M.、高崎恵訳、2005、『メイド・イン・ジャパンのキリスト教』トランスビュー
谷富夫、1994、『聖なるものの持続と変容』恒星社厚生閣

V 土着信仰とシンクレティズム

② 先祖祭祀

① 先祖祭祀の原型

　先祖祭祀とは，自らが所属する集団に影響を及ぼしていると考えられている祖先への信仰に基づいて，子孫によって行われる儀礼，行為の宗教体系のことであり，アフリカや東アジアなどの地域に広く見られる。日本の先祖祭祀は，儒教と仏教の影響を受けているが，仏教の影響のほうが強い。

　儒教の先祖祭祀では，父母への恩に報いる孝という考え方が根本にある。生前だけではなく死後でも孝が継続するからである。しかしそれだけではなく，先祖の加護を願い，構成員の平穏を感謝し，幸福を祈ることでもある。

　日本の先祖祭祀は，「家」と密接な関係に基づいている。この「家」とは，過去から未来にわたっての継続性が期待され，夫婦関係とは異なる同族的結合体を指す。「家」の継続は直系相続であるが，血縁者が断絶すれば夫婦養子のように，非血縁者によっても担われてきた。「家」は血縁よりも継続が重視されるのである。この「家」の継続こそが先祖祭祀の前提となっている。先祖祭祀は，「家」の構成員によって継続的に行われることが期待され，「家」の継続を祖先の守護によるとみるからである。そのため祖先は，ヘルマン・オームスのいうように，特定の死霊に限られず，比較的新しい死者，特別に「家」に関係した死者など様々なバリエーションを持つのである。それは，過去の世代・血統の意識と範囲を明確にする儒教と違って，「家」の継続に関わった人々を重視するからである。

　先祖祭祀が仏教と密接に結びついているのは，江戸時代の檀家制度（寺請制度）の成立にある。この檀家制度により，各「家」は檀那寺を持たされたのであった。結果，「家」と仏教は密接な関係をもち，先祖祭祀も仏教的な色彩が濃くなっている。しかし，先祖祭祀での仏教のあり方は変容されている。例えば，死者のことを「ホトケ」というが，この考えは本来，仏教にはない。仏教において仏陀（ホトケ）とは，現世において無限の輪廻転生を解脱し，一切の煩悩を除去する静寂な状態，すなわち悟りを意味する。しかし，一切の苦楽が輪廻転生するのではなく死をもって終わることから，肉体の死をホトケと解釈し，死者とホトケとを融合させたのである。

　祖先とは，長い祭祀儀礼によってなる祖先神を表している。葬式の後，最初の7日目である初七日を含めて，7日毎の供養が計7回行われ，49日目の四十

▷1　日本の先祖祭祀は，地域差が激しく，一様ではない。以下の記述は，概括的な先祖祭祀の記述である。

九日で終了すると喪が明け（忌明け），死者（ホトケ）の霊魂は祖霊になる。49日間を仏教では，霊魂が，中陰という来世へ移る前の空間で過ごす期間を表しており，49日目に霊魂の運命が決定するとされている。その間の供養は，霊魂が迷わず来世に行くように祈る親族の追善供養である。しかし，祖霊は来世に行くのではなく，現世に関わりを持つとされているので，49日目に霊魂が祖霊化すると考えられる。もっとも，現在では，初七日と四十九日のみに簡略化されているところが多い。そして，後には三種の祭儀が行われる。第1は，毎年の命日に行う祥月命日。第2は，月々の命日に行う毎月命日。しかし現在では，盛大に行われず，また長続きもしない。第3は，7，13，17，27，33，50年目に行う回忌である。このときは，親類・縁者を呼んで盛大に行われる。このうち三十三回忌あるいは，五十回忌を「弔い上げ」といい，ようやく祖霊は祖先神になる。また，個別の霊ではなく全体としての祖霊や祖先神に対する法要として，毎日の仏壇への供養，春と秋の彼岸，盆がある。ただし，新たな霊にとっての1年目の「初盆」は他の霊から区別され，特別な供養が行われる。

以上から，先祖祭祀は，祭祀によって死者を「家」の守護的な存在である祖先にして，「家」の存続を願い，また，そのような祖先に対して「家」構成員の平穏を感謝し，よりよき生活を祈る「家」の宗教である，といえる。さらに，祖先に対する様々な祭祀には，「家」にゆかりのある人々が集うことで，「家」構成員の結合を再確認する側面もある。

2 先祖祭祀の行方

先祖祭祀は「家」との関連が深いものであった。それゆえに，「家」の変質とともに先祖祭祀も変質することになる。特に，戦後の高度成長期の人口移動による核家族という家族形態の増加は，「家」の先祖祭祀を根本的に揺るがせ，「家」の宗教ではなくなってきている。このような状況に対して，ロバート・J・スミスは，この家族形態の変化の結果，人々が自らの親族たちを選択し，結果として「家」の祖先よりも，近年故人となった親族にのみ愛情を表現するという供養主義（メモリアリズム）の崇拝を指摘している。さらに，現在では，少子化によって先祖祭祀の継承が困難になっている。少子化によって，跡継ぎの確保が困難になったとき，「家族」の存続は不可能になるからである。

先祖祭祀は，戦後「家」制度の衰退によって，核家族という小家族へと範囲が縮小して存続している。今後，先祖祭祀は少子化によって，更なる変質を避けられないだろう。▷2 先祖祭祀は，現代社会のなかでの家族のあり方に左右されるのである。しかし，変質しつつも先祖祭祀は，身近な人の死を想うかぎり継続していくと思われる。

（新矢昌昭）

▷2 例えば，少子化の問題は，今後，先祖祭祀と関係の深い墓の継承にも影響を与えるだろう。

参考文献

オームス，H.，1987，『祖先崇拝のシンボリズム』弘文堂

スミス，R. J.，前山隆訳，1981・1983，『現代日本の祖先崇拝』上・下，御茶の水書房

竹田聴州，1996，『祖先崇拝』『日本人の「家」と宗教 竹田聴州著作集第6巻』国書刊行会

森謙二，2004，「祖先祭祀の変貌」清水浩昭・森謙二他編『家族革命』弘文堂，38-53

道端良秀，1976，『仏教と儒教』レグルス文庫

V 土着信仰とシンクレティズム

3 山岳信仰

1 山の神聖性

　古来，山は神聖なるものと考えられてきた。富士山を典型とする秀麗な山容を仰ぎ見，遠望して，また時に噴火する山の圧倒的な姿に接し，人は山それ自体を神と見なして畏敬の念を抱いてきたのである。

　さらに山は神や祖霊の鎮まるところと考えられてきた。農耕に不可欠な水は山から流れ出てくるが，その水を供給してくれる神が山に住むと人は信じ祈りを捧げてきたのである。また人は死後，その霊魂が山へと向かい，そこで残された子孫による供養を受けるうち浄化されカミへと変じ，正月（春）や盆に子孫を見守るべく人里を訪れると信じられてきた。山はまさに他界であった。

2 修験道の展開

　山を神と捉え山中を他界とする観念は，多くの修行者たちを山へと向かわせることとなった。そして道教や仏教，わけても密教と融合して，日本独自の信仰体系である修験道が展開されることになる。蔵王権現を主尊とする修験道の祖は7世紀に活躍した役小角（役行者）とされている。彼は鬼神を使役し空を飛んだ超人と伝承され，いまなお修験者たちの憧憬の対象である。役小角にかぎらず，日本各地の霊山には開祖の伝説が伝えられており，白山の泰澄，出羽三山の蜂子皇子などがそれにあたる。弘法大師空海もまた，この系譜に連なる存在であろう。やがて中世に至り，修験道は**醍醐寺**を拠点とする真言宗系の当山派，**聖護院**を拠点とする天台宗系の本山派へと二分され，全国の霊山はどちらかに属するようになって，組織化が進行してゆく。こうした状況下，修験者は山に伏し瀧にうたれて神霊に接し，超自然的な力（験力）を身につけ，その力で庶民の切なる願いに応えることをもっぱらとしてきたのである。

3 山岳修行の大衆化

　近世になると，「**講**」を結成して山岳登拝し修行する庶民の活動が顕著になってくる。いまも東京の市中に残る富士塚は，指導者（先達）に導かれて富士に修行した庶民たちが自らの居住地の近くに盛り土して築いた彼ら独自の霊地である。中部地方にあっては木曽御嶽山への登拝が大衆化し，そこで修行する講の活動は地域社会に定着して，いまもシャーマニスティックな実践が行わ

▷1　水分の神。なお，奈良県吉野にある子守神社の「子守」は「みくまり」が変化したものである。

▷2　醍醐寺
京都市伏見区にある真言宗醍醐派の総本山。

▷3　聖護院
京都市左京区にある本山修験宗の総本山。

▷4　講
元来は仏典研究のための集会を指したものであるが，ここでは特定目的（巡礼，祭礼執行など）達成のため，任意の信仰に基づいて結成された集団と解される。

▷5　V-6 参照。

れている。役小角が蔵王権現を感得したといわれる奈良県吉野郡の大峯山・山上ヶ岳への登拝講も大阪方面を中心に数多く結成されて，現在もその活動は健在である。山上ヶ岳で行われる，絶壁を攀じ登り，また絶壁から身を乗り出しての捨身の修行は時にマスメディアで報道されることがあり，一般にもよく知られたものであろう。これなどは，山ならぬ里に暮らす男児の成人のための儀礼としても広く行われてきたものである。

　講に所属する者のほとんどは一般人である。彼らは講主催の信仰登山にあたり，また寺社の祭礼において柴燈（採灯）護摩[6]を執行する際，普段着を脱いで山伏姿となる。屋外に材木を井桁に組み，そこに投じられ炎に包まれる護摩木に向かい読経する修験者の姿を立ち昇る白煙のなかに見つめ，自身も祈った記憶はないだろうか。これは寺社所属の僧侶・神官による儀式ではなく，講員による。このように講は，職業宗教家を欠きながらも独自に行事を執行し独自の施設を有する場合すらある，独立性の高い宗教集団と認識できるのである。

図V-3-1　大峯山での捨身修行（西の覗き）

[6] 真言宗系では柴燈，天台宗系では採灯の字を使用する。式次第についてはほぼ同じである。

④ 山岳信仰系新宗教の登場

　幕藩体制が弛緩し始めた時代，山岳修行の講は独立を果たすようになる。先述の富士講からは実行教，扶桑教，丸山教などが成立する。また御嶽講からは御嶽教が登場するに至る。大峯山系での修行者のなかからも多くの新宗教教祖が登場している。さらに第2次世界大戦後に信教の自由が憲法によって保障され，宗教法人法が施行されると，この山岳信仰系新宗教の形成が助長されるようになる。その規模の大きいところを挙げれば，真如苑，解脱会，阿含宗，念法真教[7]といったところである。また，例えば戦後に天台宗から独立した金峯山修験本宗には，山岳修行により霊力を得たと公言する民間宗教者が多く所属し，宗派の教義に則りつつも独自の（ミニ新宗教的な）活動を展開している。

[7] 公称信者数は真如苑で約82万，解脱会18万，阿含宗32万，念法真教が51万人である。

⑤ 山への信仰の現在

　エコロジーという考え方が広がりを見せるにつれ，自然との触れ合いに価値を見出す現代人が増えてきている。幾つかの修験系寺院・教団は「体験修行」の勧誘情報を自身のホームページに掲載しており，それを閲覧して志願し，一種のエンターテインメントとして，山の霊気に包まれて自分を鍛え自分を見つめ直す契機とし，さらには霊力を獲得・発展させることを望んで山に向かう者も少なくない。古代から現代まで，山岳への信仰は日本人の間に連綿と受け継がれてきている。山は現代人が，多忙で効率至上主義的な日常生活からの一時の離脱を考えるとき目指される身近な他界なのである。

（三木　英）

参考文献

五来重，1970，『山の宗教＝修験道』淡交社

宮家準，1978，『修験道——山伏の歴史と思想』教育社

宮家準，2004，『霊山と日本人』日本放送出版協会

V 土着信仰とシンクレティズム

4 御利益信仰

1 御利益信仰への視点

　私たちが日常生活を送るなかで，生活に伴い様々な悩み事が生じる。健康に関する悩み事や，金銭に関する悩み事など，私たちの日常生活において何もトラブルが生じないということはないだろう。こうした生活上の悩み事に対して宗教的行為によって解決を試みようとする，生活者の現世利益の成就を目的とする信仰を御利益信仰という。この御利益信仰を考える視点の1つとして，民俗信仰という考え方がある。桜井徳太郎によると，民俗信仰には原始的で素朴な信仰の系譜を持つものから，仏教などの伝播と土着化の過程において派生したもの，人間の行動に方向性を与える予兆や禁忌に関する対応のしかた，占術や呪法をとおして展開する信仰など，多様な信仰形態が含まれるとされている。ここでは民俗信仰という考え方に基づいて御利益信仰について述べていく。

　民俗信仰に基づいて御利益信仰を考える場合，宗教の土着化による信仰の変化や外来の宗教に従来の宗教が影響を受けた事例を，その要素として挙げる事ができるが，それだけではない。長い歴史のなかで民衆の生活の中に沈殿してきた宗教性や，仏教の僧侶などといった専門宗教者たちの活動の痕跡，山の神・水神など自然環境に関わる霊威への信仰，神憑り・託宣など神霊や死霊との直接交流による儀礼的実践も，御利益信仰を構成する要素の1つと考えられる。御利益信仰とは，様々な要素が関わりあい，1つの御利益信仰として成立しているのである。また，歴史宗教などに見られる一神教や人間の罪といった普遍的な理念を中心に救済を説くのではなく，地域社会に根ざした聖地や特定の象徴物，身近な人間関係の霊性に結びついた，実践や救済の技法などを重視するのが御利益信仰の特徴といえる。

2 現代社会と御利益信仰

　現代社会において，私たちはどのように御利益信仰と関わりを持っているのであろうか。高度経済成長以後の日本のように，人口の多くが農村を離れて都市に暮らすようになると，御利益信仰は一般生活者の現実態としてよりも，むしろ都市的空間を生きる人たちのノスタルジーを満たす表象や，地域のアイデンティティを再確認するためのイメージとして活用される事が多くなる。例えば，悪霊の憑依，怨霊のたたり，死者のよみがえり，学校の怪談など，御利益

▷1 「民俗信仰」には「民間信仰」「庶民宗教」「民俗宗教」など論じる内容によって様々な表記があり，研究者のそのときの視点によって定義も様々である。ここでは「民俗信仰」という表記に統一した。
▷2 桜井徳太郎，1966，『民間信仰』塙書房，16-17

信仰と関わりのある宗教的な現象が，小説や映画などのメインテーマとして取り上げられることがある。また，「民話のふるさと」や河童・天狗など「民俗的」なテーマが，町おこしの起爆剤として用いられる事もある。こうした事は現代における御利益信仰の再活性化と考えることができる。

また，島薗進がいう「**新霊性運動**」を支えていく要素の1つとなる事も，現代の御利益信仰の展開において重要な要素となっている。近代主義の中で未開の土着信仰，野蛮な迷信などとして軽蔑されてきた神話や習俗が，むしろ冷酷な近代知を乗り越え，自然環境との調和を取り戻す「救い」や「癒し」の技法として再評価されるようになる。こうした傾向は，「霊能力」「呪術」への関心の高まりや，「スピリチュアリティ」という言葉で示されるような，超越的・神秘的な体験，そして神仏や高次元の心的次元に意識を結び付けようとする個人の特性と関わりあっている。旧来からあるとされている御利益信仰は，現代人の精神的なニーズに応じながら，その形を変えつつ存在している。

3 新宗教と御利益信仰

新宗教も，いままで述べてきたような御利益信仰の影響を受けている。1970年代以前に成立した新宗教の救済観について考えてみると，信者自身の苦しい生活から幸福な生活へ転換していくことで苦難からの救いを指し示す救済宗教としての性格を持っていた。ここでいう苦難とは「貧病争」という言葉に示されるような生活の中から生じる苦難であり，それは御利益信仰が克服の対象としてきたものである。この苦難を解決することで，そのまま理想の人生，最高の幸福につながるという救済観が新宗教においては展開されていた。そうした救済観を実践していくための方法にも御利益信仰の影響が見られる。例えば，新宗教の儀礼から見ると，世界救世教の浄霊や崇教真光の「真光の業」などがあり，新宗教の儀礼には御利益信仰の遺産を継承・発展させていったものが多くある。

新宗教の動向として，1970年代以降には神秘・呪術ブームの影響を受け，呪術的要素，神秘体験，心身変容などを重視する「新しいタイプの新宗教」が発展した。「新しいタイプの新宗教」の特徴として，その入信動機がいままでの「貧病争」からの救済ではなく，「むなしさ」という言葉に示されるような，精神的な不安の解消へ変化したのは確かであろう。しかし，その信仰をあらわす方法としては，御利益信仰の影響を受けた儀礼が用いられた。この時期に教勢を拡大した「新しいタイプの新宗教」の全てが，同じ傾向を持つ信仰を生み出したわけではないが，なかには御利益信仰を源流とする呪術や神秘体験などを偏重した結果として，極端に現世逃避的，神秘主義的な信仰を形成し，「反社会的」な行動に走る教団もあった。

（渡邉秀司）

▷3　**新霊性運動**
「新霊性運動」とは，「ニューエイジ」「精神世界」といった語が宗教の限定的な文化背景を説明するものであるのに対し「ニューエイジ」のような新しい宗教文化を説明するための通文化的な学術用語として島薗進が提起したものである。

▷4　島薗進，1992，『新新宗教と宗教ブーム』岩波ブックレット，12

▷5　浄霊とは掌から神霊放射線を相手に照射する事で，霊体の曇りと肉体の毒結を解消するといわれるもので，今日的な治療法の対極にある。「真光の業」とは崇教真光の教義に深く関わるもので，神の実在を示す具体的な手段とされている。

参考文献
井上順孝編，2005，『現代宗教事典』弘文堂
山折哲雄・川村邦光編，1999，『民俗宗教を学ぶ人のために』世界思想社

Ⅴ 土着信仰とシンクレティズム

5 ユタ・イタコ

1 日本のシャーマニズムの伝統

　日本の宗教的伝統には，極めて古い時代から現代までシャーマニスティックな要素，すなわち，予言・託宣・卜占・治病などを行うなかで超自然的・霊的存在と直接交渉をするような宗教現象や宗教者が認められる。日本書紀における倭姫命に天照大神が憑依したとする伊勢神宮起源譚などに古代の巫者（シャーマン）のモデルをみることができる。巫者というと巫女が連想されるように女性がシャーマンとなる例が多い。柳田国男は巫女を神社の祭式に携わる神社巫女と口寄せ巫女の2つのタイプに分類した。現在ではいわゆる神社巫女にシャーマン的要素が見出されることがなくなっていることからすれば，日本のシャーマニズムの伝統を形成してきたのは死霊などを憑依させ他界の霊的存在と依頼者を媒介する口寄せ巫女型の巫者だということができる。このようなタイプの巫女は神子，イチコ，イタコ，カミサマ，ゴミソ，ユタ，カンカカリャーなど地域によって様々な名称で呼ばれ，現在も他界や超自然的な世界との仲介を行い依頼者たちの宗教的ニーズに応えている。

2 個人の救済に応える民間巫女：ユタ

　奄美・沖縄といった南西諸島の巫者にはユタと呼ばれる宗教者が存在する。また琉球諸島の各地域の伝統的共同体には村落共同体の宗教祭祀を行う巫女が存在する。この祭司はノロ，ツカサと呼ばれ，琉球王朝時代には聞得大君を頂点とする神女組織を形成し祭祀を行っていた。ノロ，ツカサが村落共同体レベルの宗教的ニーズに応える巫女である一方で，個々人の不安や宗教的ニーズに応えるかたちで，災因の究明，治病や予言，祖先の口寄せを行ってきたのがユタである。ユタの多くは女性であり，柳田の巫女の類型論からいえばノロ，ツカサが神社巫女，ユタが口寄せ巫女にあたる。しかしながら，ノロ・ツカサのなかにもユタと同様に神霊との直接交渉ができる巫者が存在する例もある。

　ユタの成巫過程では，まず幻聴や幻覚，夢を伴う心身の異常体験，いわゆる巫病を経ることが共通する。このような心身の苦痛を伴う過程はカミダーリィと呼ばれ，神・先祖の声などによって召命される体験を経てユタとして成巫していく。カミダーリィを通してユタとして成巫することは一端崩壊した自己を神霊の世界と日常世界を結ぶ媒介者・宗教的人格として再統合する過程でもあ

▷1　柳田国男，1990 [1913]，「巫女考」『柳田國男全集』第11巻，筑摩書房。

▷2　ユタの他に地域によってムヌス，カンカカリャー，ウガンサーなどの呼称があり祭儀の形式にも差異が見られる。

▷3　ユタになる人物は，「生まれながら霊力を感得する力にたけた人」を意味する「サーダカウマリ」などと称される。

る。この成巫過程において，仕えるべき神や祖霊が決まり，その神霊の指示によって個々のユタの祭式の形態が選び取られ，ユタとしてのアイデンティティが確立・維持される。また成巫する段階で多くは先輩格のユタに付いて独り立ちしていくことを学びとり，伝統的な宗教的世界観と矛盾しない独自の世界観を形成していく。ユタは依頼者の求めに応じ，祭壇のまえで祈願や祭儀，憑依を行い，依頼への応答となるハンジ（判断・判定）を行う。

ユタという呼称は一般化しているが，この語には幾分差別的なニュアンスが含まれている。このことは琉球諸島においてユタが琉球王朝時代から近代に至るまでたえず弾圧・抑圧されてきた歴史と関係する。17世紀後半からユタは大衆を惑わすものとして禁じられていた。このような抑圧は19世紀末の琉球処分・廃藩置県の時期のユタ禁止，大正期の「ユタ征伐」，昭和10年代の警察による「ユタ狩り」，戦時体制下での弾圧と続く。近年では位牌継承に際し男系の祖先祭祀を重んじるユタの論理が時代遅れのものとして批判された。これらの約300年近くにわたる禁圧・抑圧の歴史はユタを社会の裏舞台に押しやる結果となり，現在ではその正確な人数も把握できないほどである。しかし，その存在が消滅することはなく各地のユタのもとには多くの依頼者が現在でも訪れている。また，ユタのなかには教団化を行う事例も見られる。

❸ 東北津軽地方のシャーマン：イタコ

イタコは東北地方を代表するシャーマンとしてよく知られている。イタコは「巫病」を経て成巫するのではなく，全盲ないし極度の弱視の女子が初潮前に師匠につき，経文や祭文の習得，修行，入巫儀礼を経た後成巫する。この成巫過程を経て神降ろしができるようになると，独立したイタコとして集落へ赴き，死者の口寄せ，祈祷，占い，託宣などを行う宗教的職能者となる。恐山の大祭，川倉地蔵堂などでは死者の霊を降ろすホトケ降ろしを行うなかで依頼者の親族の死者たちの声を媒介する。

東北地方にはイタコの他にカミサマ，ゴミソなどと呼ばれる巫者が存在する。これらの巫者たちも沖縄のユタと同様に社会的には周縁にとどまりながら庶民の宗教的な希求に応答してきた存在であるが，東北地方の巫者はイタコ系とカミサマ系とに分類され，イタコ系が組織を形成しそれぞれが商売として口寄せを行うのに対し，カミサマ系の巫者は個人の精神的・肉体的苦悩をきっかけに信仰の道に入り，修行を経て神霊・祖霊との直接交渉ができるようになった巫者である。従来カミサマは口寄せを行わなかったがイタコの継承者の減少に伴ってカミサマ系の巫者にもホトケ降ろしを行う者が出てきており，依頼者の要求に応えるようになってきているとされる。

(平良　直)

▷4　ユタとして成巫した初期の段階では霊媒型であったものが，年を経るにしたがい予言者型に移行していくのが一般的であるとされる。

▷5　大橋英寿，1998，『沖縄シャーマニズムの社会心理学的研究』弘文堂，によれば，このような弾圧の波は琉球・沖縄が「薩摩侵入」（1609年），「琉球処分」（1879年），「沖縄戦」（1945年），「本土復帰」（1972年）などの対本土との関係で社会状況が変容する時期に起こっているとされる。

参考文献
桜井徳太郎，1973，『沖縄のシャマニズム』弘文堂
川村邦光，1991，『巫女の民俗学──〈女の力〉の近代』青弓社
池上良正，1992，『民俗宗教と救い──津軽・沖縄の民間巫者』淡交社
大橋英寿，1998，『沖縄シャーマニズムの社会心理学的研究』弘文堂

V 土着信仰とシンクレティズム

6 御嶽講の御座立て

1 御座立てとは

御嶽講とは，長野・岐阜両県にまたがる木曽御嶽（3,067m）を信仰の対象とする人々によって組織された信仰集団であり，関東・中部地域を中心に全国各地に分布している。個々の御嶽講は御嶽教（奈良県）や木曽御嶽本教（長野県）などの教団に所属しながらも，各講が個別の講祖を持ち，その講に独自の教義や儀礼，行法を受け継いでいるのが一般的である。そのため，各講自体が宗教的組織として完結した存在ともいえ，教団による組織的統一が難しいとされている。

その御嶽講において行われている神降ろしの巫儀が御座立てである。幣柱を手にした中座と呼ばれる行者と前座と呼ばれる行者が対座し，神霊統御役の前座が九字を切って座を浄めながら中座の身体に神霊を降ろし，憑依した神霊の託宣を聞くというものである（図V-6-1）。前座による神憑けが始まりしばらくすると，中座の身体がピクピクと痙攣し始め，握られた幣柱が左右に揺れる。そして幣柱がバサバサと音を立てて一層激しく揺れ，中座の額まで上がって停止すると神霊が憑依した合図となる。このとき中座の目は吊り上がり「眼開き」といわれる白目の状態になる。このように"神霊の容れ物"となった中座は忘我状態にあるため，常態である前座が降臨した神霊の託宣を聞き，神霊と信者の取次ぎをする。このように中座が自らの身体に神霊を受け容れ，託宣を始める（口開き）までには相当な修行が必要とされ，「千座やって一人前」とまでいわれる。また，御座の最中に低位の悪霊が中座に憑き，人格や生命を奪うおそれもあるため，中座の生命を預かる前座にも厳しい修行が求められている。御座立ての基本的な流れは各講であまり差異はないが，使われる法や行者の所作，降臨する神霊の種類やタイミングなどは各講に固有の伝統があり，多種多様である。そのため，「座は百色」ともいわれる。

2 御座立ての歴史

御座立ての起源については，従来から諸説あった[1]。しかし，近年関東地域において史料調査が進み，江戸後期に木曽御嶽を大衆開放した二大開山の1人，江戸の本山派修験である普寛の行った巫儀にその淵源があることが明らかになってきている。彼は，災厄の元となっている死霊・生霊を霊媒に憑依させ成

▷1 ①修験者の憑祈祷の流れを汲む（宮家準，1985，『修験道思想の研究』春秋社），②木曽山伏の憑座が踏襲された（宮田登，1978，「近世御嶽信仰の実態」鈴木昭英編『山岳宗教史研究叢書9 富士・御嶽と中部霊山』名著出版），③大衆開放以前の御嶽道者の修行法に修験や民間の行法が加わり形成された（菅原壽清，2002，『木曽御嶽信仰——宗教人類学的研究』岩田書院）などがある。

▷2 近年中山郁により，普寛による憑祈祷伝授の切紙（埼玉県高麗神社）や託宣記録（埼玉県両神村御嶽神社）の調査が進められている。

仏や調伏を行なう修験の憑祈祷を起点としながら工夫を重ね，より高次とされる神仏を中座に降ろすことに成功した。そしてこれが，神仏や霊神（御嶽行者が死後神格化したもの）を降ろす現在の御座立ての原型になったと考えられている。その後，普寛によるこの神降ろしの巫儀は明治初期までに弟子たちによって各地に伝わったと考えられ，明治24年，外国人として初めて木曽御嶽に登頂したウォルター・ウエストンやパーシヴァル・ローエルの著書にも，現在の御座立てと酷似する神降ろしの模様が詳述されている。[3]

3 信者と神霊をつなぐもの

　御座立てで降臨する神霊には御嶽大神を頂点とする一定のヒエラルキーが存在し，低位にある神霊ほど降臨し易く，高位の神霊ほど降臨しにくいとされる。そのため，講の月並祭など日常的な祭礼の御座立てでは講祖や講の歴代霊神など，比較的低位で信者にとって身近な神霊が降臨し，御嶽山中や特別な祭礼の御座立てでは御嶽大神や主要眷属神仏などより高位の神霊が降りる傾向にある。

　降臨した神霊が行う託宣には，神霊が一方的に意思を述べるものと，信者側からの「おうかがい」に回答するものと大きく分けて2種類ある。前者では，参拝に対する謝辞や今後予定されている行事への激励の言葉，災厄の予言や加護の約束などが信者に向けて発せられ，後者では，家庭不和や仕事の悩み，病気の身内の今後など，信者から発せられた様々な相談や質問に神霊が答えるという形式がとられる。

　信者たちは，「生き神」と化した中座の口から発せられる言葉を，神霊が直接語りかける言葉として傾聴し，その中座が患部に加持を与えれば，神霊が手ずから患部を癒してくれたと感ずる。通常目には見えない神霊が，中座の身体を通して信者の前に立ち現れるようなものである。つまり，御座立てという巫儀を有する御嶽講の信者にとって，神霊はコミュニケイトすることが可能な身近な存在なのである。そして，このような神霊との頻繁な交感が，様々な情報が溢れ，かえって心の拠り所を見失いがちな現代社会においても信者の心をつなぎ止めている。各地の山岳講が次第に衰退していくなか，御嶽信仰がいまも「生きた信仰」として継承されている大きな要因の1つが，この御座立てにあるといっても過言ではない。　　（小林奈央子）

図V-6-1　御嶽山内での御座立て（手前が前座，奥が中座）

▷3　ウエストン，W., 岡村精一訳，1953，『日本アルプス――登山と探検』創元社．Lowell, Percival, 1895, *Occult Japan, or the Way of the Gods: an Esoteric Study of Japanese Personality and Possession*, Boston : Houghton Miffilin Company.

参考文献
菅原壽清，2002，『木曽御嶽信仰――宗教人類学的研究』岩田書院
中山郁，2005，「木食普寛の祈祷活動と御座儀礼の成立」『神道宗教』199, 200 : 227-244

V 土着信仰とシンクレティズム

7 ラテンアメリカの宗教とシンクレティズム

1 黒人奴隷制とシンクレティズム

ラテンアメリカでは、16世紀以降、アフリカから労働力として黒人奴隷が組織的に導入された。その数は、ブラジルで350万人、かつてのスペイン領全体で300万人、イギリス・フランス・オランダ領で計350万人だと推定される。17世紀中頃まではブラジルを除く大陸部を、それ以降はカリブ海地域を中心に奴隷貿易が盛んに行われた。その結果、現在のハイチのように比較的均質なエスニック集団を形成するようになったところもあるが、ブラジルのように白人や先住民との混血が見られる場合も少なくない。

今日、ラテンアメリカで見られるアフロ・アメリカン宗教はカトリシズムの強い影響と、定着することになった地域の人種構成や歴史的特殊性のもとで形成された混淆的なものである。このような異種混交的な文化のありかたをシンクレティズムと呼ぶ。なかでもアフロ・アメリカン宗教は神々や精霊などが人間に憑依するのを特徴としていることから憑依宗教と呼ばれることがある。

ブラジルの場合、黒人奴隷は主としてサトウキビ・プランテーションが盛んな北東部に導入された。バイーア州サルバドール市はその代表的な都市であり、アフリカ文化の影響が多分に残っている。そこにはアフロ・ブラジリアン宗教であるカンドンブレーがある。同様の宗教がペルナンブコ州ではシャンゴー、マラニョン州ではタンボール・デ・ミナと呼ばれる。

アフロ・アメリカン宗教は黒人奴隷の社会的地位の低さにたいする異議申し立てであると解釈されたこともある。ブラジルでは国民国家建設を進める過程において、アフロ・ブラジリアン宗教を後進性の象徴と位置づけ、取り締まりの対象にした時期もあった。そのため、現在も後進的とステレオタイプ化されることが多い。しかし、いまでは黒人系以外の人々にも受容されていることから、国家統合の機能を果たす宗教であると評価されることもある。近年ではアフロ・ブラジリアン宗教がブラジルのみならず隣国アルゼンチンやウルグアイ、さらにヨーロッパでも受容されるようになっている。

一方、ジャマイカで1930年に起こった**ラスタファリ運動**は、旧約聖書に基づきながら、黒人優越主義、アフリカ帰還を唱えていた。ジャマイカ出身の宗教研究者レナード・E・バレットはこれを**千年王国運動**の1つとして見なしている。また、19世紀前半には自由人となった元黒人奴隷がブラジルからナイジェ

▷1 **ラスタファリ運動**
（Rastafarianism）
1930年代にジャマイカの貧困層を中心にして生まれた宗教運動。エチオピア帝国最後の皇帝ハイレ・セラシエは神であり、古代イスラエル人の化身である黒人が世界を統治すると考える。その教義に基づく菜食主義やドレッドヘアは、1970年代にボブ・マーレィのレゲエ音楽とともに世界に広まった。

▷2 **千年王国運動**（millennialism）
多くの場合、文化的社会的に窮地に追い込まれた人々が来世志向的終末観に基づいて救済を求める運動で、反近代的・土着主義的な性格を持つ。ラスタファリ運動の場合、現世救済を希求する側面も強く、千年王国運動と見なすかどうかは評価の分かれるところである。

リアに帰還してカトリックの信者組織を設立し、ポルトガル語やブラジル文化を伝えていたことが知られている。

2 シンクレティズムの諸相

黒人奴隷は強制的に洗礼を受けさせられ、カトリック教徒に改宗させられた。彼らの婚姻は教会で行われ、彼ら独自の信者組織（講）が結成された。講によって異なる守護聖人が定められたが、それらはアフリカの様々な神々（ブラジルではオリシャーと総称される）に結びつけて理解された。これによってシンクレティックなアフロ・アメリカン宗教が生まれたのである。

キューバにはサンテリーアと呼ばれる信仰形態がある。この言葉がスペイン語のサント（聖人）の派生語であることからも理解できるように、そこではカトリックの聖人がアフリカの神々と同一視される。ブラジルのカンドンブレーに相当し、ヨルバ系の信仰実践を基盤とする。例えばサンテリーアで崇められるジェマジャー（Yemayá）はカンドンブレーではイエマンジャー（Iemanjá）だが、キューバでは「法の聖母」（Virgen de Regla）、ブラジルでは「受胎の聖母」（Nossa Senhora da Conceição）と見なされている。この神は水を司り、キューバではハバナ湾の守護聖人、ブラジルでは海の守護神として称えられている。

毎年12月8日、ブラジル北東部のレシーフェ市では受胎の聖母に祈りが捧げられるが、夜にはアフロ・ブラジリアン宗教の拠点（テヘイロ）でイエマンジャーを歌や踊りで称え、供物を海に捧げるという儀礼が行われる。

アフロ・ブラジリアン宗教は、20世紀に入ってからヨーロッパの**心霊主義**であるカルデシズムや先住民の宗教とも習合し、リオデジャネイロを中心とする南東部でウンバンダを生んだ。ウンバンダは、救いは慈善活動を行って霊的に成長することによってもたらされるが輪廻転生と因果律の制限も受けるというカルデシズムの世界観を引き継いでいる。霊の浄化には、パッセ（passe）と呼ばれる救済の業も用いられる。オリシャー、プレット・ヴェリョ（黒人奴隷の霊）、カボクロ（先住民の霊）などを礼拝対象とし、それらの諸霊に憑依された霊媒たちが信者の悩み相談に応じる。アフロ・ブラジリアン宗教はブラジルの近代化のなかで邪教視され、その活動を合法化するために組織化・連盟化が図られたものの、各テヘイロの自律性は高い。　（山田政信）

図V-7-1　ウンバンダ信者
イエマンジャーが憑依した女性をとりかこむ様子。

▷3　**心霊主義**（spiritualism）
霊界との交信が可能であると信じ、いわゆる心霊現象を科学的に解明しようとする傾向を持つ。日本では明治期に伝えられ、大本教の教義にも援用された。現在では「こっくりさん」として一般にその名残が残っている。神霊主義、降神術、交霊術などとも訳される。

参考文献
ルイス、I. M.、平沼孝之訳、1985、『エクスタシーの人類学——憑依とシャーマニズム』法政大学出版局
バレット、L. E.、山田裕康訳、2005、『ラスタファリアンズ——レゲエを生んだ思想』平凡社
古谷嘉章、2003、『憑依と語り——アフロアマゾニアン宗教の憑依文化』九州大学出版会

V 土着信仰とシンクレティズム

8 プロテスタント教会における憑依文化

1 プロテスタント教会の伸展

ラテンアメリカ，アジア，アフリカなどの第3世界の国々では，近年，プロテスタント教会の活動が活発である。カトリシズムの牙城とされるラテンアメリカ全体で1990年代にプロテスタント人口が10％に達し，世界一のカトリック人口を擁するブラジルでも2000年には15％を超えた。それらはルーテル派やメソジスト派といった歴史的プロテスタント教会ではなく，20世紀初頭にアメリカで始まった**ペンテコスタリズム**の流れを汲む教派である。

この教派はラテンアメリカの国や地域に伝えられ，低所得者層を中心に広がった。ブラジル，チリ，中米での活動が目立つ。ブラジルの場合，廃業した映画館のような施設が集会場に改装され使用されていることが多く，カトリック教会を中心として出来上がっていたかつての空間的秩序を打ち壊すほどの勢いがある。

フランスの宗教研究者ジル・ケペルは，1980年代以降世界各地で顕著になった再イスラム化，再キリスト教化，再ユダヤ化など宗教勢力の台頭に着目したが，ラテンアメリカにおけるペンテコスタリズム化はそれに比肩すると考えられる。

▷1　ペンテコスタリズム
（pentecostalism）
ユダヤ教の祝祭日（ペンテコステ）に聖霊が降臨するという信仰を受け継ぎ，聖霊の働きによって病人を癒し，悪霊を追い祓い，祝福を与え，奇跡を起こすことが信じられている。

2 ペンテコスタリズムと憑依文化

ペンテコスタ派のなかでもブラジルで社会的プレゼンスが極めて高いのがユニバーサル教会である。同教団は1977年に生まれ，わずか20年足らずでプロテスタント諸教会では3番目の大教団に成長した。信者数が多いのみならず，政界に有力な信者を送るほか，テレビ，ラジオ，出版業，さらに建設業や観光業など多角的に企業を経営する母胎になっている。

同教団は，これまで何かと物議を醸すことが多かった。爆発的な伸展を傍観する人々から，集会では信者に献金を強要し憑依文化に根ざした悪魔祓いをしていると批判されることも多い。また，信者をマインドコントロールしているともいわれる。礼拝のテレビ中継でも憑依した信者を牧師が悪魔祓いをしている映像が映し出される。ここで悪魔と見なされるのはアフロ・ブラジリアン宗教の神々である。

ブラジルでは，貧困，病気，夫婦問題などの苦難からの救いをアフロ・ブラジリアン宗教に求める人が少なくない。だが，ユニバーサル教会のように近年

V-8 プロテスタント教会における憑依文化

信者数を増やすプロテスタント教会は，それらの問題はアフロ・ブラジリアン宗教の悪魔にそそのかされ騙された結果惹き起こされたものだと説明し，「イエスの名において」追い祓う。ここには，ブラジルの因習的なアフロ・ブラジリアン宗教を求める人が多ければ多いほど，ユニバーサル教会の信者が増える可能性が高まるという構図が存在する。ブラジル産ペンテコスタリズムの爆発的な伸展は，民衆におけるアフロ・ブラジリアン宗教の受容度の高さを物語っているといえるだろう。ペンテコスタリズムと憑依文化は，この意味において表裏一体ということができる。

図V-8-1 ユニバーサル教会
ブエノスアイレス市の繁華街に進出したユニバーサル教会。中央に Iglesia Universal という文字が見える。

3 グローバル化と宗教

現在のラテンアメリカは，16世紀にヨーロッパ経済がグローバル化する過程で生まれたといっても過言ではない。ラテンアメリカにおける宗教の諸相も当然のことながらグローバル化によって生み出され続けている。

グローバル化は，単一の価値（観）が世界を席巻する傾向だと見なされることが多い。例えば，アメリカの経済的・文化的価値（観）が敷衍する具体例としてマクドナルド化という考え方がある。グローバル化と宗教というテーマを扱う場合でも，宗教がマクドナルド化しているとの単線的な近代化論に結びつけられることは多い。例えば，ラテンアメリカをはじめとする諸地域におけるプロテスタンティズムの伸展はアメリカの宗教文化を反映するものであり，結果としてその地域を近代化に導くとする議論である。

確かにブラジルのプロテスタント教会ではアメリカのメガ・チャーチを想起させる巨大教団が出現し，牧師のメッセージにアメリカの影響を認めることができる。なおかつそれによって信者のライフスタイルが禁欲的になり資本主義的なエートスを身につけるようになると見なされる場合がある。しかし，実態に即していうならば，そこにはブラジル的な宗教観と実践が組み込まれており，決して単なるアメリカからの移植だということはできない。

イギリスの社会学者ローランド・ロバートソンはグローバル化によって地域ごとに存在する個別性が刺激され活性化する**グローカリゼーション**という概念を提唱している。これは，**マクドナルド化**のような価値の画一化とは異なる。ペンテコスタリズムとアフロ・ブラジリアン宗教の結びつきは，まさにこの事例としてふさわしい。

(山田政信)

▷2 グローカリゼーション (glocalization)
グローバルとローカルから生まれた造語。ロバートソンは，グローバル化は世界を同質化し個別性を抹消してしまう過程というよりも，グローバルに多様性を推進すると考えている。

▷3 マクドナルド化 (McDonaldization)
アメリカの社会学者ジョージ・リッツァは，マクドナルドによる経営戦略が現代世界を席巻し，様々な場所で効率優先・合理化の価値観を浸透させていることを指摘し，この現象をマクドナルド化と呼んでいる。

参考文献
ケペル, G., 中島ひかる訳, 1993,『宗教の復讐』晶文社
ロバートソン, R., 阿部美哉訳, 1997,『グローバリゼーション——地球文化の社会理論』東京大学出版会
山田政信, 2004,「ブラジルにおけるネオペンテコスタリズムの伸展」『宗教研究』78 (342)：71-92

V 土着信仰とシンクレティズム

9 東アジアのシャーマニズム

1 シャーマニズムとは

　シャーマニズム（shamanism）とは一般的に，神霊，精霊，死者の霊などとの直接的交渉を行い，媒介者となることができる特殊な宗教的能力を持つシャーマンを中心とした宗教現象全般を指す。そうした，シャーマンを中心とした儀礼や祭式の形態，世界観，信念体系のほかにシャーマンを信奉する個人や共同体の信仰を含めた宗教現象を包括する概念として用いられるのがシャーマニズムである。

　シャーマンないしシャーマニズムの形態は地域の社会的・文化的状況によって儀礼や祭式形態などに差異があるが，人類の有史から現代に至るまで人間と神霊，精霊，霊魂との交渉形態の1つとして諸民族のなかに普遍的に認めることができ，当該地域の神観念，霊魂観，霊的世界観を分析・理解する手がかりとして人文社会諸科学において研究がなされてきている。

　神霊や精霊などと交渉を行い，人間と霊的存在との間に立つ媒介者となることによって託宣，予言，卜占，治病，霊媒などを行うのがシャーマンの大きな特徴である。シャーマンが神霊や精霊との交渉者・媒介者となるにはそれぞれ独自の儀礼・祭式のもと意識の変成状態，いわゆる脱我，トランス状態を経るのが一般的であり，その霊的存在との交渉の形態には大きく脱魂（ecstasy）型と憑霊（possession）型の2つのタイプがある。ミルチャ・エリアーデはどちらも原初的なシャーマニズムであるとした上で，脱魂型こそシャーマニズムの本質であることを強調したが，この主張に対して，ヨアン・ルイスなどの後の研究者によって各地のシャーマンのタイプの事例報告の分析などから反論がなされ，現在ではどちらがシャーマニズムの本質であるかということは限定することができず社会や文化状況によって異なるという理解がなされている。

　シャーマンは神霊・精霊との媒介者となることから，組織化された宗教組織や共同体社会において超越的なるものと儀礼を通じて仲介を行う宗教的職能者である僧侶などの祭司（priest）と類似した側面がある。両者の大きな違いは，通常祭司は脱魂や憑依によって霊的存在との直接的交渉・媒介を行うことはなく，神的・霊的な対象へ祈願・請願などを行うだけであり，神的・霊的なものの働きかけを人間の側へ仲介したりすることがないというところである。とはいえ，事例によっては祭司がシャーマンと同様に霊的存在との媒介者となる

▷1　シャーマンという語はパーリ語などのサマナ（samana；沙門）からきているという説もあるが，現在では，北東アジアのマンシュー・ツングース（エヴェンキ）系諸民族の宗教的職能者であるサマン（saman）に由来するという説が有力である。日本語では巫女，巫者，巫覡などの語があてられる。

▷2　脱魂型のシャーマンは脱我とともに自らの魂を天空に飛翔させ神霊と接触したり，地下世界の精霊と交渉を行うことによって人間世界に起こっている事象の原因を探し出す。

▷3　憑霊型のシャーマンは脱我のなか霊的存在がシャーマンに憑依し霊がシャーマンを介して託宣や予言，災いの原因などを告げる。佐々木宏幹はこの憑依のありかたを憑入，憑着，憑感などにさらに細かく分類している（佐々木宏幹，1989，『聖と呪力』青弓社）。

▷4　シャーマンが脱魂・憑依おける意識の変成状態を自ら統御できるようになるには修行や巫病と呼ばれる幻覚・幻聴，心身の異常を伴った神や精霊に召命される体験を経る場合が多い。

▷5　エリアーデ, M., 堀一郎訳，1974，『シャーマニズム――古代的エクスタシー技術』冬樹社

▷6　ルイス, I. M., 平沼孝之訳，1985，『エクスタ

ケースや，伝統的な共同体内の祭司組織への加入儀礼においてトランス状態を経た上で霊的存在と接触する場合もあり，厳密な区別ができないケースもある。

❷ 東アジアのシャーマン

中国，韓国，台湾，日本および近接する華人社会地域を含めた東アジア文化圏におけるシャーマニズムは概ね憑依型が主であるが，シャーマンの巫儀の形態は，地域の歴史と社会文化状況によってそれぞれ異なる。

台湾，シンガポール，マレーシアなどの華人社会における代表的なシャーマンは童乩（たんきー）と呼ばれる巫者である。童乩のシャーマンとしての特徴は，童乩に神霊が憑依し霊媒となって神霊が憑依した童乩自身が神そのものとなり，依頼者の除災のために託宣を告げたり，治病を行ったりすることである。華人社会において神霊を媒介する童乩は概ね男性である。台湾では，童乩とは別に，亡くなった者を降霊させる尫姨（あんいい）と呼ばれる巫女が存在する。童乩が神霊を降神し尫姨が亡霊を降ろすという役割分担が社会情勢の変化に伴って崩れてきているともされる。童乩のほかにも中国大陸の50余の少数民族のなかにはそれぞれのシャーマンが存在するとされており，道教と密接な結びつきを持ちながら庶民の宗教的ニーズに応えている。文化大革命のときに多くのシャーマンが弾圧されたにもかかわらず，庶民の社会生活のなかに根強く生き続けてきている。中国や華人社会のシャーマンの多くは憑霊型であるが，中国東北のオロチョン族，満族などには脱魂型のシャーマンも存在する。

朝鮮半島には巫堂（むーだん）と総称されるシャーマンが存在する。巫堂は一般に女性である。半島南部や済州島地域では世襲巫が主であるのに対し，中部（ソウル）地方では神懸かって巫女になる降神巫が多く存在する。巫堂はクッと称される巫儀において，歌舞を行い，憑依による託宣，祖霊，死者の口寄せを行う。巫堂という言葉は差別的な意味を持っており，巫者に対してはソウル地方では万神（まんしん），全羅地域ではタンゴル，済州地域では神房（しんばん）などの語が用いられる。

日本においてもシャーマンは古くから存在し，例えば，修験の祖である古代の役小角などは鬼神を操る呪法を駆使するシャーマン的要素を持っていたことが史料からうかがえる。現代では青森地方のイタコやカミサマ，琉球諸島のユタなどが個人の宗教的ニーズに応える巫者として存在する。日本の宗教伝統の基層にもほかの東アジア地域同様，シャーマニスティックな土壌があり，そのような伝統を背景にシャーマン的宗教者が教祖となり教団を形成する例も少なくない。

このようなシャーマンの伝統は社会の近代化に伴って漸次衰退していくのではないかと捉えられがちであるが，決してそうではない。東アジアの各地域の都市化が進むなかでシャーマンたちは社会情勢の変化に即しながら他で解決できない人々の苦悩や不安に応え続けているのである。

（平良　直）

シーの人類学』法政大学出版局

参考文献

佐々木宏幹，1980，『シャーマニズム──エクスタシーと憑霊の文化』中央公論社

諏訪春雄編，2002，『降神の秘儀──シャーマニズムの可能性』勉誠出版

VI 新宗教の世界

1 欧米の新宗教

1 新宗教とは何か

　欧米における新宗教運動（NRMs：new religious movements）は主に1950年代後半以降に展開した運動を指すことが多いのに対し，日本の新宗教は19世紀後半の幕末・維新期以後に発展した宗教運動を指すのが一般的であり，両者の時期区分には大きな違いがある。

　NRMs の対象となる運動は，伝統的な宗教文化とは大きく異なる信念や実践を持つものである。欧米社会で主流の宗教は，キリスト教のプロテスタントとカトリック，およびユダヤ教であり，その流れからは異端と見なされるキリスト教系のグループ，あるいは非ユダヤ・キリスト教系の宗教集団を NRMs として捉えるのが一般的である。

2 多様な NRMs の展開

　欧米で今日知られている NRMs のほとんどは，アメリカで創設されたもの，あるいはアメリカで発展したアジア系の新宗教であり，ヨーロッパにおける NRMs の活動の大半は，アメリカから伝わったものと考えられる。そうした NRMs の発展が顕著となるのは1950年以後のことである。

　例えば，大衆心理学やスピリチュアリズムを混ぜ合わせたサイエントロジーは，1952年に SF 作家であったロン・ハバードによって創設されている。1955年には，人民寺院がカリスマ的牧師ジム・ジョーンズによりインディアナポリスで設立されている。この運動は1978年に900名余の信者が集団自殺をするという社会問題を引き起こした。さらに，1959年にはサンフランシスコに禅センターがオープンし，文鮮明により創始された韓国系のキリスト教である統一教会も1959年にアメリカでの活動を始めている。

　NRMs の最も活動的な期間は1960年代から1970年代前半にかけてである。当時，アメリカでは既存の社会的価値や規範に異議申し立てをする対抗文化（カウンター・カルチャー）が高まりを見せており，こうしたなかでアジア系の宗教へ関心を寄せ，新たな宗教的探求や実験を行う若者が増加したと考えられる。例えば，インド系の NRMs には，クリシュナ意識国際協会という運動がある。最高神クリシュナへの献身を強調したこの運動は，1966年にインド人のスワミ・プラブパーダによりニューヨークで設立された。また，マハリシ・マ

▷1　日本における新宗教の展開については VI-2　VI-3 を参照。

▷2　アメリカおよび西ヨーロッパにおける NRMs の展開については次の文献に詳しく論じられている。
Beckford, James ed., 1986, *New Religious Movements and Rapid Social Change*, London : Sage.

ヘーシュ・ヨギにより1958年に創始された超越瞑想は，一時，100万人以上のアメリカ人実践者を集めたこともある。さらに，1974年にバグワン・シュリ・ラジニーシ（後年，和尚と呼ばれる）によってインド・プネーで創始され，欧米諸国に広がったラジニーシ・ムーブメントは，1981年から1985年までの間，本拠地をアメリカ・オレゴン州に置いたが，コミューン内外でのトラブルは大きな社会問題となった。

インド系以外では，1975年に創価学会インターナショナルがグアムで設立されたほか，上座仏教の伝統を組むヴィパッサナー仏教やチベット仏教なども欧米社会に普及した。もちろん，キリスト教系のNRMsも登場した。例えば，長らく「神の子たち」と呼ばれた現在の「ファミリー」は，1968年にキリスト教の牧師であったデイヴィッド・バーグにより創始され，信者は共同体生活を重視した特殊なライフスタイルを送っている。

3 NRMsに関する諸理論

NRMsは多種多様であり，その特徴を理解するために宗教研究者たちは，いくつもの理論化や類型化を試みている。

まず，NRMsが発展した理由に関して，一方では現代社会における世俗化の進展を示すものであり，宗教がエキゾチックな消費材となっていることを指摘する論者がいれば，他方ではNRMsの一部は現代の価値規範の危機的状況に対してホリスティックな世界観を提示しており，むしろ社会の聖化の表れであるとの見解もある。いずれの立場をとるにせよ，NRMsの活動を先進諸国における社会・文化的変動への反応の1つとして捉える点では一致している。

思想や組織面においては，例えば，当該社会の道徳の衰退を厳しく批判し，善悪の基準を明確に掲げる二元論的運動（主にキリスト教系新宗教）と，反対に全ての現象の相互連関を強調し，ホリスティックな世界観を提示する一元論的運動（主にアジア系新宗教）に分類する理論がある。前者は一般社会と隔絶した組織を構成し，参加者はフルタイムの熱烈な信奉者となる場合が多い。他方，後者の世界観を持つ運動では，ゆるやかな共同体を形成し，信者は一般社会へ適応しつつ，その集団との関わりもネットワーク型である場合が多い。

NRMsに属する人々についても多くの研究がなされてきている。大半の信者は20代から30代前半であり，白人の独身者が特に多い。学歴は，大学での教育を受けている，あるいは修了した者が大半を占める。また階層は，経済的にゆとりのある家庭の出身者であることが多い。こうした若者の入信は，マスコミでは洗脳やマインド・コントロールにより説明されることが多いが社会学的にほとんど支持されていない。入信には，個人の属性（身体的，精神的，社会的）と状況的要因（個人史や社会・文化的状況）が複雑に関係し，また当事者の積極的な意思決定も関与していることが明らかになってきているからである。　（伊藤雅之）

▷3　伊藤雅之，2003，『現代社会とスピリチュアリティ』渓水社の第4章から第6章において，ラジニーシ・ムーブメントの思想，組織形態の変遷，信者の入信過程を論じている。

▷4　創価学会の海外における活動を研究したものとして次の文献がある。ウィルソン, B., ドベラーレ, K., 中野毅訳，1997，『タイム　トゥ　チャント──イギリス創価学会の社会学的考察』紀伊國屋書店。ハモンド, P., マハチェク, D., 栗原淑江訳，2000，『アメリカの創価学会──適応と転換をめぐる社会学的考察』紀伊國屋書店。

▷5　入信のメカニズムについては，伊藤雅之，2003，『現代社会とスピリチュアリティ』渓水社，第3章を参照。

VI 新宗教の世界

2 日本の新宗教：幕末維新期から敗戦まで

1 幕末維新期の新宗教

　新宗教と呼ばれるような宗教集団がいつ頃から発生したのかという点について，多くの論者は1800年代の幕末維新期に発生したという立場をとる。では，最も早く成立した新宗教教団は何になるのかというと，論者の視点による。1838年（天保9）に立教された天理教や，1840年（天保11）に立教された禊教だとすることに異論はないが，1815年（文化11）に立教された黒住教や1802年（享和2）に立教された如来教までを新宗教に含める論者もいる。他に1855年（安政2）に立教した金光教，1870年（明治3）に立教した富士信仰系の丸山教などが，幕末維新期に成立した新宗教として考えられている。政治的には，幕末維新期は幕末の混乱から近代天皇制国家の基盤が確立する時期であり，明治維新以降には新政府によって近代天皇制国家の確立へむけての国民教化と神道国教化政策が始められた。経済的には日本資本主義の揺籃期にあたる。

　村上重良はその著書のなかで，幕藩体制が矛盾を深め解体過程に入った幕末維新期が，日本宗教史に一時期を画する**習合神道系**◁1の**創唱宗教**◁2の成立期だったとしている。村上は，この時期の新宗教には救済を約束する卓越した霊威を持つ一神教的な神の出現が見られ，また，変革期の民衆の動向を反映する共通の問題意識を確認することができるとしている。この時期の新宗教が持つ問題意識とは，社会の変化によって崩れつつある封建的身分秩序の重圧のもとに生きる人々に対して，日常生活に伴う諸問題からの救済を意識させていくというものであった。この時期の新宗教は明治以後，政府の神道国教化政策にしたがって，**教派神道**◁3へ編成されていく過程にあった。

2 明治後期から昭和恐慌期の新宗教

　大日本帝国憲法発布（1889年）から昭和恐慌の時期にかけて，幕末維新期に引き続き国民教化と神道国教化政策がさらに推進された。明治20年代には，現世利益を強調する天理教，金光教などが著しく教勢を伸ばした。その教勢拡大に伴い，膨張した教団組織を維持し信者を守るためには，布教の合法性を得ることが必要であったため，教団の幹部は独立公認を得ることに努めた。また，明治20年代後半になって，新宗教の動向が社会的にも注目されるようになった結果，新宗教は激しいマスコミの批判にさらされることにもなった。◁4

▷1　習合神道系
様々な宗教の要素を積極的に取り込んでいる宗教を「習合宗教」と呼ぶことができるが，「習合宗教」の伝統に多くを負っている教団を村上は習合神道系と称した。

▷2　創唱宗教
特定の個人によって創始された宗教で，ある国や地域における創唱される以前の伝統宗教とは異なる新しい要素を持つ宗教を指していう。民族の歴史のなかで形成されてきた民族宗教などと対比される。

▷3　教派神道
教派神道とは，明治政府によって神社神道を国家の祭祀として国民に強制する神道国教化政策に際して，独立した神道教化団体として結成されたものをいう。教派神道として認められた新宗教として，黒住教・禊教・金光教・天理教などがある。

▷4　例えば明治20年代に急速な教勢拡大を行っていた蓮門教は，当時の新聞『萬朝報』によって「御神水」による医業制止や性・金銭に関わるスキャンダルを報じられている。

1908年（明治41）に，教派神道の一派として天理教が公認され独立を果たして以後，新宗教は独立教派としては公認されず，非公認宗教として不安定な活動を余儀なくされた。非公認宗教は政府から「類似宗教」と呼ばれ，教派神道に比べて低い位置に見られていた。政府の取り締まりもこれまでのような「反開化的な」呪的行為への取り締まりから，反天皇・反皇室を標榜する教団に対しての不敬罪による政治的取り締まりへと変化した。

　天理教独立以降の新宗教の特徴としては，当時の神秘・呪術ブームの影響が看て取れる。このブームは富国強兵の一応の達成を見る一方で，並の努力では出世も危ういという閉塞感の混在した明治末期の時代風潮を背景としている。例えば，1892年（明治25）に成立した大本の場合，**鎮魂帰神**に示されるような教義形成がなされ，非合理的な霊術を強調する特徴が見られる。

3　戦時下における新宗教

　第1次世界大戦後の経済不況が改善されることなく昭和恐慌にいたると，こうした経済的な危機状況の結果として，軍部の台頭とそれ以後の戦争の時代を拓くこととなった。この頃から，宗教団体に対して以前からの不敬罪による取り締まりに加えて治安維持法による取り締まりが行われるようになる。

　治安維持法で取り締まりの対象となった新宗教の代表的な事例を挙げると，まず大本が挙げられる。大本では，「世直し」主義の増幅，新聞媒体などを通した都市大衆への布教の試みを積極的に展開し，1921年（大正10）にその社会的影響を恐れた政府によって取り締まりの対象となった。しかし，大本は1921年の取り締まり以後も教勢を拡大し，1935年（昭和10）に至るまで急進的な政治運動を展開した。その結果として，1935年に不敬罪と治安維持法違反容疑で大規模な取り締まりを受けるに至った。1924年（大正13）に御木徳一によって立教されたひとのみち教団（現在のPL）は，教育勅語を教義の本旨としたが，教育勅語を通俗的に解釈したとして不敬罪に問われている。

　1939年（昭和14）には宗教団体を再統合し，戦時体制に組み込む狙いをもって宗教団体法が成立し翌年施行されると，非公認宗教に限らず，こうした統合に加わらなかったキリスト教などの既成宗教も厳しく取り締まられるようになった。しかし，1929年（昭和4）に立教した生長の家，その翌年に立教した大日本霊友会（霊友会）など，先述したように当局の取り締まりを逃れる新宗教も存在した。

　幕末維新期から敗戦にかけての新宗教は，戦後になって宗教団体に関連する法制度の改正に至るまで，宗教団体法などによって厳しい統制下に置かれた。しかし，新宗教が生まれて以後持ち続けた，民衆の救済を志向していく大衆運動としての性格は維持され，この性格は敗戦後にはより強まることになるのである。

（渡邉秀司）

▷5　当時の非公認宗教としては，大本や天理教から分派したほんみちなどがある。

▷6　鎮魂帰神
幕末維新期の神道家本田親徳の所説を典拠とする実践。治病呪術，憑依儀礼，霊的存在の統御法，心身の健康法・浄化法，精神の統一法など多岐にわたる。

▷7　政府の取り締まりをあまり受けずに済んだ理由は，各教団により様々である。例えば霊友会であれば1936年（昭和11）に皇室と縁のある元・日蓮宗瑞竜院門跡の村雲尼（九条日浄）を総裁に迎えた結果として，あまり取り締まりを受けずに済んでいる。

参考文献
井上順孝・孝本貢・對馬路人・中牧弘允・西山茂編，1994，『【縮刷版】新宗教事典　本文篇』弘文堂
村上重良，2006，『国家神道と民衆宗教』吉川弘文館

VI 新宗教の世界

3 日本の新宗教：第２次世界大戦前後から現代まで

1 神々のラッシュアワー期

明治憲法体制下，政府は神社神道を国家の祭祀として国民に強制し，神道系の民衆宗教運動や神道強化団体を「教派神道」として公認した。◁1 神道国教化の推進という政治的意図がその背景にある。大正末期から昭和前期にかけて，教派神道に該当しない神道系団体や新興の仏教系団体は厳しく弾圧された。特に大本は2度にわたり指導者が拘留され，教団本部の施設が爆破されるなどの弾圧を被っている。その一方で，例えば仏教系の霊友会は，法華経に基づく在家主義による先祖供養の教えにより民衆に支持されていた。この時代は統制された社会であったにもかかわらず，民衆の支持する宗教が少なからず芽生えていたことは興味深い。

戦後は伝統的共同体が崩壊し，それを支えていた価値観も動揺を余儀なくされた社会の変動期であった。こうした時期に特有の"宗教熱"と，日本国憲法で政教分離・信仰の自由の原則が確立されたこととがあいまって，「神々のラッシュアワー」と呼ばれる状況が現出する。◁2 この混乱期，「貧・病・争」に苦しむ民衆が多く出たが，その苦難からの解決を求めた人々は統制のくびきから解放されて活動の自由を得た新宗教に向かい，あたかもラッシュアワーを連想させるほどの教団の林立へと至ったのである。

なかでも，天照皇大神宮教，PL（パーフェクト・リバティ）教団，世界救世教，霊友会から分派した立正佼成会や妙智会，善隣会，創価学会，キリスト教系の新宗教教団などの活動が顕著であった。

2 新宗教の特徴

新宗教の主たる特徴は，信仰の自発性（信者は自らの意思で入信する）である◁3 といえるが，さらに伝統宗教との違いを念頭において以下に整理しよう。まず，◁4 創始者は会社員や主婦など，市井に暮らす一般人が多い。組織も伝統的に固定しているものでなく，支部が増殖するなど流動的である。教義はわかりやすい表現で伝えられ，現世利益を語ることが多い。家庭内のもめごとに悩む者に対しては，相手を責めたり恨んだりせず，自分自身の心を直し行いを正して，また先祖に感謝して，現世での幸せをつかむよう指導される。聖職者と信徒との距離はそれほど大きくない。行事には一般信徒も参加する形式が多い。例えば

▷1　井上順孝他編，1996，『宗教学を学ぶ』有斐閣

▷2　マクファーランド，H. N.，内藤豊・杉本武之訳，1969，『神々のラッシュアワー』社会思想社

▷3　伝統宗教が，家（家族）で信仰されるのに対し，個人が自らの悩みの解決のために入信したところに自発性が認められる。

▷4　井上順孝，2001，『宗教』ナツメ社

立正佼成会では，小集団活動である法座が開かれ，1人ひとりの悩みを開示して参加者同士で話しあい，一般の主婦や会社員の務める「法座主」の進行に委ねて結論を出す。また多くの教団が発行する独自の機関誌には，先祖への感謝によって「貧・病・争」が解決された旨の体験談が掲載される。

▷5　島薗進，2001，『ポストモダンの新宗教』東京堂出版，22-23

③「新新宗教」の特徴

1970年代以降に発生した宗教団体には，それ以前のものとは異質な，新しいタイプが顕著となってきたといわれる。仏教系では，それまで日蓮・法華系の新宗教が多かったところ，1970年以降には真如苑，阿含宗などの密教系が台頭してきた。1980年代に入るとGLA，幸福の科学，オウム真理教など，原始仏教をモデルとするものも現れてきた。神道系では，世界救世教からの分派である神慈秀明会，真光（崇教真光，世界真光文明教団）などの活動が目立ってきた。

ここでは，1970年代以前に発生・成長を果たしたものを「新宗教」，それ以降のものを「新新宗教」として，後者の特徴を整理した比較研究を紹介したい。

①入信動機に関しては「空しさ」が増えているという。②信徒の関心事が，現世での利益獲得より現世から離脱することへと移行している。③信徒は「心直し」の実践より，自分の心理を統御する技法の獲得に関心が高く，安定した明るい自己の心を持とうとする。④神秘現象そのものや心身変容への関心の増大が見られる。⑤不幸も幸福も自分の信仰と修養次第であるとして自己責任が強調される。⑥前世・現世・来世を通して自己の霊魂の永続性を語る傾向がある。⑦諸宗教からのアイディアを取り入れて再構成された「聖なる宇宙」を語る。⑧破局切迫の意識とメシアニズムの高揚などが指摘できる。

ここに挙げた諸特徴からは，現代人（若者）の社会意識の一端が読み取れるかもしれない。自分自身への関心は高いが，既存の社会に生きることを喜んでおらず，社会に何かを期待することはない。

▷6　オウム真理教（後のAleph アレフ・ひかりの輪）が起こした1989年の坂本弁護士一家殺害事件，1994年の長野県・松本サリン事件，1995年の東京・地下鉄サリン事件は，"宗教の怖さ"を多くの人に認識させた。

▷7　島薗進，2001，『ポストモダンの新宗教』東京堂出版，40-66。熊田一雄，2002，「『不安の時代』の宗教」宗教社会学の会編『新世紀の宗教』創元社，188-195

④ 新宗教の未来

オウム真理教事件等を契機に，一部団体の暴力性・商業性・隔離性が強調され，新宗教全体のイメージもまた悪化した。現代社会との共生という観点に立てば，暴力性や霊感商法につながる商業性の否定はいうまでもなく，新宗教には他者を排斥する隔離性も可能な限り払拭する努力が求められる。

また，現代社会は個人化の急速に進展する社会でもある。宗教の領域との関連で見ても，1970年代以降は，先祖の安寧を含めた家族の幸せから自分だけの幸せの追求へと，人々の志向が変化している。こうした現象を踏まえれば，新宗教には（宗教界全体に対しても），社会全体の幸福・調和を追求するという大局性をより意識し，社会に提言する姿勢を期待したい。

（星野智子）

VI 新宗教の世界

4 新宗教に見るシンクレティズム

① シンクレティズムとは

　宗教が社会的な現象であるかぎり，いかなる既存宗教の影響も受けず，全くの中空に発生する新宗教などありえない。様々な宗教的な伝統を融合・混交・習合し，統一性のある新たな宗教的思想や形態として創出されたものをシンクレティズムと呼ぶ。

　そうした意味で，このシンクレティズムという概念は全ての宗教現象に当てはまる。しかし通常シンクレティズムという概念は，文化人類学でしばしば用いられ，キリスト教や仏教，イスラム教などの世界宗教が新たな地域へ広まる場合，その土地固有の民間信仰などと融合し，どちらの要素も有した新たな宗教的な伝統が生まれてくる状況を示して用いられる。例えば，ヨーロッパに見られる「黒いマリア像」▷1はキリスト教とそれ以前の民間信仰との融合とも考えられている。また，日本においては外来の仏教と古来の神道との融合の結果として，「南無八幡大菩薩」といった言葉や，1つの家のなかに仏壇と神棚が並んで置かれるなどの例を見ることができる。このように，2つ以上の宗教的な要素が可視的に並存し，教義や形態のなかに融合されているのがシンクレティズムの典型例といえる。

② 新宗教の発生とシンクレティズム

　江戸末期以降に発生，発展した日本の新宗教も，日本固有の民間信仰を基盤に，仏教や儒教などの世界宗教の要素が融合し，新たな宗教思想や形態を形成している。さらに，誕生から200年に満たないこともあって，並存する宗教的な要素を比較的容易に見てとることができ，典型的なシンクレティズムの形態を示している。では日本の新宗教においては，どのような要素が融合し，新たな宗教となっているのだろうか。

　島薗進は日本の新宗教の基盤を「習合宗教的な呪術的現世救済信仰」▷2としている。これは，家族の安全や商売繁盛を祈る民間信仰としての「カミダノミ」的なものと理解することができるだろう。そして，その「カミダノミ」を発展させ宗教教団としての体裁を持たせたものを「脱皮型」（天理教・金光教），ほかの大宗教の伝統を組み合わせた「合体型」（霊友会・生長の家），道徳修養的な思想に軸足を置き習合宗教的な要素も取り入れた「近接型」（ひとのみち・モラ

▷1 通常のマリア像は肌の色が白いものがほとんどだが，まれに肌の色が黒い「黒いマリア像」がヨーロッパをはじめ世界各地に存在している。これについては，その土地の民間信仰との融合というシンクレティズム的な解釈のほかに，キリスト教内の異端信仰の象徴であるとの解釈や，単にロウソクで煤けただけとの解釈もある。

▷2 島薗進, 1986,「日本の新宗教のシンクレティズム」佐々木宏幹編『文化人類学3』アカデミア出版会, 104-116

ロジー）と3つに分類している。この島薗の分類は，その発生形態や教義からの分類である。他方では，教祖の経歴や崇拝対象，儀礼の形態，教典用語の類似性などから，「神道系」や「仏教系」「キリスト教系」とその系譜を分類する場合もある。

③ なぜ融合するのか

　シンクレティズムを論じるとき，教義や形態の類似性からその歴史的系譜をたどるだけでは不十分である。確かに，江戸末期に成立した天理教や黒住教には，神道的な影響を色濃く見ることができる。また，太平洋戦争後には，法華経の影響を受けた創価学会や立正佼成会が隆盛している。そうした系譜から，これらの新宗教は神道系や法華経系と呼ばれている。

　しかし，こうした目に見える教義や形態をそれまでの神道や法華経の伝統と結びつけただけでは，何の説明にもならない。隣接する宗教的な要素が相互に影響を与えるのは至極当然のことでもある。単に系譜をつなげるだけではなく，既存の神道や法華経の伝統が，なぜ新たな宗教の重要な要素として取り入れられたかを論じなくてはならない。

　例えば，江戸末期に成立した天理教は，明治初期には教派神道の一派として数えられ，その儀礼面などに神道的な伝統を色濃く残している。このことは，神道中心の宗教統制を行おうとする明治政府の意向に逆らわない布教活動を可能とした。そしてこの神道の要素が，「習合宗教的な呪術的現世救済信仰」から脱皮し，教団が全国規模にまで拡大する1つの要因であったといえる。

　また，太平洋戦争後から高度経済成長期に教勢を拡大した創価学会や立正佼成会は，「精神的・生き甲斐模索」を求める人々の欲求と，法華経の現世救済思想が巧妙に合体した結果と見ることができる。

　さらにこれらの例とは全く違い，その宗教が成立する過程で他の宗教との類似性をあえて排除した例もある。例えば，福岡に本部を置く善隣教では独特の丸い形の法衣を用いている。これは，四角い法衣を用いる既存の仏教や神道とは違う，新たな宗教であることの象徴と理解されている。つまり類似性ではなく排除というかたちで他の宗教の影響が見られる，シンクレティズムの別の側面ということができる。

　このように，新宗教に取り入れられる様々な宗教要素には，その時点での社会的な状況が複雑に影響を与えている。何が取り入れられたかだけではなく，なぜそれが取り入れられたか，さらになぜ排除されたのかを論じることが重要である。今後，宗教のシンクレティズムを論じる上では，単なる形態の類似性だけではなく，宗教を含めた社会や文化全体の変化として，その融合の過程を分析してゆかなくてはならない。

（深水顕真）

▷3　西山茂, 1990,「新宗教の展開——時代ごとの特徴」井上順孝・孝本貢・對馬路人・中牧弘允・西山茂編『新宗教事典』弘文堂, 35

▷4　善隣会（現：善隣教), 1991,『ぜんりん7月号』392：28

VII カルトの諸相

1 カルト問題

1 カルト問題とは？

カルト問題とはカルトにより引き起こされた社会問題である。まず、「カルト」と「社会問題」の定義をみておこう。

カルト（cult）は、ラテン語の cultus（耕作、養育、教養、尊敬、祭祀）に由来する英語（米語）で、ランダムハウスの英語辞典にはおおよそ、①宗教的崇拝や儀式（原義）、②人や事物への熱狂（派生的用法）、③崇拝者の群れ、邪教視される教団（神学者の用法）、④カリスマ的教祖とゆるやかな組織を有する新宗教運動（社会学者の用法）、⑤人権を侵害し、社会秩序を破壊する組織への標識（メディアの用法）といった意味や用法が列記されている。なお、③-⑤の宗教団体を指す場合、ヨーロッパではセクト（sect, secte, secta, Sekte）という。

他方、社会問題（social problem）には、①公序良俗や法律に反する行為や、社会の存続を危機的にする要因、②社会の多数派が少数派の存在や意志を抑圧する際の決まり文句、③特定集団を批判する際に、批判の論拠が個別の利害関係を超えて社会全体の問題であるとアピールする方法、といった定義がある。①は最も一般的な用法であり、②はラベリング理論、③は社会構築主義という社会学の用法である。

カルト問題とは、⑤のカルト概念と①③の社会問題概念を接合したケースにのみ適用されるものと狭義に定義したい。③④のカルト概念と②のラベリング概念を接合させると、これは宗教の主流派が分派を異端視したり、社会が新宗教を差別したりする用法になるからである。しかし、現実には、③-⑤のカルト概念が混同されて用いられることが多い。⑤のカルト概念は、その定義にすでに社会問題を含みこんでおり、「あれはカルトだ」ということ自体が、批判や社会的対処の必要性を訴えているのである。他方、批判される集団は、その批判が少数派に対する差別意識に由来するものであるから根拠がないと反論する。このようにカルト問題には論争的な性格がある（VII-3 参照）。

2 マインド・コントロール

カルトがいかにして個人や社会に危害を及ぼすかを説明するために、マインド・コントロールを行うことをカルトの特質として挙げる批判者が多い。**マインド・コントロール**とは、広義には承諾誘導や説得を行うための社会心理学的

▷1 マインド・コントロール
スティーブン・ハッサンによれば、情報・感情・行動・環境の支配とは、①事実を隠し、虚偽の情報を流す、②ほめたり脅したり、あるいは集団心理を用いて不安や依存心を作り出す、③厳しいスケジュールを課し、熟慮する時間と体力を奪う、④外界との連絡を禁じて、学生や一般市民を特定集団に勧誘し、特殊な思考法を教え込みやすくする心理操作をいう（ハッサン、S., 浅見定雄訳, 1993, 『マインド・コントロールの恐怖』恒友出版）。

技術であるが，特定集団によって情報・感情・行動・環境が支配され，**認知的不協和**▷2の状態が意図的に作り出されることによって，徐々に個人の人格や態度が変容させられることを指す。このような手法によって，カルトが一般市民の資産を収奪し，信奉者に対して人権侵害（性的危害や労力搾取）を行ったり，信奉者が常識では考えられない犯罪を行ったりするのだと考えられている。

アメリカのカルト批判者たちは，マインド・コントロールを用いて人に危害を加える集団は宗教カルトに限らず，心理療法カルト（各種セラピーや自己啓発セミナーによる心理的暴力や性暴力），経済カルト（マルチ商法団体），政治カルト（極右・極左集団）もあるという。これらの集団では，指導者崇拝，無謬性と排他主義が強いために，メンバーが集団内で抑圧され，脱会することも困難であるとされる。そこで，こうした集団からメンバーを離脱させるために，脱洗脳 (deprogramming) や脱会カウンセリング (exit-counseling, cult consultation) と呼ばれる対抗技術がアメリカでは発達し，専門に従事する人たちもいるが，脱洗脳の強制的なやり方にはカルト側や宗教研究者側から信教の自由を侵害する行為として批判や裁判が起こされている。

③ カルト／マインド・コントロール論争

脱洗脳や脱会カウンセリングの是非をめぐって，家族・関係者側と，メンバー・組織側に分かれ，裁判で争われてきた。そこでマインド・コントロール論を支持する心理学者と，自発的な入信論を展開する宗教社会学者が専門家として証言し，20年来議論を戦わせている。現実にはいかなるカルトの信者であろうと，彼らが100％マインド・コントロールされているとも，完全に自由意志で行為しているともいえない。社会学は相互行為から社会関係を考察するために，組織的働きかけを過度に強調するマインド・コントロール論には与しがたい。しかしながら，詐欺や強迫的要素が強い勧誘や資金調達のための活動がある以上，単に自己責任で気をつけましょうというのも単純すぎる議論である。

仮に，違法性の高い勧誘方法によりカルトのメンバーに入会させられ，犯罪に荷担して身を滅ぼすような危険性があるのであれば，そこに専門家が家族や関係者の依頼により介入して脱会させるのは当然である。ただし，介入の適切性や緊急の度合いは十分に考慮されるべきで，従来の脱会カウンセリングを批判する場合の要点はここにある。また，加入している集団が，反社会的（違法）とまではいえず，主流文化から外れる程度のことであれば，介入自体が思想・信条の自由を抑圧することになる。

いずれにせよ，正体を隠した勧誘や，不安をあおる教え込みにより信者を獲得し，法外な献金や全資産の提供を強要し，指導者への絶対忠誠を誓わせ，信者への性的虐待や精神的虐待を行い，脱会する自由を認めない集団は，カルト問題の俎上にのせられるべき社会集団と見なしてよい。

（櫻井義秀）

▷2 **認知的不協和 (cognitive dissonance)**
レオン・フェスティンガーによれば，人は自己の認知と矛盾した状況に直面したときに認知的不協和を感じ，その居心地の悪さを解消するために，状況に合わせて自己の認知を変えることがあるという。○年○月○日に空飛ぶ円盤が現れて自分たちを乗せて地球の厄災から救ってくれるというUFOカルトの教祖の予言が外れた。信者たちは動揺し，事態の解釈に苦慮した。しかし，いつしか信者の祈りによって神が救ってくれたのだというまことしやかな話が信じられるようになり，教団はさらに成長したという事例がある（フェスティンガー, L., シャクター, S., リーケン, H.W., 水野博介訳, 1995,『予言がはずれるとき——この世の破滅を予知した現代のある集団を解明する』勁草書房）。

参考文献
井門富二夫, 1997,『カルトの諸相——キリスト教の場合』岩波書店
櫻井義秀, 2006,『「カルト」を問い直す——信教の自由というリスク』中公新書ラクレ

VII　カルトの諸相

2　宗教的コミューン

1　「ヤマギシ会」

　世界にはいくつかの宗教的コミューン◁1がある。よく知られているものとしては，イスラエルの「キブツ」やアメリカの「アーミッシュ」などが挙げられる。そして日本にも同質の共同体がいくつか存在する。なかでも最大規模を持つ「ヤマギシ会」の存在は大きい。

　「ヤマギシ会」は，1953年，山岸巳代蔵という一農業経営者が中心となって創設した農業集団（村）である。創設者山岸の名称から「ヤマギシ」と付けられたともいわれる。正式名称は「幸福会ヤマギシ会」という。なお，山岸巳代蔵は1961年に他界している。創設は京都府であるが，現在その活動中心地は三重県にあり，このほか日本全国におよそ38ヶ所，ブラジルやオーストラリアなど海外に7ヶ所の共同体村（実顕地）◁2がある。そこに厖大な農業用地（養鶏場・養豚場など）を持ち，その生活は，農業の生産・加工・販売が中心で，参画者は各村で労働し集団生活をする。しかし，血縁家族をユニットとしていない。つまり，親は九州にある〇〇実顕地で働き，その子どもは三重県の〇〇実顕地で生活するといったケースが少なくない。これには，「子は5歳から放つ」という会独自の思想がベースにある。参画者数は，1995年前後には5,500人ほど◁3いたとされるが2000年に会独自の学園構想が頓挫した◁4ことなどから脱会者が増え，現在その数は減少している（正確な参画者数は不明）。

2　「ヤマギシ会」の歴史

　「ヤマギシ会」は発足から順調に拡大してきたわけではない。1959年には「山岸会事件」◁5という刑事事件を起こし社会から厳しい批判を浴びた。この事件後，会のイメージはいっきに低下し一時は勢力も衰えた。しかし，70年安保の学生運動が沈静化してきた1975年前後より再び勢力を拡大させていく。その背景には，学生運動に挫折した多くの若者がマルクス主義的ユートピア社会を「ヤマギシ会」に求めたことにある。さらに1985年以降，バブル経済の到来を見る一方で，家庭崩壊，学校崩壊などといった，精神や教育面での問題が騒がれ始める。「ヤマギシ会」はこうした社会情勢に連動するかのように，「実践教育」を狙った会独自の教育機関「ヤマギシズム学園」を創設する。これが牽引力となり，会はさらに拡大していくことになる。

▷1　ここでのコミューン（仏語）とは共同体を指す。コミュニティ（英語）ともいう。

▷2　いわゆる「ヤマギシ村」と呼ばれるところで，会では「実顕地」という。

▷3　ヤマギシ会では，実顕地（村）以外の一般の地域で暮らす会員と実顕地で生活する会員と2通りいる。ここでいう参画者数とは，実際，実顕地であるヤマギシ村で生活している人（後者）を指す。

▷4　文科省に学園設立認可を申請していたが，三重県より児童虐待の疑惑を持たれ，ヤマギシ会自身が認可申請を取り下げた。

▷5　山岸会事件
「山岸会事件」とは当時，会のセミナー（特別講習研鑽会）を受講した参加者に対し不法監禁，脅迫容疑を行ったということで会が捜査され，会幹部らが検挙された事件である。

すでに50年以上を経過した「ヤマギシ会」がいまなお存続していることの理由を見つめてみると、上述したようにその存在が社会的ニーズとうまく噛み合っていたということにつきる。つまり、発足時は「農業経営」をキーワードに、1970年代は「対抗文化」（カウンター・カルチャー）、さらに1980-90年代は、「本物の子育て」「安全食品」というキャッチフレーズとともに「養育・教育」「環境」をテーマとして積極的に会の存在をアピールしてきた。そして、90年代以降になると「一つの大きな家族」（一大幸福家族）という文言を掲げ始めた。これは、子どもの養育・教育に悩む主婦らに会が「安らぎの場」だと囁いているようなものだった。こうして「ヤマギシ会」という存在は「イデオロギー集団」から「疑似家族」へと変容していく。

3 「ヤマギシ会」の位置づけ

「ヤマギシ会」は、組織としては「農事組合法人」であり、宗教法人ではない。しかし、世間一般からは「宗教コミューン」と捉えられることも少なくない。その背景に「ヤマギシ会」の強い理念（思想）体系がある。その理念とは、ひとくちにいえば各人の財布と心を1つにする、「無所有、無我執一体生活」という現代社会の価値とはなじまない理念である。参画者はこの無所有、無我執という理想を「山」と見立てて、周辺の「岸」から頂へ登ろうとする。つまりこれが「ヤマギシ（山岸）会」の意味でもある。そして、この理念を多くの人々に流布するために、世間一般向けの多種多様な「セミナー」（有料）を催し独自の理念を展開する。その魅力はいわゆる「一体感」「自分探し」といったところにある。このセミナーに参加する人々の特徴として、学校教育に悩む親や教師、また農業経営に苦しむ高齢者といった現代人の顔が覗く。

コミューンとは、いわば私利私欲に走らず、個人ではなく全体を尊重・優先するという社会である。つまり、「ヤマギシ会」の理念である「無所有、無我執一体生活」そのままである。しかしながら、この理念を現実化するとなると、当然ながら一般社会の制度（婚姻・血縁関係、金銭の感覚、労働の選択など）と敵対することになる。例えば、家庭という領域から考えれば、経済的基盤が除かれることで、夫婦生活の絆が不可避的に弱体化していく。さらに、共同体という大きな家族としての他者との親密な結合は、必然的に夫婦関係、親子関係の絆を緩めることになると考えられるからである。「ヤマギシ会」でも当然このような状態があり、そのなかで見えてくるのがピラミッド型の権力構造である。参画者はいつしか理想とした山登りを断念し、再び一般社会へ戻ろうとする。しかし、その時、大きなリスク（脱会時は無一文状態）とともに様々な葛藤が生じてくる。「ヤマギシ会」の理想の山は、いまだ誰も登頂することができない「幻の山」である。これを「ユートピア」というのだろうか。　　　（黒田宣代）

参考文献
石上扶佐子, 1995, 『壊れた器——さよならヤマギシ20年』風媒社
黒田宣代, 2006, 『「ヤマギシ会」と家族——近代化・共同体・現代日本文化』慧文社
島田裕巳, 1997, 『宗教の時代とは何だったのか』講談社

VII カルトの諸相

3 反カルト運動

1 反カルト運動の誕生と展開

　反カルト運動（anti-cult movement）という呼称は，カルト概念に批判的な英米の宗教社会学者たちが用いたものである。正確にはカルト批判の社会運動という方がよい。アメリカでは1960年代から70年代にかけて，東洋系の新宗教や人間性開発運動（human potential movement）と呼ばれる各種のセミナーやセラピーが学生や中間層の人々に広まった。スピリチュアリティの覚醒や各種の心理療法によって人格を一変させた若者に旧世代の大人は驚き，若者は洗脳されたのではないかと考えた。1978年に人民寺院（Peoples Temple）と称するカルトがガイアナで900名の死者を出す集団自殺（強要された自殺と他殺）を図って以来，マスメディアや精神病理学・臨床心理の専門家がカルト問題に介入し，「マインド・コントロール」という精神操作や「破壊的カルト」という全体主義的組織の概念が生み出された。80年代に入り，宗教者や親によって始められたカルトへの反対運動は，カルト情報・相談機関など（American Family Foundation, 現在は International Cultic Study Association）として組織化された。

　1980-90年代に経済・文化のグローバル化が進むと，アメリカのカルトをはじめとして，世界宣教に乗り出す新宗教が進出先の宗教文化と軋轢を起こすケースが少なくなかった。こうした宗教問題にアメリカの「カルト」「マインド・コントロール」概念が参照され，カルト批判運動もグローバル化した。

　カルト問題の核心は違法な活動の告発・対処にあるが，社会秩序に関わる文化が国により異なるために，カルト対策にも地域的違いが生じている。様々な教派（denomination）ごとの宗教コミュニティを重んじるアメリカでは，カルト批判運動が盛んなわりには，行政・司法がこの問題に介入することはほとんどない。ヨーロッパ諸国は国により違いがある。**多文化主義**[1]を掲げるイギリスは宗教政策に消極的であり，**政教分離主義**[2]が強いフランスでは，2001年にいわゆるセクト法が制定され，精神操作を違法に行ったと見なされた団体は解散させられる。ベルギー・スペインはセクトによる精神操作を批判的に認識しており，スイス・ドイツはカルトに批判的な見解と寛容な見解を併せて問題の多面性を認識し，消費者法などの現行法で対処する。

▷1　**多文化主義**（multi-culturalism）
カナダ，オーストラリアのように元来が植民者の国家や，近年の西欧のように労働者や難民といった多数の移民を抱える国家において，多様な文化背景を対等に扱おうという政治理念。現実には，エスニックな社会背景に相応した階層格差や閉鎖的コミュニティを形成している場合が多い。

▷2　**政教分離主義**（Laïcité）
フランスの政治は非宗教性・中立性を重視し，ムスリムの女子学生がベール着用で登校することを許さないなど厳格である。反セクト法は，省庁間の連携によって，精神操作による脆弱者（未成年，女性や老人）への人権侵害を行う諸団体を規制しようというもので，信教の自由（信じない自由を含む）は政治により守られるべきという理念が強い。

2　日本のカルト批判運動

　日本では1967年に「原理運動対策父母の会」（1975年被害者父母の会に再編）が結成され，統一教会を批判した。これがカルトを批判する運動の最初である。その後，1987年に「全国霊感商法対策弁護士連絡会」が結成され，統一教会相手に3種類の訴訟を全国各地で起こした。①統一教会信徒が姓名判断や家系図診断などにより不安をあおって高額商品を買わせる霊感商法，②正体を隠した布教方法，③合同結婚式それぞれの違法性を裁判所は認定している。

　1995年，オウム真理教が地下鉄サリン事件（死者12人，重軽傷者約5,500人）を起こし，日本社会は世界で最も深刻なカルト問題に直面した。それ以後，継続的なカルト批判が，1996年結成の日本脱カルト協会や特定教団を批判するグループ，個人のウェブサイトにおいて行われている。

3　今後のカルト対策

　最後に，図式的ではあるが，3段階のカルト対策を提案したい。
①予防（prevention）。宗教的多元主義の社会において，信教の自由はリスクを伴う。カルト問題の渦中にある様々な団体が街角やキャンパス，ウェブサイト上で勧誘活動や資金調達の活動を行っており，監視・取締の妙案はない。したがって，高校・大学が学生に団体名や活動実態を隠した勧誘に警戒し，信仰の強要や脅しがある場合は，友人・知人，親や教師に相談するよう教えることが大切である。そして，公教育，高等教育においても，独善的な教説に魅了されないよう様々な宗教文化や社会倫理のあり方を教えることが必要であろう。
②介入・対処（intervention）。オウムの犯罪，統一教会の霊感商法，問題のある自己啓発セミナーなどに対しては，事後的な警察捜査や民事訴訟のような対処しかない。信者には脱会と社会復帰を促したいが，家族が彼らと話し合いの場を持つことはなかなか難しい。確信犯的な幹部もいれば，熱狂が醒めない信者（true believer）もいる。彼らを心配する家族への支援が必要である。
③回復（recovery）。最も難しい。カルトの危害を被った市民の人的・金銭的損失が最優先で回復されるべきであるが，現状では民事訴訟において損害賠償請求を行うしか方策がない。カルトへの疑念や消耗，あるいは家族との対話によって脱会した信者が精神的に回復し，独り立ちして社会生活を送れるようになるまで相当の時間を要するし，そのためのカウンセリングとモラル・サポートが必要である。違法行為に直接・間接的に荷担したカルト信者は，脱会後も自己嫌悪，罪悪感，恐怖，虚無に苛まれる。その心理的葛藤を克服して，カルト被害に向き合い，自分たちの経験を総括しなければ回復はできないだろう。薬物・アルコールの嗜癖患者に対する医療施設・自助グループは世界に多数ある。しかし，カルトの回復施設は世界でまだ3ヶ所だけである。　　（櫻井義秀）

▷3　アメリカでは，ボストン近郊のMeadow Haven，オハイオ州にあるWellspring。日本では小諸いずみ会のちの家が現在活動しており，開所予定の施設も数ヶ所ある。

参考文献
トバイアス, M., ラリック, J., 南暁子・上牧弥生訳, 1998,『自由への脱出――カルトのすべてとマインド・コントロールからの解放と回復』中央アート出版
中野毅, 2002,『宗教の復権――グローバリゼーション・カルト論争・ナショナリズム』東京堂出版

Ⅶ　カルトの諸相

4　エホバの証人

1　エホバの証人の歴史

　エホバの証人とは，教団の教えを伝道する信者個人および信者の組織を示す名称で，ものみの塔聖書冊子協会は『目ざめよ！』や『ものみの塔』など，この教団の教理に関する記事を載せた雑誌・書籍の出版主体を指す名称である。しかしながら，実態としてはほぼ同じものを指すと考えてよい。全世界に600万人以上，日本にも20万人以上の信者を擁する。教理は聖書に基づいたものだが，独自の聖書解釈，特徴的な信仰活動形態によって主流派のキリスト教から異端視されている一方で，エホバの証人側は主流のキリスト教を敵視している。

　エホバの証人は，1870年代，アメリカ合衆国において聖書研究の集まりとして成立した。創設者は，チャールズ・ティズ・ラッセルである。1879年のラッセルによる雑誌創刊がこの教団の正式な発足とされる。第2代会長ラザフォードは，現在の集会スタイルや宣教活動の方法，本部による直接統治の組織構造，徹底した男性指導・男性中心的組織構造を作った。現在のエホバの証人の特徴の多くはこの時代に始まっている。第3代会長ノアは，組織の規則に従わない信者に対する懲罰制度や3名の男性信者からなる審理委員会を設置した。第4代会長フランズの時代は1975年の**ハルマゲドン**の予言が外れた直後の時代であり，信者の減少に苦慮したようである。1970年代には，信者に対する統制が様々な面で強化されていた。服装など外面的な行動の規制のほか，高等教育の禁止も打ち出された。1980年代には，ものみの塔の教えに疑問を持つようになった人々を次々と排除した。第5代会長ヘンシェルの1990年代以降は，外部社会からの批判を回避する動きが見られ，高等教育の否定なども緩和された。

2　日本におけるエホバの証人

　日本では，戦前に灯台社の名称で明石順三によって神戸に設立された。明石はものみの塔の信仰のもとに，当時の国家権力に対抗し，不敬罪，治安維持法違反の嫌疑により逮捕された。戦後，明石は大きく変化した組織の運営方針に反発し，本部から排斥処分を受ける。ここで，灯台社はものみの塔とは無関係となった。その後，ニューヨーク本部から直接に宣教師が来て，現在のものみの塔日本支部を開始し，1970年代に急激に信者数を伸ばして注目された。1990年代前半までは平均伝道者数を伸ばし続けていたが，それ以降は減少傾向にあ

▷1　ハルマゲドン（Armageddon）
ヨハネの黙示録16章に由来。善なる神と悪との最終決戦の場。破滅的な地球の終末を象徴する言葉である。エホバの証人は数度の終末到来の予言を出している。

▷2　フランズ, R., 樋口久訳, 2001,『良心の危機——「エホバの証人」組織中枢での葛藤』せせらぎ出版

▷3　林俊宏, 2000,『エホバの証人　引き裂かれた家族』わらび書房

る。日本支部の本部は，神奈川県海老名市にある。

3 エホバの証人と教理と信仰活動

　エホバの証人では，ハルマゲドンの後，組織の教えを忠実に守った信者は地上の楽園に生き残り，永遠の命が与えられると信じられている。教理を忠実に守ることは，永遠の命を得るために必要不可欠な行為である。

　エホバの証人の信仰活動は，週3回の集会への出席と自宅学習，家庭訪問伝道が主なものである。かなりの時間と労力を宗教活動に取られるが，永遠の命を得るためには妥協できない。また，外部社会はサタンの世界，エホバの証人組織のみが清い世界，真理とされ，教団内部の人間関係，情報のみを信じ，外部からの情報を受け入れない視野狭窄的な体質が作られている。

　教理の内容自体についても，外部社会との軋轢を起こす要素が多数ある。有名なものとしては，輸血拒否と兵役拒否・格闘技拒否の教理がある。信者は一国民である以前に神の王国に生きる一エホバの民なのである。つまり，神の法に反することであれば，外部集団の法には従わない。

　多大な労力と時間を必要とする信仰活動と外部社会とのズレの大きい教理，ハルマゲドンと永遠の命の教理に裏付けられたかたくなな信仰態度が合わさったとき，非信者の家族など周囲の人々と軋轢を起こしがちになることは容易に想像できる。この環境の中で育つ信者の子どもは様々な面で抑圧を受けている。また外部社会を否定的に見ているため社会関係が教団中心になり，経済的安定よりも信仰活動を優先することが，信仰を失っても教団から抜けにくい状況を生み出すなど，教団の閉鎖性も大きな問題である。

　エホバの証人の親による子どもへの輸血拒否，**大ちゃん事件**は有名である。輸血拒否の教理は，信者の忠誠心を試すような機能を持っており，この教理に従って命を落とした信者も少なくないが，この教理は歴史的には一貫したものではなく修正の繰り返しであるなど教団の態度には不誠実な点がある。

　現在，医療の世界には**インフォームド・コンセント**の考え方が浸透し始めているが，その背景には患者の**自己決定権**を尊重する社会的動向がある。日本では，輸血拒否を主張しているエホバの証人歴30年の患者の手術に際し，医療者が同意なく輸血した事例において，患者から医療機関に慰謝料請求が求められた裁判がある。この裁判の第一審，第二審の判決を以下の表にまとめた。最高裁まで持ち込まれたが，上告棄却となり，第二審の判決で結審している。

（猪瀬優理）

▷4　秋本弘毅，1998，『エホバの証人の子どもたち』わらび書房。大下勇治，2006，『昼寝するぶた——ものみの塔を検証する』総合電子リサーチ

▷5　**大ちゃん事件**
1985年，川崎市で自転車の小学生がダンプカーと接触し両足骨折をした際，エホバの証人信者であった両親が輸血を拒否したため手術を受けられないまま死亡した事件。大泉実成，1988，『説得——エホバの証人輸血拒否事件』現代書館

▷6　中澤啓介，1999，『輸血拒否の謎』いのちのことば社

▷7　**インフォームド・コンセント**（informed consent）
説明と同意などと訳される。医療方針を患者にわかるように十分に説明し，患者の同意を取った上で医療行為を行うこと。

▷8　**自己決定権**（right of self-determination）
他人に迷惑をかけない限り，自分の肉体や精神の扱いについて自由に選択できる権利。被差別的立場にある人々が奪われてきた自己決定を行う機会と権利を奪還する主張が込められている。

▷9　**パターナリズム**（paternalism）
強い立場・専門家が，弱い立場・素人に対して，後者の利益になるとして，その後者の意志に反してでも，その行動に介入・干渉するのを正当と捉えること。

表Ⅶ-4-1　輸血拒否についての裁判結果

	判決理由	判決	判断基準
第一審	生命は尊く，医療は人命優先，輸血拒否の約束は公序良俗に反する。	原告の請求棄却	パターナリズム
第二審	輸血拒否は合法。医療者の行為は患者の自己決定権，良心の自由を侵害。	慰謝料50万円（請求1,000万円）	自己決定権尊重

VII カルトの諸相

5 統一教会

1 成立から展開

統一教会の正式名称は「世界平和統一家庭連合」(Family Federation for World Peace and Unification) という[◁1]。キリスト教改革運動として文鮮明によって韓国の釜山で始められ、1954年、ソウルに教会が設立された。文鮮明 (1920-2012) はに平安北道定州郡（現在の北朝鮮）で生まれ、16歳のときにイエスから啓示を受け、使命を託されたとされる。当初、信者はキリスト教系大学の梨花女子大学や延世大学の学生や教員だった。1955年、梨花女子大学は信者の学生と教員19名（学生14名、教員5名）を異端の教えを信じたという理由で退学、免職処分にした。このとき文鮮明は年齢を偽って兵役を免れようとした兵役法違反および不法監禁の容疑で拘束されたが、ソウル地方法院で無罪を言い渡された。1958年に日本への宣教、1959年にアメリカへの宣教を開始し、1966年には韓国で全国大学原理研究会を設立している。世界各地で宣教が展開され、信者は世界でおよそ300万人、日本には47万人いるとされる。

日本宣教は日本語に堪能だった崔奉春（日本名、西川勝）によって行われ、1964年に宗教法人の認証を得ている。初代の会長に久保木修己が就任し、日本でも大学生など若者を中心に信者を獲得したが、1967年に「親泣かせの『原理運動』学生間にひろがる学業放棄や家出」（朝日新聞7月7日）と報じられた。入信して性格が変わったようになり、家出、親に献金を迫る、親の説得にも応じないという事態が見られ、各地の都道府県宗教法人係、教育委員会、警察署などに「家庭を破壊された」という親の訴えが寄せられたのである。

2 教義

さて統一教会の教典である『原理講論』は、キリスト教の聖書を独自に解釈した内容からなる[◁2]。アダムとエバを人類の始祖とする点はキリスト教主流派と変わりないが、ヘビにそそのかされ、エバが善悪を知る木の実を食べたという聖書の記述を、ヘビとエバが霊的に堕落した（性関係を持った）と解釈する。これが原罪である。ヘビは堕天使ルーシェルの隠喩であり、サタンの象徴とされる。エバはその後、アダムと夫婦になったために人類にはサタンの血統が子々孫々遺伝し、この世はサタンの支配となったと見る。この世で戦争、家族の不和、他者に対する嫉妬や憎しみ、邪な気持ちが起こるのは、みな人類が受け継

▷1 「統一教会」と「統一協会」の2通りの表記があるが「統一教会」は教団による略称。批判的立場にある場合、統一教会をキリスト教と認めない。「世界基督教統一神霊協会」から略称を「統一協会」とする。正式名称は「世界基督教統一神霊協会」だったが、2015年8月に「世界平和統一家庭連合」に改称した。

▷2 『原理講論』のもとになる「原理原本」は1951-52年に執筆され、1966年に初版が出版された。

いだサタンの血統のためであると解釈する。エバの堕落さえなければ，この世は天地創造の最初から神の創造目的にかなった理想世界になるはずであった。統一教会は人類史を，理想世界を取り戻す「復帰摂理」の歴史と見る。イエス・キリストが結婚し子孫を残していたならば，そこから神の血統を持った原罪を負わない「神の子」が生まれ，理想世界が回復されたと考えるのである。しかしイエスは十字架にかけられ召天してしまった。統一教会においてイエスの死は理想世界の回復の失敗だったとされ，文鮮明はイエスが果たせなかった使命を託された「再臨のイエス」とされる。

合同結婚式▷3（祝福式）はこの教えに基づき行われるもので，恋愛結婚は自分の欲望を中心にした結婚であり，エバの堕落と同じであるとして否定される。神が決めた相手こそ結婚に相応しい相手と考え，合同結婚式に参加する信者は配偶者選択を教団に委ねる。文鮮明の司式のもと結婚した男女はサタンの血統から神の血統へと「血統転換」した夫婦となって原罪は消え，生まれる子どもは「神の子」とされる。理想世界である「地上天国」は民族，宗教，国家が垣根を越えて1つになった争いのない平和な世界とされることから，国際結婚が理想の結婚であり，特に歴史的に不幸な関係にあった民族や国同士の男女の結婚こそ最も理想的であるとしている。

③ 現状

韓国において統一教会は宗教団体としてのみならず，企業体としても認識されている。自動車，建築，食品，新聞，出版，旅行，学校（中学，高校，大学，神学校），バレエ団，少女舞踊団，病院，高齢者福祉施設など，様々な企業，関連団体を持っている。異端，似而非宗教とされてはいるが，韓国で**霊感商法**▷4は行われておらず，「反統一教会」（反カルト）の動きは日本ほど大きくない。日本では統一教会による正体を隠した伝道活動，霊感商法，合同結婚式などが社会問題となっており，1987年に結成された「全国霊感商法対策弁護士連絡会」が活動を続けている。

合同結婚式で韓国人男性と結婚し，韓国に暮らす日本人女性信者は，現在およそ7,000人いるとされる。日本と同様に韓国でも農村部では男性の結婚難が見られ，女性たちのかなりの数は農村部の男性と結婚し，農村に暮らしている。男性は結婚目的で統一教会に入っただけで信仰は持っていないか，持っていても熱心ではない場合が多い。日本人女性たちは，交際期間もなく，相手の男性の人柄や性格，職業などもわからないまま結婚して渡韓し家庭を持つことになる。言葉や食事，生活習慣も異なるなかで，苦労をしながらも何とか無事に暮らしている信者がいる一方で，統一教会の教えに疑問を抱き，結婚を解消し脱会する信者もいる。渡韓してしまった娘を持つ親は，娘の行いをやむなく許している場合もあるが，その身を案じつつ暮らしている場合がほとんどである。

（中西尋子）

▷3 **合同結婚式**
祝福式ともいい，統一教会で最も重要な儀式である。結婚相手の選択は教祖が行い，信者が教祖の司式のもと集団で結婚式を行う。1960年にソウルで3組の合同結婚式が行われ，その後継続して行われている。統一教会のホームページに紹介されているが，2000年以降は毎年「4億双（組）」が結婚したという数字も見られる。

▷4 **霊感商法**
「このままでは家族に不幸がある」「先祖があの世で苦しんでいる」などと人を不安にさせ，問題を解決するには壷，印鑑，念珠，多宝塔などを購入する必要があるとしてそれらを高額で売りつける商法。

参考文献
山口広，1993，『検証・統一教会——霊感商法の実態』緑風出版
青春を返せ裁判（東京）原告団・弁護団，2000，『青春を奪った統一協会——青春を返せ裁判（東京）の記録』緑風出版
全国霊感商法対策弁護士連絡会・日本基督教団統一原理問題連絡会・全国原理運動被害者父母の会，1997，『統一協会合同結婚式の手口と実態』緑風出版

VII　カルトの諸相

6　摂理

1　摂理問題の経緯

　摂理とは韓国発祥のキリスト教系の新宗教団体である。本来，摂理とは教義のことを指しているのだが，日本の摂理信者が自分たちを「摂理人」と呼ぶことから，日本では摂理と呼ばれている。設立以来，摂理は名称変更を繰り返し，現在は「キリスト教福音宣教会」（Christian Gospel Mission）が摂理の正式名称である。一般に韓国では，摂理は JMS（Jesus Morning Star）と呼ばれている。ここでは便宜的に日本の通称である摂理を用いる。

　1999年3月，韓国のソウル放送が，教祖の鄭明析（チョンミョンソク）による元信者への性的暴行を告発してから，摂理が社会問題として表面化した。この放送によって，鄭明析が再臨主という宗教的権威を悪用し，女性信者への性的暴行を行っていたことが明らかになった。この後，摂理への批判は，韓国の新聞各社も加わって，本格化した。また，摂理からの脱会支援団体「EXODUS」（エクソダス）も設立されることになった。

　その後も，鄭明析による女性信者への性的被害の告発は増加し，鄭明析は2001年に詐欺や強姦容疑などで国際指名手配された。以後，鄭明析は中国・台湾などに逃亡するが，逃亡先の摂理の女性信者に対しても性的暴行を行っているともいわれている。2006年には，性的被害を受けた韓国人女性4人がソウルで記者会見を行い，摂理の実態が韓国社会で大きく注目されるようになった。

　一方，日本では1985年頃から摂理が布教活動を開始していたが，摂理は統一教会のようにカルト問題として取り上げられてこなかった。しかし，その後，2006年に朝日新聞が摂理批判を大々的に報道したことから，摂理がカルト問題として日本社会に認知されるようになった。そして，被害者の元信者とエクソダスの代表が東京で記者会見を行い，性的被害者たちに「勇気を持って告発してほしい」と呼びかけた。その後，日本でも「摂理家族の会」が結成され，弁護士などが，摂理の日本代表を務める韓国人女性を入国管理法違反容疑で刑事告発した。◁1

2　摂理の特徴

　摂理の特徴は次のように指摘できる。それは，①全国の名門大学でサークルを装い，学生中心の勧誘布教活動を広げ，積極的に教勢を拡大している。②聖

▷1　鄭明析は，2007年5月に中国において公安当局によって逮捕され，2009年4月に韓国において強姦致傷罪で懲役10年の実刑判決が確定し，韓国で服役していたが，2018年2月に刑期満了で出所した。鄭明析は出所後，反省するどころか，最近では科学的に証明されていない摂理の聖地である月明洞（ウォルミョンドン）から湧き出るという地下水を「神秘の水（＝薬水）」として信者たちに販売するなど，再び物議を醸している（韓国「国民日報」2020年10月23日30面）。教団の資金調達のためにより巧妙化した手口によって，新たな被害・被害者が生まれることが懸念されている。

書を独自に解釈した『30講論』(別名『バイブルスタディー』)は，一部の幹部しか持つことができず，教会外部でそれを教えることも禁止している。③男女交際を厳しく禁止し，「祝福式」と呼ばれる**合同結婚式**を行っている。④名門大学を卒業して社会人になった信者が，教団運営の経済・政治面において，重要な人材として運営に関わっている，などである。

　これらの特徴は，統一教会との類似性が指摘されている部分でもある。統一教会側は類似性を否定しているが，両教団とも学生中心の宣教方法を進め，社会の上層部からの宣教を行っている点で，この2つの団体は非常に似通っている。実際，教祖の鄭明析は2年ほど統一教会に入信していた。また，教義においても，摂理の『30講論』と統一教会の教理解説書『原理講論』，特に「創造目的」「**堕落論**」「救い論」「再臨論」との類似が指摘されている。

③ 何が摂理問題なのか

　櫻井義秀は，摂理と統一教会との大きな相違点を指摘している。すなわち，②のような秘教化の戦略は信者に隠された真理を知るという特権意識を与える。そのため，女性信者がその教えを内面化した場合には教祖の性的暴力をすぐに告発することができなかったという点。また，③の合同結婚式は制度上存在するが，教祖自身が配偶者を持たないため，多くの女性信者が非婚を選択している。その結果，教祖と信者の関係を統制する規範の制度化に失敗し，摂理に無秩序を生み出したという点である。櫻井は，このような違いによって，摂理は，統一教会にはなかった性的暴行や無秩序を引き起こしたと指摘する。

　ところで，摂理のような教団から，学生が身を守る方法はないのであろうか。日本の信者の大半は，全国の国立大学や有名私立大学の学生や卒業生など20代の若者に占められるという。このように，摂理は学生中心の宣教方法で社会の上層部予備軍から宣教を行い，彼らは大学卒業後も教団側にとって重要な人材として働いている。例えば，韓国では，国際指名手配中に鄭の潜伏先がわかっていながらもすぐに逮捕できなかったのは，摂理信者の検事らが捜査内容はもちろん，対応方法まで整理して鄭に報告するなど，教祖を支える人材が存在したからだといわれている（韓国「朝鮮日報」2006年10月17日）。

　日本でも，新たに大学生活をスタートする新入生のサークルへの入会には注意が必要である。多くの場合，カルト団体は，正体を隠して新入生を勧誘している。このような勧誘に対して，大学側は，自らの思想信条を隠すような団体の実態把握や，そのような団体への対応策を推進すべきである。さらに重要なのは，自分の身は自分で守るという気概とカルトといわれるような団体に関する知識を持つことである。摂理のイニシャル（CGM）を知っているだけでも，キャンパス内の勧誘から自分の身を守ることができるのである。　（李　賢京）

▷2　**合同結婚式**
教祖による結婚相手の指名によって信者同士が結婚すること。教祖による結婚相手の指名という点は統一教会と同じである。このような結婚形態には，信仰がなくなったときに家族関係も崩壊するという問題を伴う。

▷3　**堕落論**
人類の始祖であるエバは堕天使（蛇＝サタン）にそそのかされて禁断の木の実を食べ（サタンと性交），次いでエバはアダムにも禁断の木の実を食べさせた（アダムと性交）ために，サタンの悪の血が人類に混じってしまったことが原罪であるという考え方。

参考文献
櫻井義秀，2006，「摂理はキャンパスの中にいる——カルトの被害をどう食い止めるか」『中央公論』10月号：142-149
櫻井義秀，2007，「キャンパス内のカルト問題——学生はなぜ『摂理』に入るのか」『高等教育ジャーナル——高等教育と生涯学習』第15号：1-15

Ⅶ　カルトの諸相

7　オウム真理教

１　オウム真理教の教団形成

　1995年3月20日に東京の地下鉄5路線においてサリンが散布され，12名が死亡，5,500名が重軽傷を負わされた。無差別テロの実行犯はオウム真理教信者であった。警察の強制捜査により逮捕された信者は500名近く，そのうち起訴された者189名，有罪となった者は187名である。坂本弁護士一家殺害事件，松本サリン事件や地下鉄サリン事件などに関わり，無期懲役ないしは死刑判決を受けた信者は16名いる。

　オウム真理教（2001年にアーレフと改称）はチベット仏教にキリスト教の終末論とSF的発想を組み合わせた新宗教であり，1980年代の精神世界ブームの波に乗って急速に教勢を拡大した。教祖麻原彰晃（本名松本智津夫，1955-）により1984年に創始された「オウムの会」というヨーガ道場は，わずか数年で1,000名余の信徒を集め，1989年に東京都から宗教法人として認証されている。その後，熊本県波野村をはじめ，全国各地に道場やサティアンと呼ばれる施設が作られ，最盛期には出家者1,600人余，在家者15,000人余を抱えた。

　ヨーガの行法によりカルマから解脱することが教義・修行の核心であったが，信者数の増加につれて修行法，教義，教団戦略を変化させていった。グル（ヨーガの指導者）崇拝により，グルのDNA，脳波を弟子たちに伝え，コピーすることで解脱させようとしたり，LSDなどの麻薬により幻想・覚醒体験をさせたり，独房で死体のビデオを長時間見せ，マントラ（祭文・呪文）を唱えさせたりした。また，出家者の持ち込み資産を使って，麻原の被害妄想（世界最終戦争の予言）と権力欲（神聖法皇と自ら称す）を満たす武器・兵器開発，諜報活動，王国施設建設を行う。信者のリンチ殺害や反対派への攻撃を重ねるうちに暴力は増幅され，警察の強制捜査を攪乱するためにサリンをまいた。

　事件後，多くの信者は教団を去ったが，千数百名の信者は破産宣告を受けた教団施設から立ち退き，日本各地に集団で居住し，地域住民との軋轢を生んでいる。政府は1999年，オウム新法（団体規制法，被害者救済法）を成立させ，公安調査庁が教団を常時監視する体制が現在まで続いている。2006年時点で信者はなお1,600名余を数え，サリン事件後に入信した若者も少なくない。2007年に，教団は，死刑判決を受けた麻原を依然信奉する原理派と，上祐史浩を指導者とする改革派「ひかりの輪」に分裂した。事件被害者への損害賠償は終わっ

ておらず，オウム事件に巻き込まれた人々の傷もいまだ癒えていない。

② 膨大な報道・評論のなかで

1995年から10年あまりの間に膨大なオウム関連の報道特集，論評，書籍，ウェブサイトが登場した。それ以前は，脱会者の証言に基づいた江川紹子のルポルタージュのみがまともな本であった。

オウム情報は次のようにまとめられよう。①事件，裁判からオウム事件の全貌を探ろうとするルポルタージュ。②オウムの暴力性を宗教学的・倫理学的に考察するもの。③サブカルチャーとしてのスピリチュアリティやオウムと現代文化との連続性を指摘するもの。④元信者・関係者・被害者の証言。

これらの情報はインターネットで「オウム」を検索語とするだけで無数に出てくるだろう。しかし，オウム事件は風化しつつある。オウムと地下水脈で結びついているスピリチュアリティや占いは，視聴率稼ぎに格好の素材としてテレビ局に重宝がられている。その一方で，サリンの後遺症に苦しむ被害者への支援は十分ではないし，いまなおオウムの集団居住（世田谷区烏山のマンションなど）に悩む地域住民への司法・行政の支援はない。さらにいえば，出家したオウム信者の帰りを待つ家族が数百の単位で残されている。

③ オウム事件が日本社会にもたらしたもの

この問題を考えるだけで優に1冊の本になる。論点のみ挙げるので，読者に考えていただきたいと思う。オウム事件から日本人は何を学ぶべきか——。
①自己の解脱や真理への覚醒，世界救済を願う若者が，なぜサリンをまいたのか。実行犯の誰一人として散布を思いとどまり，現場から逃走したりしなかった。彼らは，松本智津夫にマインド・コントロールされたのか。
②無差別テロを実行した教祖を信奉する教団に，なぜ現在も信者が集うのか。事件後にオウムに入信した信者の心境はどのようなものか。自己の求道心と社会的事件が，彼らの意識のなかで分断されていたのだろうか。
③日本の宗教政策はオウム真理教の教勢拡大や犯罪に無力であった。どこに問題があったのか。宗教法人の所轄官庁は指導の権限を持たないのか。警察はなぜ事件捜査を徹底し，テロ行為を未然に防げなかったのか。
④宗教性善説は根底から崩れ，日本人の宗教不信は深まった。その一方で，サブカルチャーとしての占いやスピリチュアリティ・ブームに乗せられる人々は増えているように見える。このズレをどのように考えたらよいのだろうか。
⑤宗教的テロリズムは，アメリカの9・11同時多発テロ事件，東南アジアや中東，あるいはロシアやヨーロッパと世界各地で勃発している。宗教的過激主義に入り込む世界の若者とオウムの若者に共通点はあるのだろうか。

（櫻井義秀）

参考文献

江川紹子，1991，『救世主の野望』教育史料出版会
降旗賢一，1998-2004，『オウム法廷』全13巻，朝日新聞社
村上春樹，1997，『アンダー・グラウンド』講談社
カナリヤの会，2000，『オウムをやめた私たち』岩波書店
リフトン，R.，渡辺訳，2000，『終末と救済の幻想——オウム真理教とは何か』岩波書店
伊東乾，2006，『さよなら，サイレント・ネイビー』集英社
櫻井義秀，2006，『「カルト」を問い直す——信教の自由というリスク』中公新書ラクレ

VIII スピリチュアリティをめぐる現象

1 スピリチュアリティの系譜：過去から現代

1970年代後半以降，欧米諸国において「宗教」とは異なるニュアンスを持った，「スピリチュアル」「スピリチュアリティ」の語が多くの人びととの間で広く用いられるようになってきている。日本においてもこの語は2000年代以後，少しずつではあるが社会的認知を受けつつある。スピリチュアリティはどのような特徴を持ち，この概念はいかなる歴史的展開を経て現在に至るのだろうか。

1 宗教とスピリチュアリティの分化

欧米諸国においては，そもそも「宗教」と「スピリチュアリティ」はそれほど明確に区別されることなく，歴史上の比較的長い期間，人々に使用されている。しかし，20世紀後半になると，特定集団への帰属をよしとせず，個人の選択性を重視する「社会の個人化」と呼ばれる価値観が進展する。それに伴い，特定集団との排他的な関係を前提とすることの多い「宗教」には，個人の聖なる経験を阻むものというネガティブなイメージが増大する。

しかしながら，「自己を超えた何ものかとのつながり」への人々の関心は依然として高く，伝統的には宗教のなかに含まれていたそうした感覚を「宗教」と切り離して，「スピリチュアル」や「スピリチュアリティ」という語によって表現しようとしたのが，1980年代以降の傾向だといえるだろう。◁1

2 スピリチュアリティの特徴

筆者はスピリチュアリティを「おもに個々人の体験に焦点をおき，当事者が何らかの手の届かない不可知，不可視の存在（たとえば，大自然，宇宙，内なる神／自己意識，特別な人間など）と神秘的なつながりを得て，非日常的な体験をしたり，自己が高められるという感覚をもったりすること」と定義する。◁2

この定義には少なくとも3つの特徴が含まれる。第1は，広義の宗教を構成するいくつかの要素（教義，組織，儀礼，体験など）のうち，当事者の体験を特に重視する点にある。第2はその体験のなかでの何かとの「つながり」に着目する点，そして第3にはつながりを通しての「気づき」（学びや感謝）が生起すると考える点にある。

先進資本主義諸国を中心にグローバルな展開を示すスピリチュアリティ文化では，多様なつながりのなかでも「ありのままの自分」や「本当の自分」といった自己の内面，および大自然や宇宙との結ぶつきをとりわけ強調する傾向

▷1 宗教とスピリチュアリティの分化については，次の文献を参照。Zinnbauer, Brian, Kenneth Pargament, Brenda Cole, Mark Rye, Eric Butter, Timothy Belavich, Kathleen Hipp, Allie Scott, and Jill Kadar, 1997, "Religion and Spirituality: Unfuzzying the Fuzzy," *Journal for the Scientific Study of Religion*, 36 (4): 549-564.

▷2 伊藤雅之, 2003, 『現代社会とスピリチュアリティ』渓水社, iii

にある。逆に，近代社会において自己のアイデンティティを位置づける主要な役割を果たしてきた家族や地域共同体や民族，国家とのつながりは，ほとんど語られないか，自己を抑圧するネガティブなものとして扱われることが多い。

③ スピリチュアリティ文化の歴史的展開

スピリチュアリティ文化の時期ごとの特徴や一般社会との関わりは，大まかに3つの時期に分けて捉えることができる。▷3

第1期となる1960年代から1970年代半ばまでは，現状の社会体制や価値・規範に異議申し立てをする対抗文化（カウンター・カルチャー）として特徴づけられる。1960年代に欧米の若者の間で広まった対抗文化のなかでも，人間に内在するスピリチュアルなものを重視し，「意識変容が社会変革につながる」と主張する人々の運動がこの文化現象の主要な源流の1つであると考えられる。この時期には，東洋系の宗教家（ラジニーシ，クリシュナムルティなど）の思想が流布したり，インドやチベットへの放浪が一部の若者の間で広まったり，ヨーガや瞑想といったアジア系の身体技法への関心が高まったりした。

1970年代後半から1990年代半ばまでの第2期において，スピリチュアリティは下位文化（サブ・カルチャー）として展開した。政治の季節が終わった1980年代以降になると，社会変革志向は次第に弱まり，この文化への共鳴者は，プライベート空間における「自分探し」を追求し，また身体技法の面では西洋心理学の影響が大きくなる。ニューエイジ系のセラピーが各地で開催され，例えば体を動かす気づきのワークショップなどが隆盛になっていく。また，大型書店に「精神世界」のコーナーが常設されるようになるのも1980年代以降である。この時期には，スピリチュアリティ文化は多くの支持者を獲得するものの一般社会からは否定的に見られる傾向があった。それはあくまで主流文化と境界を隔てた下位文化としての広がりだったのである。

1990年代後半から現在に至る第3期は，主流文化への浸透として特徴づけられる。例えば，以前なら社会の周辺に位置づけられた癒しの空間が，現在ではデパートの1フロアを占拠したり，自然との調和を意識したライフスタイルを謳う「ロハス」▷4という概念が，現代の健康志向，自然志向ブームにも乗って，2004年頃から日本でも広く知られた標語となってきている。現在のスピリチュアリティ文化は広範な分野に拡散してきていることもその特徴として挙げられる。例えば，教育においては学校教育における「いのち」の重視，医療・社会福祉においてはホスピスやスピリチュアル・ケア（終末期医療）への関心が挙げられるほか，健康の分野でも心身二元論への批判は高まっている。このように，ホリスティック（全体論的）な世界観，未来の業績よりも現在の自己受容，理性よりも感情表現を重視するアプローチは，極めて裾野の広い文化現象となってきている。

（伊藤雅之）

▷3 さらに詳しいスピリチュアリティ文化の歴史的変遷については，次の文献を参照。伊藤雅之，2007，「社会に拡がるスピリチュアリティ文化──対抗文化から主流文化へ」張江洋直・大谷栄一編『ソシオロジカル・スタディーズ』世界思想社

▷4 ロハス（LOHAS: Lifestyles Of Health And Sustainability）
「健康で持続可能なライフスタイル」の略語。

VIII スピリチュアリティをめぐる現象

2 テレビ霊能者

1 テレビ時代の霊能者

1970年代以降,「超能力」「霊能」「霊視」などの能力があることを主張する人物が,テレビのバラエティ番組などに取り上げられブームとなる現象が周期的に見られる。そうした人物たちをここでは仮に「テレビ霊能者」と名づけ,考えてみたい。

2 テレビ霊能者の人気

テレビ霊能者の先がけとなった1人が,イスラエル生まれの自称超能力者ユリ・ゲラー (1946-) である。元手品師のゲラーは1974年に初めて日本のテレビに登場し,スプーン曲げや,故障した時計を再び動かすエネルギーをお茶の間に送るパフォーマンスなどを行った。その後すぐに,類似の能力を主張する子どもたちが日本各地に現れた(清田益章 (1962-),秋山眞人 (1960-) はそうした子どもたちであった)。当時の日本は,UFO 現象や映画『エクソシスト』(1973年),五島勉『ノストラダムスの大予言』[1]などが人気を集め,いわゆるオカルト・ブームが起こっていた。

その後も断続的にこうした超能力番組が放送されるようになった。例えば,透視能力があると自称する超能力者に,行方不明家族などの事件の解決を依頼する番組がしばしば放送されてきた。しかし,ほとんどの番組は事件解決の最終的な決め手とはなっていない。

1990年代後半には,宜保愛子 (1932-2003) がテレビに頻繁に出演するようになり,世界各地で歴史上の人物などの霊視を行うといった特番が人気を博した。1995年のオウム真理教事件以後,一時期はこうした霊能に関する番組は作られなくなったが,2000年代に入り,細木数子 (1938-) や江原啓之 (1964-) を起用したレギュラー番組が放送されるようになったことから,再びテレビ霊能者を目にすることが多くなった。

1980年代半ばから六星占術という占い本のベストセラー作家であった細木は,特に2003年以降バラエティ番組への出演が増え,そのなかで芸能人や相談者の悩みについて占い,時には先祖供養の大切さや保守的な倫理観・家族観まで説いた。

他方,神職の経験もあるという自称スピリチュアル・カウンセラーの江原は,

▷1 五島勉,1973,『ノストラダムスの大予言』祥伝社。フランスの預言者の詩を解釈して1999年に終末が来ると説いた。

人気番組『オーラの泉』(2005-2009年)で，ゲストの芸能人のオーラの色や前世，守護霊などを「霊視」し，生きていく上での助言をした。また特番『天国からの手紙』(2004-2007年)では，近親者が亡くなり悲嘆にくれている遺族（一般公募）の家で霊視をし，死者の「声」を遺族に伝えた。

3 批判と問題点

　このような番組が30年以上にわたって作られ続けているということは，神秘的なものに対して人々のなかに常にある程度の関心があり，かつ，そうした番組が一定の視聴率を取ることができるという事実を意味している。不思議な能力を信者の眼前で示すことは新宗教の教祖や歴史的な宗教家にもしばしば見られるが，テレビ霊能者はそうした機能の一部をテレビ番組で発揮しているともいえる。

　日本のテレビ霊能者の教えは，時代の流行を取り入れながらも，大筋では伝統的・通俗的な宗教観からさほど逸脱したものにはなっていないことが多い。宗教学者堀江宗正は，江原啓之の相談者への語り口にはカウンセリング的な技法と近似のものが見られるとしながらも，江原の説く「霊的真理」の構造は，日本の民俗宗教や新宗教の説く「霊界」の構造に近いと分析している。江原は「スピリチュアル」という言い方を一般化させるのにも貢献したが，スピリチュアルとは目に見えない霊的なつながりのことを指す言葉であるため，霊能・霊視の分野で使われても不思議ではない。

▷2 堀江宗正, 2006,「メディアの中の『スピリチュアル』江原啓之ブームとは何か」『世界』12月号：242-250

　もちろん，こうした霊能者のほとんどは，特定の宗教教団の布教を説いているわけではないし，個々の霊能者のテレビ界における人気は数年程度しか持続しないことも多い。しかし，その影響力を軽視すべきではないと憂慮する見方もある。超能力，超常現象，オカルト一般については，それを批判的に検証する懐疑論者（Skeptics）の運動も存在する。批判のポイントとしては，超能力者がトリックを使っているということ，霊能者の霊視が事前調査に基づいているのではないかという疑惑，長い目で見ると言動に矛盾があること，そして社会的に注目されている未解決事件などには一向にその能力を発揮しようとしないことなどが挙げられる。2007年には，全国霊感商法対策弁護士連絡会が，「霊能者」「占い師」の番組人気がカルトへの勧誘の素地を作りかねないとして，その行き過ぎを是正するよう求める要望書をテレビ局に提出した。

▷3 と学会, 1997, 『トンデモ超常現象99の真相』洋泉社

　テレビ霊能者は，人気が高く時に倫理的なことも説くがゆえに，その反動で少しの失態がバッシングにさらされやすい存在でもある。

　なお，こうした霊能に関する現象については，一般に女性のほうが関心が高いことが明らかになっている。

（小池　靖）

▷4 弓山達也, 1994,「現代日本の宗教」井上順孝編『現代日本の宗教社会学』世界思想社, 93-130

Ⅷ スピリチュアリティをめぐる現象

3 すぴこん

1 「すぴこん」とは何か

　すぴこんとは，正式名称をスピリチュアル・コンベンションといい，小泉義仁氏が2002年に始めたイベントで，公共の施設などを借りて行われる。出店者は，会場内に設置されたそれぞれのブースでスピリチュアルな商品・サービスを提供し，出店者以外の参加者は，入場料を払って入場し，自分の気に入った商品・サービスを購入する。扱われている商品は，オーラ写真やチャネリング，前世療法といったものからマッサージや無添加食品まで，幅広いジャンルにわたる。

　すぴこん自体は新しいものであるが，その萌芽は癒しブーム，心理ブーム，健康ブームの中に見ることができる。出店内容も精神世界ブームの頃に登場したものである。つまり，要素だけ取り上げれば，新しいものではない。

　すぴこんの特徴として，①フランチャイズ方式，②出店に際しての厳しい規定，③女性中心の参加者，④市場の論理，を挙げることができる。①は全国各地のすぴこんを小泉氏が統括する運営方式のことである。②は宗教団体の出店拒否や，霊感商法的なものや脅しをかける売り方を禁じるなどの，出店上の規定である。また，それ以外にも，参加者アンケートやスタッフによる出店者のチェックが行われている。③は，女性の比率の高さ，④は売れない店は撤退するという市場の論理が強く働いているということである。

2 出店内容と参加者

　すぴこんの出店内容を，札幌すぴこんを事例にまとめたものが表Ⅷ-3-1である。1つの店舗が複数のキーワードにまたがっているため，出店店舗総数とは一致しないことに留意されたい。これを見ればわかるように，物販を行っている店が圧倒的に多い。ただし，一口に物販といっても，水晶や波動水のようなものから無添加食品までと幅が広い。

　参加者の多くは20〜40代の女性であり，多様なジャンルの店舗の中でも多くの客を常に集めているのはオーラ写真である。カウンセリングの無料体験ができる店も，たくさんの人を集めている。

　ただし，参加者についての傾向は，開催地によって異なる。例えば，東京や札幌とは異なり，函館の場合にはオーラ写真にさほど人は集まっておらず，ま

▷1　通称テディさん。東京BBSの経営者であり，会社の一部門を利用して立ち上げたのが，すぴこんである。会社自体は2005年に閉鎖している。

▷2　そのほかに，無料で聞くことのできる講演会もある。

▷3　第1回札幌すぴこん出店者店舗のうち，第2回にも同一名で出店したのは28店舗であり，約半数が入れ替わっている。

▷4　オーラ写真をはじめとする人気店舗は，各地のすぴこんに出店している。

た会場には男性の参加者も目立っていた。これは，参加者数の大幅な違いと地域性の違いによって説明できる。

3 すぴこんをどう捉えるか

現代は，宗教の胡散臭さや拘束力を嫌う一方で，「魂の成長・癒し」を神秘的な力・つながり・体験に求める人々が増えている。すぴこんはそうしたニーズに応えて，スピリチュアルな想念・技法・物品を小分けにパッケージし，お手頃価格で販売する。すぴこんは，個人主義的な宗教性の在り方，および市場の論理に従う宗教の商業化という変化を端的に示している。

すぴこんに対する批判的な論点には次のようなものがある。
①「自分が変われば世界が変わる」とすぴこん関係者は考える。積極思考を身につけ，スピリチュアル・グッズのサプリメントをとることで，ストレスの多い競争社会に適合できるという。ここには癒しを求める現代人の不安が見え隠れする。
②スピリチュアルな自己を求めて自分探しの無限のループにはまる人がいる。AのヒーラーにはA'という私を確認してもらい，BのカウンセラーにはB'の私を再発見してもらう。N番目のスピリチュアル・カウンセリングにおいて，N'という前世があったと託宣を受ける。どこまでやれば満足できるのだろうか。
③すぴこんにはファンがマニアになり，自ら出店をめざす業者になるプロセスがある。すぴこん会場はスピリチュアルなグッズの実演販売をなす人々の顔見世興行であり，本格的な相談や施術・講習を希望する人たちには店舗に来るようにアドバイスをし，多額の費用がかかるコースをもれなく紹介する。学生や若い勤め人，主婦にとっては相当の出費である。しかし，クライアントとして相談や講習に通っているうちに自分同様の関心を持つ人が少なくないことを知る。しかも，この種のセミナーには事業者養成コースを併設しているところもあり，業者は顧客への直接販売，ネットワーク作りを通した新規の顧客開拓と新規参入者の教育により経営をなしている。この仕組みを理解し，才覚のあるものが新規参入を考える。その結果，いとも簡単に，医療・カウンセリング・教育などの極めて高度な専門性と資格を要する領域に素人が参入するのである。不測の事態に誰がどのような責任を取るのか。主催者は全て自己責任といい，市場の論理が徹底している。しかし，自己の選択に責任を取りきれる人たちであれば，おそらくすぴこんには行かないと思うのであるがどうであろうか。

(小柳太郎・櫻井義秀)

表Ⅷ-3-1　札幌すぴこんの出店内容

物　販	34	ヒーリング	7
マッサージ	9	オーラ	5
コーチング	3	カウンセリング	5
チャネリング	2	霊　気	1
リーディング	5	エンジェル	1
セラピー	3	守護霊	2
波　動	1	人生相談	3
霊　視	1	診　断	3
書　道	1	宣　伝	3
占　い	4	チャクラ	1

出所：2006年度北海道大学社会学演習ゼミ報告書より作成。

参考文献

島薗進, 1996, 「聖の商業化──宗教的奉仕と贈与の変容」島薗進・石井研士編『消費される宗教』春秋社

弓山達也, 2006, 「オウム事件の風化で再び花開く癒しの市場」『中央公論』12月号：168-175

櫻井義秀, 2007, 「スピリチュアリティ・ブームと下流化」『学士会報』865号：129-134

Ⅷ スピリチュアリティをめぐる現象

4 マンガ・アニメ，インターネット上のスピリチュアリティ

1 現代社会に拡散するスピリチュアリティ

　1980年代以降，欧米諸国において，「自己を超えた特別な存在（神，仏，大自然，宇宙など）とのつながり」を指す「スピリチュアル」「スピリチュアリティ」の語が広く用いられるようになってきている。日本でも1990年代後半以降，これらの語を新聞・雑誌などで目にする機会が徐々に増えてきた。伝統的には，主に宗教世界において展開されてきた，自己を超えた存在とのつながりを強調する精神文化は，現代では，臨床心理，教育，医療，生命倫理などの宗教周辺領域のみならず，マンガやアニメ，あるいはインターネット空間といった領域においても，ときとして独特なかたちで表出されることがある。◁1

2 マンガ・アニメとスピリチュアリティ

　まず，従来は文学や映画といったメディアにおいて描かれた広義の宗教的，あるいはスピリチュアルなテーマが現代のマンガやアニメで描かれたり，その主要なテーマになっている場合がある。

　古くは手塚治虫の『火の鳥』シリーズ（1954-89年），無免許の外科医が主人公の『ブラック・ジャック』（1973-78年）などでは人間の生命に関わる問題，生きる意味，老いや死など，人間の根源に関わる問題が鋭く描き出されている。また，ジョージ秋山は，1970年代より現在まで『浮浪雲（はぐれぐも）』を描いており，その作品には老荘思想や禅仏教などのメッセージが埋め込まれ，「ゆったりと流れる雲のように」生きる主人公のあり方は，現代人への指針となっている。彼はまた，2005年から『聖書　旧約編，新約編』全6巻シリーズも刊行している。

　より近年では，欧米でも高い評価を得ている宮崎駿のアニメにおいて，人間と自然との共生やすべての生き物にいのちが宿るというアニミズム思想を前提とした作品が描かれている。「風の谷のナウシカ」（1984年），「となりのトトロ」（1988年），「もののけ姫」（1997年），「千と千尋の神隠し」（2001年）といった極めて多くの観客動員を記録した宮崎作品には，精霊や神々がしばしば登場し，人間と自己を超えた存在との交感がテーマになっている。さらに，一部に熱狂的な支持者を持つSFアニメ「機動戦士ガンダム」や「新世紀エヴァンゲリオン」では，明確な生きる目的の定まらない主人公のアイデンティティの確立に向けた「自分探し」が主要テーマの1つとなっている。マンガやアニメが

▷1　現代社会に広がるスピリチュアリティを考察した研究書として次のものが挙げられる。伊藤雅之，2003，『現代社会とスピリチュアリティ』渓水社。伊藤雅之・樫尾直樹・弓山達也編，2004，『スピリチュアリティの社会学』世界思想社。樫尾直樹編，2002，『スピリチュアリティを生きる』せりか書房。島薗進，1996，『精神世界のゆくえ』東京堂出版。島薗進，2007，『スピリチュアリティの興隆』岩波書店。湯浅泰雄・春木豊・田中朱美，2005，『科学とスピリチュアリティの時代』ビイング・ネット・プレス。

人間や社会の深層を掘り下げようとするとき，小説や映画と同じく，必然的に宗教的，スピリチュアルな主題と結びつくのだと考えられる。

❸ ネット空間が生み出すスピリチュアリティ

　マンガやアニメと同様に，インターネット上においても宗教的，スピリチュアルなコンテンツは様々なかたちで存在している。伝統宗教や新宗教の宣伝，紹介のサイトをはじめ，「精神世界」に関するホームページやブログ，占いやスピリチュアル・カウンセリングに関わるサービスまで多岐にわたる。

　こうしたコンテンツとは別に，オンラインゲームやウェブ上のコミュニティでの人々のコミュニケーション，ブログ（公開日記）の作成や共感するブログへの書き込み，あるいはメル友や出会い系サイトで知り合った他者とのメール交換といったネット上での交流は，急激な親密性を生み出し，ときとしてスピリチュアルな体験をもたらす場合がある。

　ネット空間が生み出す急激な親密性の形成には，主に3つの要因が関与している。第1に，インターネットでは，文字のみによるコミュニケーションが行われるため，相手に空想や感情を過大に投影したり，自分の都合のよいように相手の気持ちを解釈しがちとなる。第2に，メールはいつでも気軽に送受信できるため，メール相手は自分の日常を決して侵食しない理想の存在となる。第3に，ネット上の交流は，相手の社会的，個人的な手がかりの少ない，極めて高い匿名性のもとで行われるため，様々な犯罪を誘発する要因ともなっているが，同時に，独特の安心感が生みだされる場合が多い。

　こうした諸要因が重なり，オンライン上の相手は，お互いの心の奥底にある最も大切な部分を分かち合い，理解し，温かい賛同の言葉をシェアする特別な存在へと進展していく。当事者の凝集された思いが相手とシェアされるとき，人々はそれを「魂の付き合い」と感じることが起こりうる。これこそ，まさにスピリチュアルな体験として理解できるものである。

　現代社会では，家庭や地域，学校や職場といった生活の場における個々人のつながりが希薄化し，ヴァーチャルな世界のなかに「本当の自分」を表現し，他者との親密性を形成する場所を求める現代人が増えていると思われる。しかし，そもそも，神や仏や死後の世界といった宗教世界自体，ある意味でヴァーチャルな空間として捉えることもできる。ネット上の他者は，神や仏や天使と同じように神秘性を帯びた「むこう側」に存在するからこそ，こちら側にいる自分を真に理解し，受け止めてくれる存在となるのである。

　マンガやアニメという創作，あるいはインターネットという仮想空間においてスピリチュアリティが表出されるのは，こうした「見えない何かとのつながり」というスピリチュアリティ本来の特性とそれらのメディア（媒介）に相性の良さがあるからだといえるだろう。

（伊藤雅之）

▷2　メールが親密性を形成するメカニズムについては，伊藤雅之，2003，「ネット恋愛とスピリチュアリティ」『現代社会とスピリチュアリティ』渓水社，第7章にて詳しく論じた。

VIII スピリチュアリティをめぐる現象

⑤ 自己啓発セミナー

① 自己啓発セミナー

　自己啓発セミナーとは，アメリカで発祥し，日本でも1980年代後半以降に流行した，有料の個人向け講習会の一種を指す用語である。◁1 それは，心理学的・心理療法的な発想に基づいて作られたと主張されるプログラムであり，グループ・セラピー（集団心理療法）の技法を人々に普及させた面もあった。しかし一般的には「精神世界」や「カルト」とも近い現象だと報道されてきた。呼称としては「自己開発セミナー」「人格改造セミナー」「気づきのセミナー」などもある。

② 歴史

　自己啓発セミナーのルーツは，1970年代初めにアメリカで始まったエアハード・セミナーズ・トレーニング（通称 est）やライフスプリングという団体である。こうした団体が主催するセミナーは，一度に数十人から数百人の受講者を集め，西海岸を中心にアメリカ各地で開催され一定の人気を集めた。

　当時のアメリカでは，裕福な層を中心として，エンカウンター・グループ（見知らぬ人たちが数日間ぶっ通しで語り続けるグループ）や瞑想法などが人気を博していた。個人の能力を開発するこうした様々な実践はヒューマン・ポテンシャル・ムーブメント（人間潜在能力開発運動）とも呼ばれた。自己啓発セミナーは，このヒューマン・ポテンシャル・ムーブメントの産物であるとされる。

　自己啓発セミナーは通常ホテルの大きな会議室などを借りて，連続する2-4日間にわたって開催され，受講料は約7-30万円程度である。講師（トレーナー，ファシリテーターともいう）による講義もあるが，プログラムの中心は，複数の参加者が小グループを組んで行う体験的ゲーム（実習，エクササイズともいう）である。その内容は，表Ⅷ-5-1のようなものだ。

　自己啓発セミナーの中心的メッセージは次のようなものである。人間はみな心の中に素晴らしい輝く自分を持っているが，親のしつけや社会の価値観に拘束されて生きている。セミナーによってその自己の限界を打ち破れば（ブレイクスルーすれば），個人は自己の可能性を最大限まで実現できるようになるという。◁2

　日本では，1977年にライフスプリングの関係者らによってライフダイナミッ

▷1　小池靖, 1997,「商品としての自己啓発セミナー」河合隼雄・上野千鶴子編『現代日本文化論8 欲望と消費』岩波書店, 125-154

▷2　芳賀学・弓山達也, 1994,『祈る ふれあう 感じる』IPC

表Ⅷ-5-1 自己啓発セミナーの主な実習内容

実習の名称	内容	ねらいなど
ダイアード	向き合って座って互いの話を聞く	傾聴と自己の振り返り
フィードバック	大人数で1人に対して否定的な（あるいは肯定的な）評価を浴びせ続ける	容赦ない評価で追い詰める
瞑想	両親を思い出したりしながら，暗闇のなかで誘導瞑想をする	親と和解し，感謝しながら生きる
秘密の告白	これまで話したことのない自己の秘密を打ち明ける	親密性の構築など
赤黒ゲーム	2グループに分かれ赤か黒かに「投票」して高得点を競い，そのプロセスをのちに批判的に振り返る	ともに勝つ関係（Win-Win 関係）を説く
選択の実習	フォークダンスの要領で対峙し，その相手に対して，見つめ合うか握手するか抱擁するかを選ぶ	他者から承認される喜びを味わう
救命ボート	1人しか生き残れない状況を設定し，生き残ってほしい人に投票する	極限状態で自己を振り返る
変身劇	その人らしくないキャラクターを設定され，仮装なども準備してばか騒ぎをする	自己変革できるということを学ぶ
契約	新しい自分にコミットすることを契約する	自己変革を皆の前で承認してもらう
卒業式	コース修了式。紹介者によるサプライズ参加がある	新しい自分に区切りをつける
エンロール	セミナーに友人などを勧誘する	セミナーへの無償の営業活動

クスが設立されている。

3 意義

　自己啓発セミナー会社のほとんどは個人向けの研修によって収益をあげている私企業であり，宗教法人ではない。しかし自己啓発セミナーは，宗教でいう「回心」や「悟り」のプロセスをパッケージ化して短期間に体験させようとしているようにも見えるため，個人主義的な時代に宗教が商品化されていく一事例であると分析されてきた。宗教学者島薗進や，イギリスの社会学者ポール・ヒーラスは，自己啓発セミナーをニューエイジ運動の一部であると捉えている。

▷3　島薗進，1996，『精神世界のゆくえ』東京堂出版

　しかし，ブームとなるにつれて，マスメディアでの自己啓発セミナーの評判は次第に悪くなっていった。特に，上級コースで「セミナーで学んだ成果を使って人を動かす」といった名目で，受講者に友人などを勧誘させたため，新興宗教的，ねずみ講的な印象を世間に与えることになった。

　ごく限られた事例であるが，なかにはセミナー会社の主宰者が超人的・超自然的能力があると主張したり，信奉者と共同生活を営んだりした結果，「カルト」だと報道された事例もある。「グル」高橋弘二が1999年にミイラ化した受講者の遺体を生きていると主張したライフスペースや，共同生活していた児童が2004年に児童相談所に保護される騒動にも発展したホームオブハート（レムリアアイランド）は，特に注目を集めた。

（小池　靖）

Ⅷ　スピリチュアリティをめぐる現象

6 アルコールと宗教

1 アルコールと宗教

　ある禁酒法研究者が，話を聞きたいと晩餐に招かれた。土産としてワインをもっていったところ，禁酒家族だった…こんなエピソードがある。宗教は飲酒に厳しい面がある。旧約聖書には，飲酒を避けるべき悪習とする記述があり，仏教には五戒の1つに不飲酒戒が説かれ，イスラームでも飲酒は礼拝の妨げになると戒める。

　しかし，宗教は一方的に禁酒を説くだけではない。カトリックの聖体拝領という重要な儀式では，ワインをキリストの血，パンをキリストの身体に見立てて，それを信者が口にする。キリストが十字架にかけられたという事実を思い出すための儀式である。また，神道では御神酒を奉納し，儀式後の直会という食事の場で氏子がそれを分け合う。酒が作り出す適度の酩酊で一体感を作り出すことが重視されているのだ。

　このように，宗教の酒への態度は単純ではない。イスラームの預言者ムハンマドは酒の効能を評価してもいた。彼が酒を戒めたのは，旧約聖書の戒めにならったことと，伯父が泥酔してラクダを惨殺する蛮行に及んだことがきっかけとなっている。また西部開拓期のアメリカでは，長距離移動する巡回説教師に暖を取らせるためラム酒などでもてなした。酒は飲料でも薬でもあったからだが，そのためにアルコールに依存する説教師もあった。

2 自己管理が求められた近代の禁酒

　19世紀末から20世紀初頭にかけてのアメリカでは，飲酒は堕落に直結すると考えられ，社会全体に禁酒の気運が高まった。1851年メイン州で最初に禁酒法が成立したのを皮切りに10以上の州で州禁酒法が成立した。また1919年から1933年まで禁酒法（合衆国憲法修正第18条とその実施細目を定めたヴォルステッド法の総称）が施行され，アメリカは禁酒国となった。

　しかし宗教的理由だけではこのような全米レベルの出来事は説明できない。鉄道会社や製鉄会社などの先端産業では，職場の安全性と生産性の向上のため，勤務時間中の飲酒を禁止する職場が増えた。また，第1次世界大戦中には，食糧たる穀物を酒にすることへの批判もあった。また，夫の飲酒に苦しんでいたアメリカの妻たちは選挙権を持っていない一方（1920年に普通選挙法が成立），酒

▷1　例えば「箴言」20章1節。

▷2　例えば，『クルアーン』の5章91節。『日亜対訳注解　聖クルアーン』，1990，日本ムスリム協会。

▷3　氏子
神社のある地域に住む人々。神に守られる子どもという意味で「氏子」と呼ばれる。

▷4　『聖クルアーン』2章219節。また，「飲み物の章」，『日訳 サヒーフ ムスリム』，1989，日本ムスリム協会。

造業者の男たちが政界に幅をきかせていたことが問題視されていた。したがって，婦人の参政権獲得と禁酒社会の実現とがともに目指されたのである。結局，婦人参政権は実現したが，禁酒社会はやはり難しいということになったのだが。

③ アルコーホーリクス・アノニマスの登場

他方，社会全体の禁酒でなく，飲酒の問題を持つ人だけが自覚的に断酒しようという運動も現れる。そのうちで最も重要なのが，アルコール依存症者の匿名断酒会，アルコーホーリクス・アノニマス（Alcoholics Anonymous, 通称 AA）である。AA は，1935年に，アメリカで2人のアルコール依存症者が出会い，自分の飲酒体験を分かち合うことで断酒を続けられると気づいたことに始まる運動である。現在，全世界に広まり，約200万人のメンバーがいる。

断酒を目的としたこの運動は宗教ではないのだが，いくつかの点で宗教と似ている。表面的な類似としては，酒なしの生き方を目指す「12のステップ」で，苦しみを預かってもらう「自分を超えた大きな力」への言及がある。そもそも創始者の2人を結びつけたのはオックスフォードグループという宗教運動だった。AA はアルコール依存症に特化してその運動から独立するが，悩みを分かち合う集会の形式は引き継いだ。集会では，断酒を続けるための具体的なノウハウを，同じ体験を持つ先輩が伝え，酒場に行く時間帯に参加することにより新しい生活習慣を形成する。

④ 弱さを認める生き方

また，この集会は，飲酒習慣だけでなく生き方全体を見直す機能も果たしている。例えば，飲酒行動に見られる自己管理能力の競い合いが見直される。

私たちの常識では，飲酒運転で事故を起こしたり，身体をこわしたり，酒乱で人間関係をだめにしても断酒できないのは，自己管理能力が弱いためだと見られる。この自己管理能力は，飲酒を制するだけでなく飲酒を進める向きにも働く。飲酒の量や強さを比べたり，飲酒による社交能力の増強が重視されたりする場面である。

自己管理能力の強化をめざすのではなく，逆に，その能力を飲酒を進める向きに流用してしまう弱さを認めることに断酒継続の道があると AA は示す。飲み過ぎて取り乱したり身を持ち崩したりしたときは，自己管理さえむずかしい。酒に振り回されてしまう自分の弱さを認め，自らの失敗も含め正直に語ることが断酒継続につながる。この発想は，カトリックで行われる**告解**にも比すことができ，また現代社会においては，職場内，家庭内，男女間等々の力関係を考える上でも示唆的である。自分の弱さを語り合うという方法は，他の依存症の仲間の会，子育てサークル，難病に苦しむ患者や家族の会，犯罪被害者の会などにも応用され，様々な自助グループを生み出した。　　　　（葛西賢太）

▷5　告解
カトリックの神父に対し，自らが犯した罪を懺悔反省したり，人生上の助言を求めたりすること。聖体拝領と並ぶカトリックの重要な儀式の1つである。神父は告解の内容について守秘義務を持つ。

【参考文献】
岡本勝, 1996,『禁酒法——「酒のない社会」の実験』講談社現代新書
岡本勝, 1994,『アメリカ禁酒運動の軌跡——植民地時代から全国禁酒法まで』ミネルヴァ書房
葛西賢太, 2007,『断酒が作り出す共同性——アルコール依存からの回復を信じる人々』世界思想社
AA 日本出版局, 2002,『アルコーホーリクス・アノニマス』AA 日本ゼネラルサービスオフィス
野口裕二, 1996,『アルコホリズムの社会学——アディクションと近代』日本評論社
斉藤学, 1995,『魂の家族を求めて——私のセルフヘルプ・グループ論』日本評論社

VIII　スピリチュアリティをめぐる現象

7　自分探しと巡礼ブーム

　宗教社会学の古典的な見方に従えば，宗教は世界を聖と俗に二分するという。聖なるものが顕現する場，つまり，神や仏，聖人，教祖などの宗教的なものに関係づけられた特別な場が聖地である。巡礼はそのような聖地をめぐる旅であり，したがって宗教的実践であると理解されてきた。
　だが近年，巡礼は宗教や信仰よりもむしろ，「癒し」や「自分探し」という言葉に結びつけられる傾向が指摘されている。

1　歩き遍路ブーム

　交通網の発達した現代社会において，あえて長い道のりを長い時間をかけて自分の足で歩きながら「巡礼」する人々が増えている。特に1990年代以降に社会現象として注目されているのが四国遍路である。
　四国遍路の巡礼者数は，2002年で約8万人と推計されている◁1。同じ年の「歩き遍路」と呼ばれる徒歩巡礼者は2,500人程度に過ぎないが，1993年からの10年間で約6倍に急増していることは見逃せない◁2。歩き遍路はメディアで報道される情報としても圧倒的に多い。また2000年頃からは，四国の地元社会でも，巡礼路（遍路道）や休憩所の整備，後述する接待の活性化など，様々な受け入れの試みがなされるようになっている。

2　「自分探し」と通過儀礼

　現代の歩き遍路ブームで興味深いのは，しばしば「自分探し」と関連づけられることである。例えば，2006年秋に放送されたテレビドラマ『ウォーカーズ』（NHK）では，「迷子の大人たち」という副題がつけられ，人生において自らの立ち位置や他者との関係性が不明瞭になった人々が，その解決の方向性を探して歩き遍路をする姿が描かれた。
　このことは，歩き遍路の年齢層とも関係がありそうだ。歩き遍路は50歳代60歳代と，20歳代に集中している◁3。就職と定年退職という人生の転機にあたる年齢層であり，今後の進路についての模索や決定を迫られる時期である。
　これまで，人生の節目において個人の属性や社会的役割の更新を担ってきたものに成人儀礼などの通過儀礼がある。ファン＝ヘネップが示唆したように巡礼もその1つであった◁4。民俗学も，一人前の大人として認められ，結婚を許されるための条件として四国遍路が行われた時代や地域があったことを報告して

▷1　佐藤久光，2004，『遍路と巡礼の社会学』人文書院
▷2　愛媛県生涯学習センター編，2003，『四国遍路のこころ』愛媛県。
なお，▷1と▷2は統計の取り方が異なる。▷1は56番札所の会計資料からの計算値であり，▷2は1番札所で歩き遍路に記入を求めているノートからの集計値である。
▷3　愛媛県生涯学習センター編，2003，『四国遍路のこころ』愛媛県
▷4　ファン＝ヘネップ，A.，綾部恒雄・綾部裕子訳，1995，『通過儀礼』弘文堂。なお，巡礼を儀礼として捉える研究を発展させてきたのが文化人類学である。特に，巡礼は「コミュニタス」という概念で示される実存的な平等関係が実現される場であるとしたターナーの議論は，今日の巡礼研究に大きな影響を与えている（ターナー，V.，梶原景昭訳，1981，『象徴と社会』紀伊國屋書店）。

いるが，共同体に埋め込まれた社会制度としての巡礼＝通過儀礼は，社会そのものの変化により，今日ではほぼ消滅している。

だが，現代の歩き遍路においても，「本来」の自己や新しい人生の意味の探求が強調されるということは，四国遍路に個人化された通過儀礼としての意味が新しく見出されているのだといえよう。

3 再構成される転換の舞台

四国遍路の道のりは長い。遍路道は全長約1,400 km，徒歩ならば40日以上かかるといわれている。そこは望めば1人になれる空間であり，一歩一歩，ひたすらに歩く時間は，同時に自らの内面を考察する格好の契機ともなる。

歩き遍路では，近代的な車道が敬遠され，小道が好まれる。特に山道や浜辺の道など，自然の中を通過する道が「本来の」遍路道と捉えられ，道標や石仏などを手懸かりに有志の手によって各地で「古道」が「再生」されている。

さらに重要なのが接待である。接待は，巡礼者に金銭や財物などを施すことで功徳を分け頂くという巡礼習俗であるが，近年の四国遍路では優しさやふれあいといった人々のこころの交流の舞台に読み替えられている。

こうした環境のなかで，巡礼者がしばしば到達するのが，自然や他者への感謝の気持ちや，共生の感覚の体得である。ある男性は，延々と続く海辺の遍路道を歩いている途中，ふと空や海と自己との一体感を感じ，自らが「自然」の中に生かされていることを認識したのだという。◁5 己の肉体を駆使して歩くこと，すなわち自律的に「生きる」ことの繰り返しの動作から，「生かされている」という逆説的な感覚が生み出されることは非常に興味深い。

また，巡礼者のなかには，深い悩みや苦しみを抱えている人も少なくない。かつて筆者がインタビューした女性が歩き遍路を始めたのは，愛息が余命半年の重病に倒れるという苦しみからであった。息子の病気平癒を願う彼女の祈りは，最終的には叶えられなかった。だが，彼女は道中で，同じように苦しみを抱えた他者と出会い，〈苦しみへの見舞い〉と読み替えられた「接待」を行いながら労り，慰め，励ましあう方法を見つけ出す。そして，自分は巡礼で助けられたという救済の感覚と，亡き息子の霊を弔いながら残された家族と共に生きるという新たな〈生〉のあり方を獲得した彼女は，供養と御礼参りを兼ねた新たな遍路の旅に出たのだという。◁6

現代の四国遍路は自然や他者とのつながりの舞台として再構成されており，若者や定年前後の中高年など，人生の節目にある人々，あるいは突発的な出来事により人生の危機や転機に直面した人々などが，新しい関係性を獲得し，自らの〈生〉を書き換える，格好の転換の舞台となっているのである。

（浅川泰宏）

▷5　星野英紀・浅川泰宏, 2011, 『四国遍路――さまざまな祈りの世界』吉川弘文館

▷6　浅川泰宏, 2008, 『巡礼の文化人類学的研究――四国遍路の接待文化』古今書院

参考文献
星野英紀・浅川泰宏, 2011, 『四国遍路――さまざまな祈りの世界』吉川弘文館
佐藤久光, 2004, 『遍路と巡礼の社会学』人文書院
真野俊和, 1991, 『日本遊行宗教論』吉川弘文館

VIII　スピリチュアリティをめぐる現象

8　医療とスピリチュアリティ：日本におけるビハーラの試み

1　新たな時代の意味づけを持つ「ビハーラ」

　人生の終末を迎える患者を医療者はどのように支えるのか，というターミナル（終末期）ケアの分野において，医療とスピリチュアリティ（霊性）の議論が盛んになってきた。「死を待つだけの私に存在価値はあるのか」と，生きる意味を失いかけそうになる患者に対して，キリスト教文化圏では**チャプレン**[◁1]という存在がケアにあたっている。近年の日本で「ビハーラ」をキーワードにした仏教を基盤とする動きがある。

　ビハーラ（Vihara）とはサンスクリット語で，本来「僧院，僧侶の生活や休息の場」を意味する。しかし近年「仏教者の医療，福祉への社会貢献活動」という新たな意味づけが加えられた。

　現在「ビハーラ」という呼称を使用する流れにはいくつかある。
①仏教**ホスピス**[◁2]としての用法（ビハーラ病棟）。
②患者の苦痛緩和における仏教僧としての用法（ビハーラ僧）。
③生老病死の現場における支援活動の用法（ビハーラ活動）。
④仏教看護としての用法（仏教看護・ビハーラコースの設置）。

　ただ，これらはここ20年以内の動きであり萌芽期であるといわざるを得ない。いずれも葬式仏教といわれる仏教のあり方に対する批判や，仏教者は本当にいのちに寄り添ってきたのかという問題意識を共通して持っているだろう。

2　ビハーラ病棟での現場から：Being の大切さを学ぶ

　ここでは，筆者が関係している佼成病院緩和ケア・ビハーラ病棟での例を挙げてみたい。佼成病院は，仏教系新宗教教団の立正佼成会附属病院として1952年に設立，2004年に緩和ケア・ビハーラ病棟が開設され，終末期医療が本格的にスタートした。医療スタッフに加え，様々な専門職が連携を取りながらチームとなって患者へのケアを行うことをめざし，患者のスピリチュアルなケアに対応できるようスピリチュアルケアワーカー[◁3]（SCW，心の相談員）を置いた。

　医療スタッフとは違う立場であることをわかりやすくするため，病棟内ではエプロンを着用し，談話室の花瓶の水を取り替えながら，自然に患者や家族に出会い，話し相手になろうとした。信頼関係が生まれると，患者への絵本の読み聞かせ，縫い物，塗り絵などを通して一緒に過ごす機会も増えてくる。

▷1　**チャプレン（Chaplain）**
病院や学校などの施設で働く聖職者のこと。キリスト教では，自らが犯した罪の告白などを聖職者に告げる懺悔や，病を持つ患者が聖職者に対して神や聖書の話をともにすることが一般的に行われており，そのような場合にチャプレンが宗教的なケアの担い手となる。

▷2　**ホスピス**
原語はラテン語の Hospitium で，もてなす，あるいは主人と客の両方を指す。原始キリスト教時代に始まり，中世には聖地巡礼者への宿泊施設として発達した。現代ホスピスは，1967年にイギリスのシシリー・ソンダース氏が創設したセント・クリストファーズ・ホスピスに始まる。終末期患者の苦痛緩和に対して，医療，看護職およびソーシャルワーカー，チャプレンらとチームを組んだ全人的なケアを指す。

▷3　立正佼成会は在家仏教を柱としているので，布教経験がある役職者や「教師」資格者も僧侶ではない。SCW は，布教経験の豊富な者およびカウンセラーの資格を持つ者らがチームを組み，教団任命を受けて始まったものである。

また，時には看護師からの要請を受けることもある。例えばAさん（女性）は「同じ夢を何度も見るんです。寝るのが怖い」と強い不安を訴えていた。看護師に呼ばれたあるSCWはベッドの傍らに座り「そう，怖いの。怖いよね」と，Aさんの怖いと思う気持ちをそのまま受け止めた。「娘に迷惑をかけるから早く死にたい。だけど死ねないの。どうして死ねないのかなぁ」と問う彼女の手足をさすりながら沈黙のままその気持ちに寄り添う。「ゆっくり眠って大丈夫よ。ずっとここにいるから」と声をかけるとAさんの呼吸は次第に落ち着き，やがてうとうとし始めた。

SCWのこの関わりは，患者の思いをそのまま受け止める傾聴の姿勢である。現場では，何かをする（Doing）よりもただそこにいる（Being）ことが重要な場面に遭遇するのである。

3　現場でのスピリチュアルケアの難しさ：私の失敗談

Beingの大切さを実践できても，それだけではスピリチュアルケアが十分だとはいい難い。日本人の宗教性は必ずしも特定の宗教に結びつかないがゆえに様々な困難を伴う。筆者がその難しさを痛感した失敗談を紹介したい。

Bさん（女性）は，特定の信仰はないが，病棟内での散歩のとき必ず多目的室にある仏像に手を合わせていた。毎朝読経にやってくる私と自然に世間話をするようになった。Bさんは私を少し警戒していたが，若い頃ある宗教に無理やり入会させられそうになった話をするなど宗教の話もするようになったある日，「あなた般若心経はよく知っているの？」と声をかけられた。私は「普段読んでいるお経とは違うので，よく知らないのです」と正直に告白した。「実はね，般若心経の写経をしたいと思っているのよ」と購入した写経セットを見せてくれた。私はその時彼女が宗教的ケアを必要としていると思った。そして以前から勉強しようと思って自分で準備してあった般若心経の本を彼女に提供させてほしいと看護師長に許可を求めた。

すると「それは誰が主体なのですか？　患者さんですか，それともあなたですか？　患者さんの準備されたものはどうするのですか？」といわれてハッとした。Bさんのペースではなく私のペースで宗教的な話に持っていこうとする危険があることに全く気付かなかったのだ。Bさんは般若心経を通して仏教の知識を得たいのではなく，ただ写経を通して心の安らぎを求めていたのである。師長の一言で我を取り戻し，再びBさんと自然に語りあい，写経に取り組む彼女を心から応援できるようになった。

このように，医療とスピリチュアリティを意識して現場に関わる立場にいると，多様な宗教観があり一筋縄ではいかないことを思い知らされる。困難ではあるが，患者との出会いを通して，医療スタッフ，SCWの仲間と新たな道を拓いていけたらと思っている。

（浦崎雅代）

参考文献

田宮仁，2007，『「ビハーラ」の提唱と展開』学文社

井上ウィマラ，2006，『人生で大切な五つの仕事──スピリチュアルケアと仏教の未来』春秋社

大下大圓，2005，『癒し癒されるスピリチュアルケア──医療・福祉・教育に活かす仏教の心』医学書院

IX 慰霊と社会

1 水子供養

1 水子供養とは何か

現代の人工妊娠中絶（以下，中絶と略す）にあたる「子おろし」は，近世から明治時代にかけて全国的慣習として存在した。さらには，生まれてすぐに意図的に命を奪ってしまう「間引き」もあった。「神霊から授けられた生命だけれども，経済的理由からいまは育てられないのでお返しいたします。また必要なときに戻してください」というように，霊魂の再生を信じた上での子おろしや間引きであったと考えられる。近世には死産や自然流産・人口流産（中絶）の場合に子どもの葬儀を行うことはなく，胎児を大人と同様に供養することはなかったのである。

水子供養とは「中絶・流産や死産した胎児を個人がある宗教団体に行って（あるいは依頼して）供養すること」である。これは1970年以降に始まり，80年代にブームとなって日本社会に根づいた。供養の動機は胎児に対する罪の意識から逃れるためであったり，悩み事を解消するためであったり，自分の将来の幸福を願ったり，タタリを恐れてなど，様々である。仏教的な供養の仕方は，例えば僧侶が経典を読んだり，真言や題目を唱えたりしながら，経木を滝に流したり，塔婆に水をかけるといったものである。供養を依頼して儀礼に参加した者たちは，僧と一緒に読経したり，真言や題目を唱えたり，焼香したりする。ちなみに経木や塔婆には胎児の死亡年月日や「〇家水子の霊位」「〇童子」などの字句が墨書される。図IX-1-1のように水子地蔵には，子どもが喜びそうな菓子や人形が供えられる。

2 水子供養が根づいた社会的要因

なぜ現代に至って民衆が水子供養を必要とするようになったのだろうか。胎児・子どもの概念が大人と同一に扱われるようになったということが大きな要因であろう。胎児が"人間"として見なされるようになったのは科学の発達と関連している。特に1970年に，超音波エコーを用いて胎児の様子をリアルタイムで見る器具が開発され，1980年代に一般の病院に普及したことにより，胎児を視覚的に確認することができるようになった。病院によっては"親切"に胎児の様子をビデオに撮ってくれたり，記念に写真をくれたりすることも珍しくない。胎児を人間（のようなもの）として理解する素地が病院で培われるので

▷1 近世の胎児・子ども観は，千葉徳爾他，1983，『間引きと水子』農山漁村文化協会を参照されたい。

▷2 星野智子，2003，「現代社会における胎児の生命観」国際宗教研究所編『現代宗教 2003』東京堂出版

ある。

　また経済の状況とそれに呼応した法の成立も，普及の要因として指摘できる。第2次世界大戦後にベビーブームが起こり，「食糧危機」から生じる「ヤミの中絶」を解消するため，1948年に中絶を合法的に行うことができるよう優生保護法が成立した。しかし日本経済が成長・安定を示し始めた1970年前後には，胎児の生命を尊重するという立場から，中絶の主な理由となっている「経済的理由」を削除する政治的な動きがあった（これは実現していない）。敗戦直後とは比較のしようもない経済安定期に中絶するということで，罪悪感がより強く意識されるようになり，それが供養を求める心性につながるのである。ちなみにこの法律は1996年より，優生学的理由が排除されて「母体保護法」となった。

　次にマスコミの影響がある。「戦後50年朝日新聞見出しベース」を検索すると，中絶に関する記事は1960年代の20件から1970年代には108件に増加し，「水子」「水子供養」に関する記事も1970年以降に現れている。週刊誌では1970年前後から，これに関する記事が増加する。それらに触発された人々が水子供養を求めたのだろう。

　共同体の変化とそれに伴う新宗教の台頭も，要因として重要である。新宗教は都市化・核家族化が進むなか，個人の不安や悩みの解消の受け入れ先の1つとして台頭してきた。水子供養にいち早く着目した新宗教が，供養ブームの一翼を担ったのである。この点に関し，橋本徹馬の名を挙げておこう。時の首相に"推薦を受けた"という彼は，1971年に埼玉県に紫雲山地蔵寺を建立して「水子供養」を本格的に始め，一般の人々に大きな影響を与えたのである。

3　ブームのあとの水子供養

　胎児を人間として認識し，亡くなったときには人間として扱うことは，科学技術の進んだ国々では珍しいことではない。キリスト教圏であるカナダやオーストラリアでも胎児を人間として扱う傾向が高まり，1970年代から自然流産した胎児のための墓を作ったり，墓地内にその専門エリアを設けたりすることが珍しいことではなくなっている（ただし中絶規制が厳しいがゆえに，中絶児のための墓はもとより，水子供養の施設は無い）。

　とりわけ「きちんと死者の霊を祀ると加護（オカゲ）が，祀らないと不幸（タタリ）がある」という民俗のある日本では，水子供養は今後も続いていくだろう。しかしそれは，胎児を亡くした現代女性にとって必要不可欠なものではなく，悩みの解消や癒しを得るために行われる多くの方法の1つとして存在していくだろうと予測できる。

（星野智子）

図Ⅸ-1-1　東大阪市観音寺の水子地蔵

▷3　森栗茂一，1995，『不思議谷の子供たち』新人物往来社，207-212

▷4　橋本徹馬，1973，『生命（いのち）を見直そう』紫雲荘

▷5　金児暁嗣，1997，『日本人の宗教性』新曜社。孝本貢，2001，『現代日本における先祖祭祀』御茶の水書房

IX 慰霊と社会

2 戦争犠牲者の慰霊

1 戦争犠牲者とは誰のことか？

　第2次世界大戦は，軍隊同士，あるいは職業軍人同士が戦地で戦闘を行っただけでなく，あらゆる人々が国民国家の構成員として戦争遂行に組み込まれていった総力戦であった。日本では，日中戦争期に「国家総動員法」(1938年)が制定され，一般国民の銃後における日常生活のあらゆる面が戦時一色となった。やがて長距離飛行の戦闘機の登場もあり，戦闘は前線だけでなく敵国民が住む生活空間をも攻撃対象とする空襲が行われるようになった。また戦況の泥沼化は，占領地や植民地に住む一般住民（現地住民・移民）も地上戦に巻き込んでいった。その過程で，戦争による死者は軍隊内の軍人（将校と兵士）・軍属にとどまらず，戦闘地でも当時の日本本土でも住民一般を含むものとなっていった。

　こうした戦争により亡くなった者について，行政的には「戦没者」という表現が用いられる。しかしそれは，軍人や軍属あるいは準軍属などの公務上の死亡者を指しており，具体的には国家による戦争遂行の任務に関わっていた者だけを指す用語である。そこには戦犯として処刑された人々や旧植民地下で徴用されて戦死した人を含むかどうかについての政治的判断をめぐる問題も存在する。他方，「戦没者」に対して，空襲や原爆で亡くなった民間人は「（一般）戦災死没者」と呼ばれる。このような「戦没者」と「戦災死没者」との判別については，1952年制定の「戦傷病者戦没者遺族等援護法」が適用されるかどうかが基準となる。ただし，この法律は，1958年の改正によって国家総動員体制のもとで動員された「準軍属」にも適用範囲を拡大しており，空襲や原爆の犠牲者のなかでも「準軍属」と認定された警防団員や動員学徒などは「戦没者」のカテゴリーに入れられるという微妙な問題をはらんでいる。戦争犠牲者といった場合，「戦没者」を指すのか，「戦災死没者」を指すのか，あるいは国籍なども問わない戦争による死者全般を指すのかについては，現在のところ統一された見解はなく，論者によって様々なので注意が必要である。ここでは「戦争犠牲者」を法律の適用範囲ではなく，空襲や原爆や沖縄戦などの地上戦で亡くなった民間人の死者に限定した上で，その慰霊のあり方の特徴を見てみたい。

2 戦争犠牲者の慰霊の多様性

　靖国神社の祭祀や公葬など「戦没者」を中心とする戦時中までの慰霊のあり

▷1　江嶋修作・春日耕夫・青木秀男，1977，「共同研究――広島市における『被爆体験』の社会統合機能をめぐる一研究」『商業経済研究所報』15，広島修道大学商業経済研究所：1-90

▷2　フォードはポストモダンを，近代が伝統に対して相対主義的に向き合うのと同様に，近代そのものに対して相対主義的に向き合う態度として説明している。Foard, James H., 1994, "The Universal and the Particular in the Rites of Hiroshima." in Charles F. Keyes, Laurel Kendall, Helen Hardacre eds., *Asian Visions of Authority: Religion and the Modern States of East and Southeast Asia.* Hawaii: University of Hawaii Press, 19-41.

方に対し，戦後には国家的な関与が相対的に減少し，空襲や原爆といった新たな戦争犠牲者に対する多様な慰霊のあり方が登場する。これらの戦後の戦争犠牲者慰霊は，空襲・原爆・地上戦・集団自決といった，それぞれの犠牲のあり方の特徴に加え，慰霊が行われる場所の地域的特徴（宗教性や社会構造），あるいは時代ごとの社会変化など，多様な変数を含んでいるため，宗教社会学的に見て興味深い社会現象であり，すでにこれまでもたびたび論じられてきている。

特に広島の原爆慰霊に関する研究は多い。慰霊や被爆体験をめぐる行為が，広島市の社会統合に重要な機能を果たしているとする江嶋修作らの構造機能主義的分析や[1]，原爆慰霊には供養などの伝統的要素と市民社会に基づく近代的要素が結合したポストモダン的状況が見られると論じたジェームス・フォードの研究[2]，あるいは宗教教団の原爆慰霊と平和活動に関する渡辺雅子らの調査報告[3]などがある。

長崎の原爆慰霊に関する研究は少ないものの，筆者は戦前の戦没者慰霊との連続性を視野に入れながら，むしろ民間の慰霊には無縁仏に対する供養との関連が強いことを指摘した[4]。特に原爆や空襲の慰霊が飢饉や水害などの災害犠牲者の慰霊と連続性を持つ点は注目すべきことである。例えば，福岡空襲の慰霊には「戦災地蔵」と呼ばれる施設が存在するが，それは近世の飢饉の犠牲者に対する「飢人地蔵」の影響を持ち，その「飢人地蔵」の方でも，「戦没者」や「戦災死没者」への慰霊が行われているという。

東京大空襲の犠牲者も，関東大震災の無縁死没者の納骨施設である「震災記念堂」に合葬され，これは1951年に「東京都慰霊堂」と改称された。ただし，そのような慰霊のあり方の背後には，様々な立場からの政治的な思惑が絡んでいたことにも留意せねばならない。山本唯人は，「東京都慰霊堂」が成立するまでの過程で，「軍人軍属」の死者（戦没者）と「民間人」の死者（戦災死没者）という「分断の政治」をなくして両者をともに追悼しようとした東京都慰霊協会の動きが，GHQ[5]，都の行政当局，戦没者の遺族会の関与によって否定され，戦没者を別個に分けて慰霊することになった事実を指摘している[6]。

他方，佐藤壮広は沖縄における民間の宗教的職能者あるいは霊的感受性を持った存在（シャーマン）である「ユタ」による実践に注目し，沖縄戦の戦争犠牲者に対する彼女らの慰霊や記憶のあり方は，死者を過去の存在とせず現在進行形で関わり続ける特徴を持つと指摘している[7]。

これらの研究動向が示唆しているのは，「戦没者」や「戦災死没者」といった戦争犠牲者に対するカテゴリー化がもたらす硬直した捉え方を脱し，慰霊の現場における当事者や様々な立場でそれに関わる人々の具体相から出発する議論が必要だということであろう。慰霊は行為の側面だけでなく，「想い」や「心」，「たましい」と関わるものであるとされるだけに，なおさらそのような姿勢が求められるのである。

（西村　明）

▷3　渡辺雅子・石渡佳美・阿部達人，1996，「資料　宗教にみる原爆死没者慰霊と平和活動——敗戦50年目の広島市での宗教教団の調査から」『明治学院大学社会学部附属研究所年報』26：43-78

▷4　そのほかの空襲被災都市については，被災体験の記録運動などの実践はあるものの，慰霊についての研究はほとんどない。それは，記憶・記録の世代継承といった実践的な課題とも関連しており，むしろ戦後ある程度の時間を経たこれからの課題であるといえよう。西村明，2006，『戦後日本と戦争死者慰霊——シズメとフルイのダイナミズム』有志舎

▷5　GHQ
連合国最高司令官総司令部（General Head Quarter）の略称。日本の敗戦後に統治にあたった，いわゆる「占領軍」の本部を指す。

▷6　山本唯人，2005，「『分断の政治』を超えて——東京大空襲・慰霊堂・靖国」『現代思想』33(9)：199-209

▷7　佐藤壮広，2004，「追悼の宗教文化論——沖縄における平和祈念と民間巫者」国際宗教研究所編，井上順孝・島薗進監修『新しい追悼施設は必要か』ぺりかん社，223-244

参考文献
田中伸尚・田中宏・波田永実，1995，『遺族と戦後』岩波新書
谷口貢，1998，「戦死者の慰霊と民俗信仰——福島県会津高田町の事例を中心に」松崎憲三編『近代庶民生活の展開——くにの政策と民俗』三一書房，177

IX 慰霊と社会

3 靖国問題

① 宗教法人として生き残った靖国神社

　GHQ（連合国最高司令官総司令部）の主導で進められた戦後の宗教制度改革は、戦後日本宗教史上の大問題であり、宗教社会学が歴史社会学的方法によって扱うべき大きな課題でもある。占領研究としては井門富士夫や阿部美哉による共同研究などが知られている。靖国神社をめぐる論争は、政教分離の問題と信教の自由の問題として形成されてきたが、近代国家が警察や軍事機構を持っているかぎり、公務による犠牲の存在は前提であり、その公的な顕彰や慰霊に特化した社会的装置が用意される。問題となるのはその内容であろう。

　「神道指令」に代表されるようにGHQの戦後改革は、軍国主義的なカルトとしての神社の解体と同時に、宗教団体としての信教の自由の保障にあった。宗教的な施設でありつつ、陸海軍省管轄の国家の制度でもあった靖国神社は宗教性と公共性を同時にもつ制度であった。それゆえ解体される恐れもあった。こうした存続の危機に対して、葦津珍彦による「神社制度変革ニ対スル私見」のように、「民間ノ財団法人組織トシテソノ祭祀ヲ保存スル」という、公共性をこそとるべきとする道もあった。また、GHQからも、宗教ではなく記念施設として存続する道もあるという提案もあったが、宗教団体として戦後社会に生き残ることを靖国神社は選択した。

② 慰霊・顕彰の実態

　A級戦犯の遺灰を祀った施設としては、興亜観音（静岡県熱海市伊豆山）、三ヶ根山（愛知県幡豆町）、前島家「七光無量院」の碑（長野県）の3ヶ所が知られている。また、巣鴨プリズンでただ1人の日本人教誨師として戦争責任者34名の処刑に立ち会った花山信勝（1898-1995）の発願によって建設された花山聖徳堂（石川県金沢市）の地下展示室には、戦争責任者として処刑された人々の遺品・遺書が展示され、境内には「光寿無量院七士の碑」が建てられている。ただし、これらは私的なものである故に問題とはならない。

　戦没者慰霊・顕彰の実態を知ろうと各地を訪ね歩いてみると、碑を自宅の庭にもつというケースも、あまり多くはないが存在する。こうした施設は地域の中でも公共性の高い（と考えられていた）場所にあるのが普通だが、時おり庭や田んぼの畦道に、かつて家族の一員が従軍した戦争（戦役）の碑が建てられて

▷1　井門富二夫編, 1993,『占領と日本宗教』未來社。ウッダード, W., 阿部美哉訳, 1988,『天皇と神道——GHQの宗教政策』サイマル出版会

▷2　三土修平, 2007,『頭を冷やすための靖国論』ちくま新書。田中伸尚, 2002,『靖国の戦後史』岩波新書

▷3　神道指令
1945年（昭和20）12月15日にGHQが政府に対して発した「連合国最高司令部日本国政府宛覚書覚書（国家神道、神社神道ニ対スル政府ノ保証、支援、保全、監督並ニ弘布ノ廃止ニ関スル件）」の通称。その目的は、信教の自由の確立と軍国主義の排除、国家神道を廃止し政教分離を果たすことであった。

▷4　葦津珍彦, 2006,『（新装版）国家神道とは何だったのか』神社新報社

▷5　国立歴史民俗博物館, 2003,『「非文献資料の基礎的研究」報告書　近現代の戦争に関する記念碑』国立歴史民俗博物館

いることがある。家族や地域住民が慰霊のために碑前を毎日清掃したり、花を手向けたりして維持している。戦後の靖国神社にはこうした素朴な慰霊の感情や公的承認の受け皿としての性格もある。靖国問題を難しくしている原因は、戦前を否定するばかりで遺族たちの気持ちを汲み取ってこなかった戦後日本社会にある。また明確な代替措置をとらなかった政府があまりにも無策であったことを証明している。これは戦争責任を明確にしてこなかった問題と同根である。

3 帝国の思想的乗り越え

　2001年になって、内閣官房長官の私的諮問機関として「追悼・平和祈念のための記念碑等施設の在り方を考える懇談会」が設置され、翌年に報告書が出された[6]。この施設をめぐっては、新たに戦争のできる国家にしようという政府与党の目論見がある、として反対する主張もある。また、国家的慰霊の場はあくまでも靖国神社のみであるとして反対する主張もある[7]。

　また、公人としての首相の靖国神社参拝が、中国をはじめとするアジア諸国からの批判を巻き起こし、それを避けるためのA級戦犯分祀論もメディアを通して喧伝されている。2006年には富田メモ、2007年には卜部亮吾侍従の日記が公開され[8]、昭和天皇はA級戦犯の合祀に反対の意見を持っていたことが判明してきたからである。また、合祀過程に旧厚生省の部門が関与してきたことを裏付ける資料も公にされた[9]。これらを受けて、靖国神社側も付属施設の遊就館の展示を変更したりといった譲歩をしてきた。また、A級戦犯の分祀を遺族会が議論してもいる。

　しかし、信教の自由という国民の権利の観点から考えるならば、たとえA級戦犯を祀っていたとしても国家はそれに口を出すべきではない。同時に、政治家や靖国神社も国家護持や首相の公式参拝を求めるべきではない。国民的慰霊・追悼の場は靖国神社以外考えられないとして国家護持を主張する論もある。だが、その場合、神社としてこれまで維持してきた宗教性の大部分を捨て去らなければならない[10]。単立の宗教法人として、靖国神社は大いに発展し人々の心に根づいてゆく道があるし、すでに半世紀以上その道を進んできた。この努力を無視することはできない。

　政教分離の原則は、国家権力に宗教というオールマイティを与えないための工夫であり、民主主義を担保する仕組みの1つである。もしも政教分離の原則が日本の宗教文化にそぐわないと主張するのならば、それは日本には民主主義がそぐわないと主張するのと同様である。戦後半世紀以上、日本は民主主義を受け入れ発展してきた。近隣諸国に批判されるから、国益を損なうから、などという理由だけで議論するのではあまりにもお粗末である。かつて存在した日本という帝国の遺産でもあるこの問題を、自分たちの国の問題として引き受け、乗り越える自前の思想的努力こそが何よりも必要であろう[11]。

（粟津賢太）

▷6　この報告書は、現在、官邸ホームページでも公開されている（http://www.kantei.go.jp/jp/singi/tuitou/index.html）。
▷7　井上順孝・島薗進編、2004、『新しい追悼施設は必要か』ぺりかん社
▷8　富田朝彦・元宮内庁長官（故人）の日記（1988年4月28日付）に、昭和天皇がA級戦犯合祀に強い不快感を表わしていたことが記されている。小泉首相（当時）の靖国への「8・15参拝」の是非が議論されている渦中の2006年7月20日に報じられたことから、大きな反響を呼んだ。
▷9　国立国会図書館調査及び立法考査局編、2007、『新編靖國神社問題資料集』国立国会図書館
▷10　現在の日本の憲法下において、公共性と宗教性を同時に保持することは不可能であるが、「宗教」や「世俗」という概念自体がヨーロッパ近代によって生み出された政治的な産物であると批判するアサドのように、「世俗」そのものを相対化し、歴史的に批判検討するという立場は、少なくとも研究者には残されている。アサド，T．，中村圭志訳、2006、『世俗の形成――キリスト教、イスラム、近代』みすず書房
▷11　原田敬一、2007、『日清・日露戦争』岩波新書

IX 慰霊と社会

4 自然災害・震災と慰霊

1 身近な死の脅威

　1995年1月17日に阪神・淡路地方を襲った大地震は多くの人命を奪っていった。生き残った者たちも長期の困窮生活を余儀なくされ，いまもその爪痕は随所に散見されるほどである。当時盛んに報道された，崩壊したビルや高速道路そして炎に巻かれる住宅の映像は，人口のほとんどが都市部に暮らす現代日本において，われわれの生活がいつ何時根底から覆されて不思議ではないことを人々に知らしめたことであろう。いうまでもなく自然災害は地震だけにかぎらない。台風，豪雨，豪雪そして津波と，前触れなく命を奪い去ってゆく自然の脅威は明日にもわれわれを襲うかもしれない。まして地球温暖化による様々な異常気象の模様が報じられる昨今である。自然災害による突然の，そして（われわれ自身の意思とは無関係な，という意味で）理不尽な死は，すぐ身近にある。

2 被災者を救援する宗教

　大自然の脅威に対し，宗教に何ができるのだろう。大自然の怒らぬよう，またその怒りを鎮めるよう，古来より人々は神仏に祈りを捧げてきたはずである。人知を超えた圧倒的なものから身を守るためには，人知を超えたものにすがるほかなかったのであろう。自然科学の発達した現代にあっても，昔と変わらぬ祈りは続いている。自然災害の発生メカニズムが解明されているとはいえ，それで被災の恐怖が拭い去られるわけではないからである。しかし，自然災害を未然に防ぐ方策，そこで命を落とさないための方法は，宗教よりももっぱら科学に求められている。

　では宗教は自然災害に対し，何ら力を発揮することができないのであろうか。答えは否である。ただし，災害発生前でなく発生後に，宗教は救いを呈示することができると考えられる。例えば阪神・淡路大震災のケースでは，多くの伝統教団や新宗教が被災者のための救援活動を行っている。炊き出し，生活物資の集積・配給，義捐金の供出等々，その組織力を遺憾なく発揮して被災者の生活を支えたのであった。救うことを本義とする宗教団体ならではの活動であろう。

　こうした現実的・即物的救いのほか，親しき人の死によってもたらされた動揺を鎮めるという精神レベルの救いも，宗教の働きの大なるものである。葬儀

をはじめとする慰霊の行事は，死者に向けられるとともに，死を免れた被災者の傷ついた心もまた癒したであろう。残された者がその悲痛な思いに区切りをつける契機を提供することになるからである。

3 巡礼の創出，祭りの再発見

聖職者（とりわけ仏教の）が執行する儀礼は，阪神・淡路大震災のケースでは，生き残った者たちを満足させるに十分ではなかったように推測される。彼らは自分たちの手で，宗教家に頼らず，慰霊の行事を企画し実行したと見られるからである。現代人は自律的人生を歩むことを本旨としており，その死までも見据えた人生設計を個々が独自に描き，責任感を持って生きてゆくべきとされている。ところが自然災害は，その設計を台無しにしてしまう。唐突で理不尽な死を受け容れることは，現代人にとって容易なことではないのである。だからこそ，伝統的な儀礼に加えて，自らの行事を創り出すことになるのだろう。また，宗教家の権威の低下という事情も，その背景にあるかもしれない。

そのような行事の代表例として，ボランティア団体の企画になる，被災地に建立された震災モニュメントを訪ね歩くという行事がある。「震災モニュメント交流ウォーク」と名づけられたこの行事では，参加者はモニュメントの前に花を手向け犠牲者を偲んでおり，これを慰霊のためにモニュメントという聖地へと旅する「巡礼」と認識することができる。またこの巡礼は参加者同士が被災体験を語り合う機会ともなっており，それによって彼らの間に連帯が生成されている。1人では耐え難い悲痛でも，それを共有する者たちとつながっているのであれば心強い。また犠牲者のことを，ひいては震災を忘却することなく，記憶をいつまでもとどめおくという機能も果たすことになる。そしてここで留意すべきは，宗教専従者ではない人々が自分たちの宗教性を自覚することなく，巡礼という宗教行事を創り出したということである。慰霊のため，記憶を留めるため，連帯するため，被災者は巡礼という宗教行事を選び出したのである。

被災後に注目された宗教行事は巡礼だけではない。祭りもまた，被災者に再発見されたというべきである。被災地では伝統的な祭りが被災前にも増して盛大に行われているが，それは傷ついた地域社会とそこに暮らす人々を元気づけようとの意図に基づくものであった。祭りとは，日常的な時空間を非日常的なものへと変換する仕組みであるといえ，日常に存在する人々の間の境界（性別，年齢，地位，役割など）を融かして共同性（われわれが同じ仲間であるという意識）をつくりだすからである。地域に根づいた祭りによって地域社会に連帯が生まれれば，復興という課題の遂行に有効であろう。

阪神・淡路大震災にかぎらず，国内外に発生した自然災害のダメージから立ち直るため，被災者は慰霊し連帯することを求める。そのために宗教は無力ではない。ただそれが，宗教家の提供する宗教とはかぎらない。　　　　（三木 英）

参考文献

三木英, 1999,「地域の復興と宗教の力——阪神淡路大震災被災地における祭りとイベント」宗教社会学の会編『神々宿りし都市——世俗都市の宗教社会学』創元社, 137-158

三木英編著, 2001,『復興と宗教——震災後の人と社会を癒すもの』東方出版

今井信雄, 2006,「分裂する天蓋——阪神淡路大震災をめぐる追悼・慰霊のかたち」『現代宗教2006』東京堂出版, 274-296

X　先鋭化する宗教

1 宗教と暴力

1 供犠・秩序・正義

　ルネ・ジラールによれば，供犠とは，共同体内部の葛藤により復讐という暴力が発生するのを防ぐために，共同体との間に社会関係の存在しない生け贄に満場一致の暴力を加えて破壊することで，共同体に正義と秩序を回復する象徴的行為であるとされる。多くの場合，復讐を受ける道徳的負債を負ったものが犠牲となる獣を屠ることで，自己犠牲によるとりなしを神々に懇請する。

　古代ユダヤ教において屠られた子羊のモチーフはキリスト教におけるイエス・キリストに重ねられた。イエスは人々の罪を負って屠られたが，天に召されることで神の栄光を現し，信じるものに救済をもたらすと信じられたのだ。

　これは牧畜民でなければ容易に理解しがたいコスモロジーであるが，農耕・漁労に従事する民族においても同様に供物を献げて自然・社会の秩序回復を様々な機会に祈願してきた。部族社会内外の争いごとの調停に神々の力を用いて秩序・正義の回復がなされてきた時代は歴史の大半を占める。戦死者や不慮の死を遂げたものに鎮魂慰霊の祀りを丹念に行う文化は洋の東西を問わない。

　ところが，近代の国民国家が暴力を独占し，秩序の侵犯者に法的制裁を科すようになると，社会秩序と宗教的コスモロジーが分離する。国家が正しさと秩序のあり方を定め，国民に従うことを要求するのである。復讐を受けるべきものが，自ら供犠や慰霊のとりなしを行うことで道徳的な負債を負い，秩序の回復を図ることはもはや許されない。その結果，法により裁かれるもののみ悪とされ，普通の人々は自己や社会の暴力性を気にもかけずに生活するようになる。裁きは外在的になり，道徳的問題ではなくなったのである。

2 オウム事件と日本社会

　オウム真理教ほど20世紀末の社会を震撼させた宗教はない。教団犯罪が完全に解明されたわけではないし，サリン事件実行犯の公判はなお継続中である。しかし，政府，裁判所，マスメディアが総力をあげてオウムを裁こうとした。

　1995-96年のオウム報道を見るかぎり，日本はオウムにこの世の悪を全て詰め込み，断罪することで社会秩序の回復を図っているのではないかと思われるほどであった。オウムを生み出した日本社会の暗部を見ることで国民に内省を促そうとした識者もいたが，サティアンから出てきたオウムの信者との共住を

余儀なくされた一般市民にとって高邁すぎる議論だった。

オウムの行為はどのような点で国家秩序と社会道徳に挑戦的であったのか。①省庁制を敷く擬似国家的コミューンを形成し、そのなかで無差別殺人に用いる化学物質や武器を製造し、教団批判者と一般市民に対して実際に用いたこと。②教団の教えを受け入れぬ世俗社会を敵視し、悪徳をなす人間を殺す方が功徳になるという独善的教説により無辜の民を大量に殺害しようとしたこと。③宗教的理念（あるいは妄想）のゆえに、多くの有為の青年（子どもや中年期の人もいるが）を事件や活動に巻き込み、生命や貴重な人生を代償とさせたこと。

残念ながら、③については十分な反省がなされていない。オウムは現在も存続しているし、違法な活動をなすカルトもなくならない。「マインド・コントロール」は問題の所在を示す説明概念として有効だが、内省的概念としてはいまだ熟していない。「悪」は他者であるオウムにのみあったのか、それとも共鳴した「われわれ」にもあったのか。この点を問い直すことが肝心である。

３ 宗教的過激主義とテロの封じ込め

マーク・ユルゲンスマイヤーは、福音派、ユダヤ教徒、ムスリム、オウムによるテロの事例からコスミック戦争という概念を抽出している。特異な陰謀論や宗教的世界観に囚われすぎて政治的解決手段を見出す努力を放棄した理念家と問題解決の手段を探し得ない青年層が、全てを賭けて象徴的な戦い（コスミック戦争）を行う。彼らは自爆テロや一般市民の殺害をも辞さないほど現実社会に絶望し、来世や宗教的世界に期待を繋ぐ。善悪二元論・無謬性・選民意識・千年王国主義といった**ファンダメンタリズム**特有の発想が看て取れる。

また、**宗教的過激主義**を押さえ込むことがテロとの戦いといわれる。しかし、テロと戦うという表現は、彼らの象徴的な世界をよりリアルにするだけだ。私たちは他者に全ての悪を見出すようなコスミック戦争を戦うべきではない。一国家が世界の悪を駆逐するというアメリカのような発想は、非現実的というよりも宗教的である。冷静になって、以下の諸点を真剣に考えてみよう。
①現代社会の構造的暴力とは何か。絶望している人々に希望を見いだすよう促すには、既得権益を持つ側（先進国、上層階層など）の譲歩が必要である。
②民族、宗教という観念は、持たざる人々の最後の砦である。所有せずとも所属するだけでアイデンティティを得られる。それだけにすがらざるを得ない状況が現代のグローバリズムによって生み出されているのではないか。
③宗教の象徴的暴力は自己から他者に向けられるように変わった。他者排除による社会秩序回復の仕組みは、新たな他者を常に必要とする。構造的な暴力の再生産を止めるためには、自己の内省こそ求められるのではないか。

（櫻井義秀）

▷１　ユルゲンスマイヤー, M., 立山良司監修, 2003,『グローバル時代の宗教とテロリズム』明石書店

▷２　**ファンダメンタリズム**（fundamentalism）
元来は、20世紀初頭のアメリカに現れたキリスト教神学の福音主義的刷新運動を指す。しかし、東西冷戦終結後、アメリカは意図的にイスラム勢力に対してこの言葉を用いてきた。現在、宗教学をはじめとする人文・社会科学においては、リベラル化しすぎた社会に反発し、宗教文化により人間・社会を造り替えることで理想世界の実現をめざそうとする政治運動に対して用いられる。

▷３　**宗教的過激主義**（religious extremism）
宗教的理念によって正当化された政治目的を実現するために、聖なる戦いを行うこと自体をよしとする思想と、そのためには社会一般に許容される限度を超えた戦い方（女性や20歳前後の青年による自爆テロなど）をも推奨する戦術をとる。

参考文献
ジラール, R., 古田幸男訳, 1982,『暴力と聖なるもの』法政大学出版局
田中雅一編, 1998,『暴力の文化人類学』京都大学学術出版会

X 先鋭化する宗教

2 陰謀論

1 陰謀論とは何か

陰謀論（conspiracy theory）とは，例えば世界支配をたくらむ**フリーメーソン**◁1なりユダヤ人なりが歴史，世界情勢，その他様々な出来事を陰から操っているという主張のことである。時代や場所を問わず陰謀は常に繰り広げられてきただろうし，ある出来事の影に陰謀を疑うという考えも珍しいものではない。しかし通常，陰謀論という言葉は否定的レッテルとして機能する。その意味での陰謀論とは，ある出来事についての一般に是認された解釈を拒絶し，全てを陰謀によって説明しようとする，真面目に検討するに値しない無根拠で不合理な主張と見なされる諸説である。近年，特にアメリカにおいて，陰謀論はもはや一部の偏執的な人々の言説ではなく大衆文化だとして注目され，学術的な研究書もいくつか出版されている。以下では陰謀論について，それがなぜ注目に値するのかも含めて解説したい。

2 陰謀論の起源と現在

現代の陰謀論の出発点は，革命はフリーメーソンの陰謀だと主張するフランス革命期のフリーメーソン陰謀論と，1900年代に登場し1920-30年代に世界を席巻した，ユダヤ地下政府の会議録という体裁の偽書『シオンの賢者の議定書（プロトコル）』（以下『議定書』）に求められる。これらは主に，共和主義，共産主義，啓蒙思想などはキリスト教や既存の社会秩序を破壊するための「反キリスト」の陰謀であるとする，保守主義者による陰謀論であった。

現代の陰謀論の最大公約数的主張は，少数エリートの集団が全世界を奴隷化するために「新世界秩序」（New World Order）の形成をたくらんでいるというものである。これら現代の陰謀論の大きな特徴はその包括性である。それまで個別に語られてきた様々な陰謀や都市伝説などが「新世界秩序」という統一目標のための陰謀の一部として繋ぎ合わされ，陰謀の主体として多数の組織が複雑に連携したネットワークが想定される。また，陰謀によって世界支配がたくらまれているというより，陰謀はすでに世界を支配している，と主張されるのも現代の陰謀論の特徴である。

陰謀論において主に陰謀の主体とされるのはユダヤ人，フリーメーソン，**イルミナティ**◁2，共産主義，国際金融資本などである。陰謀論が必ず保守的である

▷1　フリーメーソン
中世の石工ギルドが起源とされる国際的結社。組織としての統一性の低い緩やかな集まりであり，啓蒙主義的な理性や友愛を基本精神とし，フランス革命やアメリカ独立戦争には多くのメーソンが関わった。欧米では友愛団体として認知されている。

▷2　イルミナティ
狭義には18世紀後半にバイエルン王国で活動した政治的秘密結社。フリーメーソンを利用して勢力を拡大したが政府により解散を命じられる。陰謀論ではしばしば古代から続くオカルト結社，フリーメーソンの上位組織と見なされる。

べき理由はないが，事実としてはフランス革命期から現代まで，陰謀論は保守的価値観に基づいて「進歩的」思想による伝統の破壊と社会の堕落を糾弾するものが主流である。陰謀論と宗教との関係も必然的なものではないが，両者はしばしば密接に結びついている。現代の欧米の陰謀論も，キリスト教を文明や正義そのものと前提して，無神論，同性愛，国際主義などを邪悪な陰謀の産物として糾弾し，伝統や国家の誇りを主張するものが多い。

陰謀論の問題は欧米にかぎった話ではない。日本でも1918年のシベリア出兵の際に『議定書』が伝来し，戦前・戦中には排外主義的な陰謀論が軍部を中心に広がった。1980年代中頃には，円高不況などをユダヤ国際金融の陰謀として説明するユダヤ陰謀論が流行し，国際問題にまで発展した。現在でも9・11アメリカ同時多発テロ事件に関する陰謀論の主流メディアへの露出など，陰謀論流行の種は尽きない。

図X-2-1　ドル紙幣に印刷されているピラミッド

ドル紙幣の「万物を見通す目」(All Seeing Eye) はフリーメーソンのシンボルでもあり，邪悪な陰謀がアメリカを支配している証拠としてしばしば言及される。しかし実際は，そもそもアメリカ建国の父たち，独立宣言署名者の多くはメーソンであった。

3　現代社会と陰謀論の流行

陰謀論の流行を1つの文化現象と見なせば，その研究は現代社会を解明する有効な手段となる。陰謀論が流行する背景としてしばしば指摘されるのは，既存の権威構造の弱体化と，価値観が社会的に共有され得なくなったことである。それにより社会的な真実を保証するものが失われ，また世界を全体として理解し，語ることが困難になった。それに対して陰謀論は，全ては陰謀の産物と見なすだけで正しく理解できるのだと主張する。陰謀論は，世界の複雑さを解消する，単純明快で首尾一貫した（かに見える）解釈枠組みを提供するのである。

現代世界を邪悪な陰謀に操られていると断じる陰謀論は，正しいものが脅かされているという危機感の表明でもあり，しばしば邪悪に対する正義の「防衛」を主張する。見過ごすべきでないのは，それが差別や暴力と結びつく危険性である。ノーマン・コーンはナチのユダヤ政策の背景に『議定書』があったことを指摘した。オウム真理教はユダヤ／フリーメーソンの陰謀との戦いを主張した。アラブ世界ではユダヤ陰謀論やアメリカ陰謀論がテロ正当化の論理となり得ている。陰謀論は信念に基づいた「善と悪の戦い」として，他者の排斥と暴力の正当性を支える論理的基盤となり得るのである。

（辻隆太朗）

参考文献

コーン, N., 内田樹訳, 2007,『ユダヤ人世界征服プロトコル』ダイナミックセラーズ出版

バーカン, M., 林和彦訳, 2004,『現代アメリカの陰謀論——黙示録・秘密結社・ユダヤ人・異星人』三交社

海野弘, 2002,『陰謀の世界史——コンスピラシー・エイジを読む』文藝春秋

X 先鋭化する宗教

3 イスラームの宗教的過激主義

1 原理主義とイスラーム主義

2001年9月11日にニューヨークで起きた同時多発テロ事件により,イスラームの過激主義は世界中の注目を集めることとなった。また,この事件以降も世界各地でイスラームの過激主義によるテロ行為は相次ぎ,イスラーム全体のイメージは悪化の一途を辿っている。国家レベルのテロ対策を含め,国際レベルで様々なかたちで甚大な影響を与えているイスラームの宗教的過激主義とは一体どのような存在なのであろうか。

イスラームの宗教的過激主義といった場合,まず連想されるのはファンダメンタリズム(原理主義)であろう。しかし,キリスト教のファンダメンタリズム(聖書無謬主義)を,イスラームの文脈に当てはめると,ほとんどのイスラーム教徒がファンダメンタリストになってしまう。多くのイスラーム教徒はクルアーンの無謬性を信じているからである。イスラーム教徒は,宗教的知識人のクルアーン解釈について疑い,議論することはあっても,クルアーンそのものの無謬性について疑いを持つ者は少ない。◁1

また,イスラーム主義を過激主義と同一視する場合もあるが,イスラーム主義全般を過激主義の範疇に入れるのには問題がある。イスラーム主義には,伝統主義と復古主義の立場がある。伝統主義は,中世のイスラームのあり方を肯定する立場である。復古主義は,中世のイスラームのあり方を批判し,それ以前のイスラーム初期の時代を理想とする立場であり,サラフィー主義と呼ばれる。サラフィー主義には,理想とする初期イスラームに回帰するべきであると考える立場と,革新主義的な立場がある。前者の代表は,サウディアラビアのワッハーブ派である。◁2「アル゠カーイダ」の指導者ビン・ラーディンに代表されるように,過激主義者のなかにはワッハーブ派に影響を受けている者も多い。後者の革新主義の立場は,欧米の科学技術などを吸収し,旧来のイスラームを改革することで,時代適応的なイスラームを志向する。◁3

2 過激主義

イスラームの過激主義と呼ばれる潮流は,思想的にはサラフィー主義やワッハーブ派の系譜に属する。しかし,通常では,その潮流のなかでも,自分たちの理念の実現のために,現状の社会を「正しい」イスラームによって改革しよう

▷1 山内昌之, 1996,『「イスラム原理主義」とは何か』岩波書店

▷2 ワッハーブ派
ワッハーブ派とは,18世紀にアラビア半島で生じたイスラーム改革派。初期イスラームを理想としたイスラームの「純化運動」で,当時のイスラーム法学者やスーフィズム,聖者信仰などを激しく批判した。

▷3 中村廣治郎, 1997,『イスラームと近代』岩波書店

と，ジハード（聖戦）の名のもとに暴力的手段も辞さない者たちだけを過激主義と呼ぶ。過激主義のジハードの特徴として重要なのは，従来のジハードが異教徒に対する防衛のための戦闘行為を指していたのに対して，イスラーム法を遵守しないイスラーム教徒に対する戦闘行為をも推奨した点にある。また，現状の社会を悪くしているのは，アメリカとイスラエル，その両者に迎合する欧米諸国やイスラーム教徒であるとして，敵対心を抱いている点も過激主義の特徴である。例えば「アル゠カーイダ」の中核である「ジハード団」「イスラーム集団」は，イスラーム国家を樹立するためならば，暴力的行為も辞さないという理念を持っており，イスラーム教徒をも対象として含む暴力事件をたびたび起こしている。ちなみに「アル゠カーイダ」は，「ジハード団」「イスラーム集団」などの過激主義を含む，前述のイスラーム主義者全般のネットワークの中心の場を指しており，確固とした指令系統を持つ組織ではない。

▷4　中田考，2002，『ビンラディンの論理』小学館文庫

3　過激主義の背景

　過激主義が掲げる理念が生まれてきた背景には，イスラームの「純化」という宗教的理由だけではなく，西欧植民地主義への対抗意識と，切実な危機感があった。また，イスラーム教徒が多く存在するアジア・アフリカ地域は，現在もなおポストコロニアルな状況下，先進諸国に対して苦境に立たされており，近年ますます進行している経済面での新自由主義的なグローバル化によって，当該地域に暮らすイスラーム教徒の社会・経済的格差はさらに拡大している。過激主義集団は，経済的に恵まれていない人々，高学歴にもかかわらず社会的地位が低い人々，欧米諸国へ移住し不遇な扱いを受けた人々など，社会の現状に不満を有している人々の受け皿になっている。こうした社会・経済的な諸問題が解決されないことには，過激主義の問題の解決には至らないであろう。

　しかし，注意しなければならないのは，反アメリカ・イスラエルという点に共感している者は確かに多いが，イスラーム教徒の大部分は基本的に過激主義集団を危険視していることである。多くのイスラーム教徒は，イスラームのイメージ悪化を懸念していることもあり，過激主義集団による暴力的行為を批判的に捉えている。そのため，イスラームの根本教義に見られる他宗教に対する排他性，厳しい戒律などからイメージされるイスラーム観にとらわれて，イスラーム教徒一般を「原理主義的」，排他的，過激主義的であるとみなしてはならない。社会・経済的に苦しい状況下に置かれながらも，過激主義に走らないイスラーム教徒の方が圧倒的に多い。つまり，イスラームとイスラーム教徒を，教義や思想といった理念的側面，あるいは報道メディアが流すイメージから本質化し，「排他的な宗教の信徒たち」というかたちで一枚岩的に捉えることは避けねばならない。

（新井一寛）

X 先鋭化する宗教

4 アメリカの宗教右派

1 宗教右派とはどんな人たちなのか

図X-4-1 反ブッシュ集会

宗教右派が戦略的に組織をつくっている一方で，ワシントンD. C. での左派の反ブッシュ集会はこのように素朴なものである。大統領選挙中の2004年10月24日。筆者撮影。

アメリカの宗教右派とは，保守的宗教的な価値観を背景に組織された政治勢力である。宗教右派の中核は福音主義的プロテスタントであるが，カトリック，ユダヤ，一部のイスラームや新宗教さえも巻き込む勢力であり，キリスト教に限定されない。1970年代のケーブルテレビで，保守的な価値観を説く宗教番組が流行した。その支持者が現在の宗教右派につながる。第43代合衆国大統領ジョージ・W・ブッシュは，対外的な強硬姿勢で内外から強い批判を浴びていたにもかかわらず，2004年に再選された。それを可能にした勢力として，宗教右派が再認知されるようになった。

彼らの価値観には2つの特徴がある。第1に，宗教的伝統的価値観を重んじ，近代的価値観に抵抗しようとする。高い離婚率，子どもに悪影響を及ぼすメディア，同性愛者や性行為の低年齢化など，伝統的価値観の後退によって家族が危機に瀕している，と考えるのである。第2に，国際社会においてアメリカは指導的地位を保つべきであるという価値観である。宗教・宗派や教会の壁を超えてこの2つの価値観を共有する人々が巧みに組織され，宗教右派という勢力としてまとめられることで，大統領選を左右するまでの力を持つに至ったのである。

宗教右派の中核をなす福音主義的プロテスタントは，強烈な宗教体験を持ち，世界は神によって創造され終わりも聖書通りに訪れると信じ，進化論を批判して創造説を説くなど，聖書の記述を字義通り信じる人々である。かといって宗教右派を教養のない人々と軽んじるのは大変な間違いだ。保守的価値観を提案し，戦略的に展開するエリートに率いられ，最先端の通信技術を使った巧みな広報活動を行う宗教右派は，思想内容でも勢力面でも，かなりの影響力がある。

2 文化戦争

大衆文化から透けて見えるアメリカは，自由で文化的な多様性が許容されているという印象を与える。だがそれはアメリカ文化の一面に過ぎず，実際には「伝統文化」を重んじる右派から大衆文化は強く批判され，「文化戦争」の様相を

▷1　Hunter, James Davison, 1991, *Culture Wars: The Struggle to Define America*, New York : Basic Books.
▷2　「フォーカス・オン・ザ・ファミリー」(http://www.family.org/)
▷3　Dobson, James, and

呈している。例えば，人工妊娠中絶の是非をめぐるプロライフ派（「生命尊重」）とプロチョイス派（中絶という「選択を尊重」）との対立は，激しい議論にとどまらず暴力行為にまで及んだ。ハンターの著書『文化戦争』は，宗教，家族，教育，芸術について価値観が対立する状況とその背景を詳しく描いている。

③ 家族

聖書（「創世記」など）では，愛し合う男女が夫婦となり子をなし，家族を作り保つことが尊重される。だがアメリカでは離婚率が上昇し続けている。人工授精や代理母出産という選択も珍しくない。2004年にはマサチューセッツ州などで同性愛のカップルが法的に「夫婦」と認められるようになった。彼らが養子縁組をして家族をなすこともある。これらに対し，「血のつながり」を全く持たないものは「家族」と認めるべきでない，と考える人々も存在する。

④ 教育

公教育の場では，祈りなどの宗教的行為を行うことが禁じられている。それを批判する人々は，子どもを健全に教育しようとするなら公立学校は避けるべきだと考える。代わりとなるのが，ホーム・スクーリング（自宅で両親が教育する）やチャーター・スクール（保護者が教師を選び，学校を運営）である。

図X-4-2は，宗教右派の心理学者ジェイムズ・ドブソンが始めた「フォーカス・オン・ザ・ファミリー」（家族に焦点）運動の，『危険にさらされる子ども』という本の表紙である。暴力や性描写の多いテレビ番組やコミックに子どもを曝してはいけないという主張が繰り返される。

⑤ アメリカ宗教右派について調べる

日本のメディア報道には，宗教右派の力を軽んじるものがいまだ多い。アメリカに滞在・留学する機会があれば，人々の声を聞いてみるとよいだろう。

現在は衛星放送やインターネットを介して，アメリカの新聞やラジオ局の内容は広範囲に見聞きすることができる。アメリカ宗教記者協会のホームページで最新記事を確認できるし，アメリカ公共ラジオとネットワーク局のサイトでは，大統領選の演説なども配信され，パソコンで聞くことができる。また，センサスをはじめとする公的統計資料，各種シンクタンクが発表する報告書も諸機関のホームページから入手できる。したがって，テーマが明確になっているなら，日本でかなりの程度まで下調べすることができるし，そうすべきだ。

（葛西賢太）

図X-4-2 『危険にさらされる子ども』

Gary L. Bauer, 1990, *Children at Risk*, Word Publishing.
▷4 「宗教記事ヘッドライン集」（アメリカ宗教記者協会 Religion Newswriters Association）（http://www.religionheadlines.org/rss/rhead.xml）
▷5 「アメリカ公共ラジオ」（National Public Radio）（http://www.npr.org/）
▷6 「合衆国統計局」（U. S. Census Bureau）（http://www.census.gov/）

参考文献
森孝一編，1997，『アメリカと宗教』日本国際問題研究所
森孝一，1966，『宗教から読む「アメリカ」』講談社
ケペル，G.，中島ひかる訳，1992，『宗教の復讐』晶文社
岡田光世，2000，『アメリカの家族』岩波新書

XI 宗教と社会貢献

1 宗教的利他主義とボランティア

1 宗教的利他主義

　社会学で使われる「利他主義」という意味の英語 altruism は，利己主義 egoism の対概念として，社会学者コント（1798-1857）により造語された。日本語における「利他」はもともと他者を思いやり，自己の善行の功徳によって他者の救済につとめることを意味する仏教用語であるが，社会科学では利他主義につとめる内的要因として，自己満足，自尊心，罪の意識からの解放などを指摘する。内的要因を含まない純粋な利他主義が存在するか否かというような終わりなき議論を避けるために，ここでは，「社会通念に照らして，困っている状況にあると判断される他者を援助する行動で，自分の利益を主な目的としない行動」と行動論的に利他主義を定義しておく。

　歴史をひも解けば，日本における悲田院やカトリックの救貧活動など宗教者による弱者への慈善活動は長い歴史を持ち，そこには宗教的利他主義が存在している。宗教的利他主義とは，宗教思想に基づいた利他主義のことで，仏教においては慈悲の心や菩薩行・利他行が説かれる。ユダヤ教の教典である旧約聖書に説かれる喜捨は，神の義にかなう行為，贖罪の行為と見なされ，さらに律法で詳細に規定されている。キリスト教では，貧者への施しはイエスの説いた隣人愛の端的な実践であり，強盗に襲われて道端で弱っていた旅人に手をさしのべた「**よいサマリア人**」がモデルとされる。また，イスラームでも，喜捨が5つの信仰義務のうちの1つとして定められ，イスラーム諸国には，公共の福祉のために利用される慈善制度（ワクフ）がある。

　宗教的利他主義は，キリスト教やイスラームのような一神教の宗教の場合，善行を通しての神の栄光に奉仕することを意味し，利他的行動の対象である他者との関係は神を通して理解される場合が多い。

2 宗教ボランティア

　宗教的利他主義の具体的で継続的な行為として宗教者および宗教団体によるボランティア活動が挙げられる。1995年に阪神・淡路大震災がおこり，ボランティア元年といわれ，宗教団体による災害救援活動も盛んに行われた。カトリック教会，金光教，浄土宗，浄土真宗，真如苑，神社神道，創価学会，天理教，日本福音ルーテル教会，立正佼成会などの宗教団体が救援ボランティア活

▷1　よいサマリア人
（The Good Samaritan）
新約聖書「ルカの福音書」
10章25節-37節

動を展開した。その内容は，緊急支援物資の運送・配布，炊き出し，避難所のトイレ掃除など多岐にわたった。一方，多くの被災者が心のケアを必要としたが，宗教団体による心のケアは布教活動につながるとの警戒感もあり，宗教団体が率先して行うことはあまりなかった。多くの教団が**陰徳**として目立たないように，しかし地道で信頼できる救援活動を行い，宗教団体の組織力をいかしての迅速な救援ボランティア活動は，大きな社会的力となることを証明した。

欧米社会では，キリスト教の活動が地域社会のボランティア活動やコミュニティ・サービスの一翼を担うことも少なくない。ホスピスや刑務所への慰問活動においても宗教者がボランティアとして活躍している。また，仏教では社会活動やボランティア活動に積極的な仏教を「社会参加仏教」と呼ぶが，近年では慈善活動や開発事業など多様な活動を展開している。

3 宗教ボランティアの機能と将来

宗教団体のボランティア活動には，大規模なNGO（非政府組織）活動が存在する一方で，他の団体の手が届かなかったり嫌がったりするトイレ清掃などの地道で日常的なボランティア活動も存在する。これらは教会，神社，寺院，教団での奉仕活動や利他的実践の延長線上にあると考えられる。

ボランティア活動は，喧伝されるような自己実現や生活の充実という面だけでなく，人から偽善といわれたり，重い責任を背負い込み心労が重なったりするなど，潜在的に傷つきやすい面を持っている。ゆえに，個々のボランティアに対する精神的なサポートが大切である。

その面で宗教団体のボランティア活動は特徴的である。信仰を基盤とした実践としてのボランティア活動は，ときにはそれが信仰生活の一部であり，修行の一環と捉えられるからだ。多くの宗教において説教や信者の体験談を通して利他的実践の大切さや活動の宗教的意味合いが説かれるが，その宗教が与える世界観がボランティアの潜在的な傷つきやすさを取り除く原動力となるのである。

宗教団体のボランティア活動が教団の枠を乗り越えて教団外部の人々も巻き込み，社会的に大きな力となっている。宗教団体のボランティア活動が，社会的共感を呼び，宗教を超えて利他的な倫理観を社会に伝えていく可能性もある。宗教のボランティア活動は，社会福祉の実質的な担い手としての機能に加えて，助け合い・支え合いの精神を育てる公共的な場を提供する機能を併せ持つ可能性がある社会資源であるといえよう。

（稲場圭信）

▷2 陰徳
人の見ていないところで，あるいは人に知られないようにひそかにする良い行い，善行。

▷3 ムコパディヤーヤ，R., 2005,『日本の社会参加仏教』東信堂

▷4 「宗教の社会貢献活動研究プロジェクト」：宗教団体のボランティア活動や社会福祉活動などの社会貢献に関する活動を調査研究し，その成果を社会に公開していくことを目的に「宗教と社会」学会において2006年に発足したプロジェクト（http://keishin.way-nifty.com/scar/）。

参考文献
国際宗教研究所編, 1996,『阪神大震災と宗教』東方出版
三木英編著, 2001,『復興と宗教』東方出版
稲場圭信, 2004, *Altruism in New Religious Movements*, 大学教育出版
櫻井治男・稲場圭信他, 2006,『宗教と福祉』皇學館大学出版部
稲場圭信, 2006,「ボランティア，利他主義，絆の気づき」樫尾直樹編『アジアのスピリチュアリティ』勉誠出版, 166-177

XI 宗教と社会貢献

2 ホームレス伝道

1 野宿者問題の広がりとホームレス伝道

1950年代以降の高度経済成長期を経てしばらくの間，日本は1億総中流社会と考えられてきたが，劣悪な労働条件の下で働いてきた日雇労働者の高齢化やバブル経済崩壊以降の雇用の流動化によって1990年代中頃から失業者が急増し，公共空間に野宿者が顕在化するようになった。労働，家族，地域社会など，様々な社会関係から切り離された野宿者を積極的に支援している宗教がキリスト教である。

キリスト教による野宿者支援には，野宿者問題を構造的な問題として認識し，社会的・政治的に対処するアプローチと，野宿者問題を個人的な次元で認識し，キリスト教の伝道によって救済しようとするアプローチがある。この2つのアプローチは，宗教学者の岸本英夫による「宗教的社会奉仕」と「布教伝道」という宗教的行為の2類型とも重なっており，宗教が社会問題に対峙するときに現れる普遍的な特徴であるといえよう。

そのなかで近年，野宿者の集住エリアで著しい広がりをみせているのがキリスト教の「布教伝道」である。キリスト教の信仰を得ることで野宿状態を克服することが可能になると考えるキリスト者たちは，「伝道集会」と呼ばれる集まりを恒常的に開催している。

伝道集会は教会のみならず，野宿者が起居する公園でもしばしば行われているが，そこではキリスト教のメッセージを伝えた後に食事が提供される。この食事こそが野宿者の生存に欠かせないものとなっているのである。

2 韓国系プロテスタント教会のホームレス伝道

伝道集会の担い手は，その多くが設立して日の浅いプロテスタント教会である。教派的には福音派ないし聖霊派に分類されるような保守的な信仰を掲げた教会が中心だが，なかでも1990年代以降に日本で布教活動を開始した韓国系プロテスタント教会が大きな割合を占めている。

韓国系プロテスタント教会が日本でホームレス伝道を行なう理由は大きく2つ存在する。1つは，仕事や家庭を持つ「一般的」な日本人への伝道を志向しながらも，その行き詰まりから，支援を必要とする野宿者へと布教の矛先をシフトチェンジしたというもので，ホームレス伝道を行っている韓国系プロテスタント教会の大半がこれに該当する。しかしながら，もう一方で韓国系プロテ

▷1 既成仏教および新宗教に分類される諸教団は，日本の宗教の中核的存在であり，なかには社会福祉活動に熱心な教団もあるが，野宿者支援の現場では表立った活動はほとんど見られない。

▷2 岸本英夫，1961，『宗教学』大明堂

▷3 韓国は1960年代から1980年代にかけて，プロテスタント教会の目覚ましい成長を経験し，現在では，アメリカ・イギリス・インドに次ぐ世界有数の宣教国となっている。国内にはリベラルな教会と保守的な教会とがあるが，海外布教に熱心なのは概ね保守的な教会である。

スタント教会のなかには，民族・文化・風習・階層の差異を超えて強固な信仰共同体を形成し，人材・経済力ともに豊富なところも存在する。このような教会の場合，伝道への行き詰まりから野宿者にアプローチしたというよりは，むしろ，すでに確立された教会を基盤としたチャリティーとして理解する方が適切である。このように韓国系プロテスタント教会がホームレス伝道の主要な担い手となっているが，実際に野宿者支援に関わるようになった背景は教会間で異なっており，一枚岩的に論じることはできないのである。

3 野宿者の入信状況

かつて宗教社会学では「貧・病・争」という剥奪状況が新たな宗教へ帰属する主要な入信動機となると論じてきたが，野宿者はまさに「貧・病・争」の重層的剥奪の只中に生きているといえよう。しかし，実際に特定の教会にコミットメントを持つことは稀で，大半の野宿者は，洗礼を受けずに各教会を渡り歩くのである。このような行動は，野宿者が複数のアクターから同時に支援を受けるための戦術的側面だということができよう。また仮に洗礼を受けたとしても，野宿生活をしているかぎり，流動的な生活を送らざるをえず，結果として特定の教会に帰属するケースは少なくなるのである。

▷4 井上順孝・孝本貢・對馬路人・中牧弘允・西山茂編，1990，『新宗教事典』弘文堂

4 ホームレス伝道の独自性と困難

野宿者を支援するアクターにはキリスト教のほかにも「人権」を標榜し，野宿者の権利擁護に努めている非宗教系の市民運動などが存在する。それらは行政の施策に影響を与えるほどの政治力を持っているが，野宿者が抱える内面の問題に対し個別的に応答することには限界を持っている。ホームレス伝道は他のアクターが対処しきれない「心の領域」に踏み込んでおり，このようなアプローチこそがホームレス伝道の独自性だといえよう。しかしホームレス伝道の担い手の多くは野宿者支援を教会内活動と位置づけているため，行政や市民団体といった教会外のセクターとの連携が見られず，その活動量に比して野宿者問題に携わる担い手としての認知度は低い。

多くの場合，伝道という行為は他者に対する深い共感から生まれるが，その対象がホームレスのような社会的弱者の場合，「弱みにつけ込んだ宗教の押し売り」だという批判を避けることはできない。したがって伝道者は信仰の内面化を救済の条件にするか否かという葛藤状況を経験する。このように独自の救済財を持つ宗教による支援活動は，善意から発せられたものであっても，世俗的な価値観から逸脱する場合，様々な困難を経験する。とりわけ日本はチャリティーの観念が弱く，社会福祉の大半が行政によって担われているために，宗教者による支援活動が社会的コンセンサスを得ることは容易ではないのである。

（白波瀬達也）

参考文献
青木秀男，2000，『現代日本の都市下層』明石書店
岩田正美，2000，『ホームレス／現代社会／福祉国家――「生きていく場所」をめぐって』明石書店

XI 宗教と社会貢献

3 宗教・観光・祭り

1 宗教と観光

　観光（ツーリズム）は，余暇や消費といった近代の諸要素を背景とする文化現象である。研究対象として観光が注目されたのは比較的新しく，1977年に刊行された論文集 *Hosts and Guests*：*The Anthropology of Tourism* が観光研究の嚆矢とされる。◁1 その後，1990年代から2000年代にかけて，観光研究は文化人類学，民俗学，社会学，地理学など，多くの分野で活発になった。一方，宗教学や宗教社会学は，観光にそれほど関心を向けてこなかった。観光人類学，観光民俗学，観光社会学，観光地理学という言葉や研究領域◁2 はあっても，「観光宗教学」がいまだ存在しないのとは対照的である。

　だが，このことは宗教と観光が無関係であることを示すものではない。むしろネルソン・グレイバーンが，エミール・デュルケームやエドマンド・リーチの聖俗論を用いて観光を「聖なる旅」としたように，宗教現象，特に日常と非日常の対立が顕著な儀礼や祭り，巡礼などと観光は類似の構造を持つ（図XI-3-1）。

　現代では，教会や社寺，聖地などの宗教施設・空間が観光スポットとして，祭りなどの宗教儀礼が観光イベントとして活用されるなど，宗教と観光はますます融合する傾向を強めている。宗教と観光をめぐる研究は，今後の進展が予想される領域であり，宗教学・宗教社会学のフロンティアなのである。

2 祭り

　祭りは，カミを招き，供物や歌舞で歓待し，祈願や感謝を捧げる宗教儀礼である。カミの出現を「マツ」（待つ），出現したカミを「マツラフ」（服ふ），「タテマツル」（奉る）ことが原義とされる。祭りはカミとヒトとの交流が実現する場であり，祭りによってカミは霊威を増進し，人々はその力を享受する。◁3

　宗教社会学は，「宗教は社会を統合する機能を持つ」と考えたデュルケームの影響を受け，祭りが共同体に与える影響に着目してきた。祭りのプロセスにおいては，禁忌と開放という両極性を持った非日常の時空間が作り出される。そこでは個を超越した興奮状態（集合的沸騰）が体験される。人々の一体感が高められることによって，共同体が抱えていた矛盾や葛藤が一時的に解消され，生活のなかで衰弱していた活力が回復される。つまり，カミとヒトとの交わり

▷1　邦訳は，スミス，V.編，三村浩史訳，1991，『観光・リゾート開発の人類学——ホスト＆ゲスト論でみる地域文化の対応』勁草書房。バレーン・スミスは，観光者を「一時的な余暇の状態にあり，変化を体験するために自宅から離れた場所を自発的に訪れる人」とし，観光を成立させる要素として，余暇と可処分所得およびローカルな道徳的価値観の3つを挙げている。

▷2　山下晋司編，1996，『観光人類学』新曜社。橋本和也，1999，『観光人類学の戦略——文化の売り方・売られ方』世界思想社。須藤廣・遠藤英樹，2005，『観光社会学——ツーリズム研究の冒険的試み』明石書店など。

▷3　鈴木正崇，2000，「祭り」福田アジオ・新谷尚紀・湯川洋司・神田より子・中込睦子・渡邊欣雄編『日本民俗大辞典　下』吉川弘文館

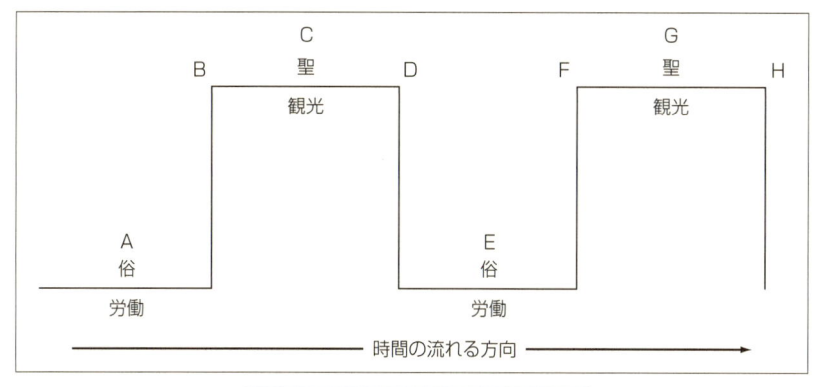

図Ⅺ-3-1 観光における時間の流れ

N. グレイバーンは E. リーチの儀礼モデルに「観光」と「労働」を加え、その類似性を指摘した。
出所：Graburn, Nelson H. H. "Tourism: The Sacred Journey", Smith, Valene L. eds, *Hosts and Guests: The Anthropology of Tourism* 2nd edition, University of Pennsylvania Press p. 25. より作成。

による、負から正への転換が祭りの本質であると理解してきたのである。

この意味で、祭りは共同体の内部的な宗教儀礼であるが、民俗学者の柳田国男は、そこに観客という外部の視点を導入した。祭りは観客によって見られるものとなり、祭りの担い手たちがそのまなざしを意識することで、より華美で快楽的な方向へと変化していく。柳田はこれを「祭り」から「祭礼」への移行と捉えた。今日では柳田の見解に繋がるような、祭りの観光資源化という現象が起きている。

▷4 柳田国男，[1942] 1998，「日本の祭り」『柳田國男全集 第13巻』筑摩書房

3 観光資源化される宗教儀礼

一例として徳島の阿波踊りを取りあげる。阿波踊りの起源は、祖霊を鎮魂・歓待する盆の踊りといわれている。昭和期に「阿波踊り」と呼ばれるようになり、有料演舞場の設置や、有名人・タレントを擁する企業連の参加などの「見せる」要素を取り込んで拡大した。現在では、8月12日から15日までの4日間で100万人以上の観光客を集める、徳島県を代表する観光イベントである。1999年には、舞台と博物館を持つ観光施設「阿波おどり会館」が開館し、夏の特別な期間だけのものであった阿波踊りが、観光客むけに毎日公演されるという状況が生まれた。さらには、県が開発したブランド鶏肉が「阿波尾鶏」と命名されるなど、徳島を外部に表象するイメージとしても活用されている。

ここには、死者供養の宗教儀礼でもあった阿波踊りが、観光のまなざしをうけながら都市の祭礼へと変化し、さらにはその資源を通年活用すべく、非日常の日常化やイメージ化が果たされたという流れを看て取ることができる。

かつて宗教社会学が「宗教」の枠組みで理解していた祭りなどの地域に根ざした文化は、いまや最も有望な観光資源として捉えられ、地域社会を経済的にあるいは意味的に活性化させる中核を担っているのである。

（浅川泰宏）

▷5 徳島県観光戦略局，2006，『平成18年度 徳島県観光調査報告書』など。また阿波踊りの起源については諸説があり、「盆の踊り」はその1つと考えられる。

XII エスニシティと宗教

1 ニューカマーと宗教

1 移民：ニューカマーとオールドカマー

　かつて日本は移民を送り出す国であった。満州やフィリピンや南北アメリカ大陸への移民は，日本の海外政策に翻弄され，大変な苦労を強いられた。一方，移民や難民の受け入れでは，日本はそれほど寛大な国ではない。難民を支援するUNHCR（国連難民高等弁務官事務所）への拠出金額では世界第2位だが，1979年にインドシナ（ベトナム）難民の引き受けを始めた以外に大規模な難民受け入れは行っていない。日本の2005年の難民認定数46人（申請384人中）という数字は，年間5万人以上受け入れるアメリカとは比較にならない（難民認定制度は2005年5月に見直しが行われ，認定を受ける数も漸増している）。

　それでも諸事情で外国から集団で日本に移り住んだ人々が200万人以上いる（2005年末の外国人登録者数）。戦前から日本にいた在日韓国・朝鮮人や在日中国人はオールドカマー（オールドタイマー）と呼ばれ，数世代を経て日本文化に同化あるいは帰化する者と，母国の国籍や文化の保持を選ぶ者とがある。一方，1970年代以降に渡日したインドシナ難民や中国残留邦人，1990年の「出入国管理および難民認定法」（入管法）改正をきっかけに入ってきた日系人（ブラジル人，ペルー人，フィリピン人）や，ムスリム（イスラーム信者）などは，ニューカマーと呼ばれている。近年，ニューカマーを少子高齢化時代の労働力として期待する日本財界の声もあり，動静が注目されている。

2 日本のなかの異国

　同じ仏教であっても，中国，台湾，韓国，チベット，ネパール，東南アジアの仏教と，日本の仏教とは，寺院の建物，聖像の装飾，僧侶の戒律など，様々な点で異なっている。例えば僧侶の結婚が認められる日本のような国は珍しく，多くは異性に触れることさえ戒められている。韓国系のキリスト教会を訪れれば，日本人の多くがキリスト教式結婚式でイメージする「清純さ」とは違った情熱的で賑やかな儀式に驚くかもしれない。イスラームのモスクも国内各地に増えている。メッカの方角を明示する建物の基本構造は万国共通だが，既存の建物を活用しつつ，簡単なドームや尖塔を取り付けるなどして，モスクらしさを出そうとするものもある。

　グローバル化の時代にあって，イスラームなど「異国の宗教」と日本人の接

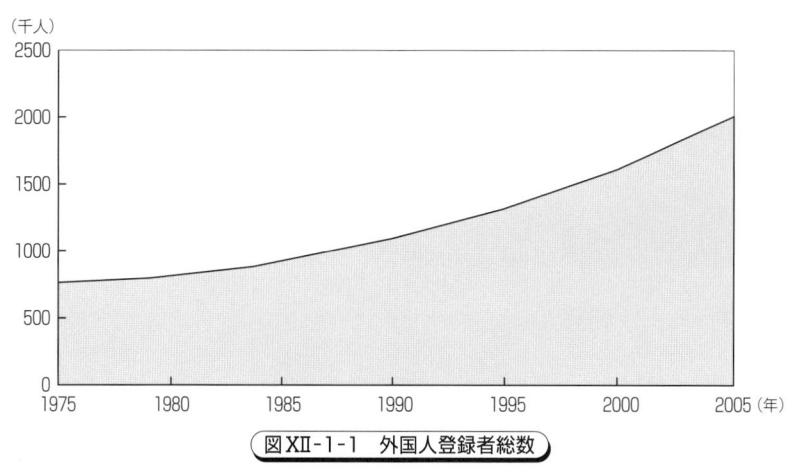

図XII-1-1 外国人登録者総数
出所：法務省入国管理局，2006，『出入国管理』より作成。

点は広がってきている。日本で現存するうち最も古い神戸モスクは1935年の建立であり，ムスリムは20世紀初めから日本にまとまって住んでいたことがわかる。現在では国際結婚を通じて，ムスリムあるいはムスリマ（ムスリムの女性）になる日本人が増えている。例えば日本人と結婚するインドネシア人（国民の九割超がムスリム）の数は，2000年には1,630人だが，2005年には2,937人（『国勢調査報告』）とほぼ倍増している。パキスタン人は日本に最も定着しているムスリムといえるが，彼らは，中古車販売などの事業を展開し，2006年にはパキスタン人の商工会議所が登録され東京で活動を開始するなど，ムスリムたちの経済的基盤を支える状況も広がってきている。日本人と結婚し，日本語も熟達，商慣習にも慣れ，経済的にも日本に根づいたムスリムは，各地でのモスク建設や礼拝場設立に尽力するようになったのである。

イスラームでは金曜昼の礼拝を重んじるが，日本の企業に勤めていたらこの時間に礼拝をすることは難しい。したがって経営者や上司を説得して礼拝を行うか，あきらめて終業後にまとめて行うムスリムも多かった。しかしムスリムの経営者が増えれば，社員は礼拝の時間が確保しやすくなる。

3 国境を越えて変化する宗教

国境を越えて移動すると，宗教も変化を被る。ベトナムは仏教徒が多い国であるが，日本に亡命した難民のなかには，カトリックへの改宗例が少なくない。改宗したのはなぜか？ 1つは，日本の仏教では，僧侶が肉食・妻帯し，また檀家制度で所属が定まるなどの慣習に抵抗を覚えたためである。手を差し伸べた仏教者もあったのだが，ベトナム南北の政治的対立に国内仏教者も巻き込まれてしまい，支援ができなくなったことが背景として指摘されている。一方，宗教的に迫害された者の支援経験が豊かな日本のカトリックは，幅広く物心両面の援助を続けて，信頼を得たという事情もあった。

（葛西賢太）

参考文献

戸田佳子，2001，『日本のベトナム人コミュニティ――一世の時代，そして今』暁印書館

川上郁雄，2001，『越境する家族――在日ベトナム系住民の生活世界』明石書店

桜井啓子，2003，『日本のムスリム社会』ちくま新書

葛西賢太，2007，「日本に根を張るイスラーム」『宗教と現代がわかる本 2007』平凡社

入国管理局ホームページ（http://www.immi-moj.go.jp/）

国連難民高等弁務官事務所（http://www.unhcr.or.jp/index.html）

法務省入国管理局，2006，『難民認定行政――25年間の軌跡』

小林正典，2004，『日系移民・海外移住・異文化交流の今昔』今井書店

XII エスニシティと宗教

2 在日韓国・朝鮮人の宗教

1 在日韓国・朝鮮人

現在, 日本には434,799人の韓国・朝鮮籍の人がいる (「在留外国人統計」2024年6月末)。これは戦前から戦中の日本の植民地支配と, 戦後の政治的混乱のもと朝鮮半島から渡ってきたいわゆる「1世」とその子孫だけでなく, 1989年の韓国の海外渡航自由化以後に留学・就学, 労働目的などで来日し, 滞在するいわゆる「ニューカマー」も含めた数である。前者だけの人数は「在留外国人統計」によれば274,176人である (入管特例法の在留資格で「特別永住者」)。帰化によって日本籍となる人もいてその人数は年々減少傾向にあるが, 帰化をしても民族への帰属意識を保ち続けている人が少なくない。ここでは, 渡日1世とその子孫, 帰化した人, ニューカマーを区別せずに在日韓国・朝鮮人とするが, 必要に応じて1989年以降に来日した人をニューカマーと表記する。

2 祖先祭祀

在日韓国・朝鮮人の家族・親族は, 先祖を祀る「祖先祭祀」を大切に守り続けている。韓国の伝統的な祖先祭祀は儒教の形式で行われ実施回数が多い。現在では簡素化されて回数を減らす傾向にあるが, 祖先祭祀の場は普段は離れて暮らす家族・親族が集まる機会であり, 風俗伝統が維持される空間でもある。日常の言葉, 生活習慣では日本人と変わりない暮らしをしていても, 祖先祭祀には在日韓国・朝鮮人の人々にとって, エスニック・アイデンティティを確認し, 家族・親族の紐帯を維持・強化する機能がある。

3 朝鮮寺 (韓寺)

朝鮮寺とは韓国仏教と巫俗 (シャーマニズム) が混じり合い, 霊的職能者が依頼主の求めに応じて祈祷, 死者供養 (巫俗儀礼), 占いなどを行う寺である。大阪と奈良の県境にある生駒山にはいくつもの朝鮮寺が存在する。儀礼では太鼓や銅鑼など鳴り物を用い, ときには数日かけて行われ, 泊まりがけになる場合もある。儒教による祖先祭祀が男性中心の儀礼であるのに対し, 巫俗儀礼は女性が中心である。死者供養では祖先祭祀では祀られない不幸な最期を遂げた死者を供養する。近年, 朝鮮寺は霊的職能者の高齢化や継承者の不足により, 廃寺同然になるケースも見受けられる。

▷1 原則としては毎年4代前の祖先 (父母, 祖父母, 曾祖父母, 高祖父母) のそれぞれの命日の前夜半過ぎから行い (忌祭祀), さらに元旦や旧盆の朝に4代全ての祖先に対して行う (茶礼)。現在では簡素化され, 忌祭祀は開始時間を早めたり, 夫と妻あるいは世代で合祀し実施回数が減ったりしている。

④ 在日大韓基督教会と韓国系キリスト教会

在日大韓基督教会はプロテスタントの一宗派である。1906年に留学生らが聖書勉強会と日曜日の礼拝を持つようになり，1908年に東京の朝鮮YMCA内に東京教会が設立されたことに始まる。韓国併合（1910年）後，強制連行や生活苦からの活路を求め渡日する人々の増加に伴い，日本各地に教会が設立されていった。現在は教会と伝道所が100ほど，信者は5,545人である（『宗教年鑑』令和6年版）。教会によって違いがあるが，韓国語で礼拝が持たれ，日本語の同時通訳がある。別に日本語の礼拝を行う教会もある。1世は韓国語が話せても，2世や3世となると韓国語は外国語である。名前も普段は日本名を使っていても，教会では韓国名を名のる。また在日大韓基督教会は，指紋押捺拒否・撤廃や就職差別反対など在日韓国・朝鮮人の人権獲得運動に積極的な役割を果たしてきた。最初は民族の教会として始まったが，現在では教会員に日本人も含まれている。

他方，韓国系キリスト教会とは，韓国本国から牧師や伝道師が来日し，日本で開拓した教会である。日本のキリスト教諸宗派に属さず単立であり，本国の母教会の支部教会として宣教活動を行う。ニューカマーの流入とともに増加し，独自の教会堂を持つ規模の大きな教会から，雑居ビルの一室を礼拝堂としている小規模な教会まである。信者には水商売で働く人や超過滞在のニューカマーの女性たちが見られる。礼拝は韓国語で行われ，日本のキリスト教会のどちらかといえば静かな礼拝と異なり，韓国本国のキリスト教会で行われている「通声祈祷」（信徒が口々に声を出して祈る）が見られ，エネルギッシュな印象を受ける。通声祈祷では**異言**▷2が聞かれる場合もある。ソウルの汝矣島にある世界最大の教会「純福音教会」も日本各地に教会を持っている。

⑤ 宗教生活の構造

谷富夫は在日韓国・朝鮮人社会の宗教生活を表XII-2-1のように整理している。在日韓国・朝鮮人の高齢世代の男性に担われているのが儒教の祖先祭祀，女性に担われているのが巫俗，若年世代にはキリスト教Aと示された在日大韓基督教会，キリスト教Bと示された韓国系キリスト教会が支持を集め，それぞれの宗教が世代と性別，宗教行動の社会的単位，宗教の機能や目的によってかなり明瞭に区分されている。

（中西尋子）

表XII-2-1　在日韓国・朝鮮人社会における宗教の構造と機能

		男	女
旧来朝鮮国人	高齢世代 ↕ 若年世代	儒教＝親族の紐帯	巫俗＝個人と家族の現世利益
		キリスト教A＝地域社会の変革	
新来韓国人			キリスト教B ＝個人の慰安

出所：谷富夫，1995，「エスニック社会における宗教の構造と機能――大阪都市圏の在日韓国・朝鮮人社会を事例として」『人文研究』47：14より。

▷2　異言
宗教的恍惚状態において当事者の意思とは関係なく発せられる言葉であり，神の賜物として理解される。通常の祈りや会話と異なるため，発せられた言葉の意味は不明である。

参考文献

飯田剛史，2002，『在日コリアンの宗教と祭り――民族と宗教の社会学』世界思想社

谷富夫，1995，「エスニック社会における宗教の構造と機能――大阪都市圏の在日韓国・朝鮮人社会を事例として」『人文研究』47：1-18

秋庭裕・芦田徹郎・飯田剛史・塩原勉・谷富夫，1985，「朝鮮寺――在日韓国・朝鮮人の巫俗と信仰」宗教社会学の会『生駒の神々』創元社，235-326

飯田剛史・靑奎通，1999，「朝鮮寺（韓寺）の変貌」宗教社会学の会『神々宿りし都市――世俗都市の宗教社会学』創元社，27-59

XII　エスニシティと宗教

③ 海外に進出した日本の宗教とエスニシティ

① 日系エスニック・グループから非日系人布教へ

　人々が外国へ移民として移動すると，当然ながら彼らの信じる宗教も海外へ進出していくことになる。◁1 多くの場合，海外における日本の宗教の布教は，移民から形成された日系人社会を基盤として行われてきた。このような日系移民社会を基盤として展開した日本の宗教に関しては，ハワイ・北アメリカ地域，ブラジル・南アメリカ地域についての研究が多数を占め，日本人移民の歴史と併せて説明されてきた。特に，現地での布教の際に生じる諸問題（言語・世代交代など）に重点をおいて考察した研究が多い。移民1世・2世時代から，3世・4世となると，相対的に日系人というエスニシティは次第に薄くなってしまう。また，世代交代による教団メンバーの入れ替わりは，新しい信者たちの宗教的関心を前世代のそれとは違うものにしてしまう。◁2 現在，日本の宗教は，こうした世代交代による日系人布教の行き詰まりという問題にぶつかっている。

　そのため，日本の宗教には非日系人への布教を視野に入れた転換が求められるようになった。海外で最も日系人が多いブラジルでさえ，非日系人布教は日本宗教の教勢の伸張を左右する重大な課題となっている。こうしたなかで日本の宗教のうち，日系エスニック・グループの枠を超え，非日系人布教のノウハウを確立し，非日系人に信仰を伝えることができたものが，現地での教勢拡大に成功している。

　例えば，筆者の調査地である韓国には，日本の宗教，特に新宗教教団が進出し，成長している。戦前，日本の植民地であった韓国や台湾には，日本の植民地政策によって日本の宗教も進出したが，敗戦に伴う在留日本人の引き上げとともにその姿を消してしまった。しかし，最近はこのような日系エスニシティが存在しない地域でも日本の宗教の積極的な活動が見受けられるようになってきた。

② 韓国における日本の宗教の発展

　日本の宗教の韓国への進出には，日系人エスニック・グループの不在や，日韓関係，日本の植民地支配に起因する反日感情の存在が大きく影響を与えている。一方で，日本における在日韓国人というエスニック・グループの存在は，布教に際して最も重要な資源として働いた。彼らは故国である韓国の家族や親

▷1　海外における主要な日本宗教（新宗教）の種類と宗教人口（公称）は次のようになっている。
ブラジル：金光教（400人），大本教（240世帯），天理教（2万人），霊友会（8万人），生長の家（250万人），世界救世教（31万人），PL教団（30万人），創価学会（15万人），立正佼成会（657世帯），崇教真光（3万人）など（渡辺雅子，2001，『ブラジル日系新宗教の展開――異文化布教の課題と実践』東信堂）。
韓国：天理教（27万人），本門佛立宗（700人），日蓮正宗（8,000世帯），創価学会（148万人），霊友会（3,500人），世界救世教（4,500人），生長の家（11万人），立正佼成会（2,700世帯），真如苑（1,800人），イエス之御霊教会教団（500人），善隣教（350人）など（筆者の整理・調査による）。

▷2　井上順孝，1985，『海を渡った日本宗教――移民社会の内と外』弘文堂

戚への布教活動を行い，韓国における日本宗教の布教の基盤を整える大きな役割を果たしたのである。その反面，植民地支配による反日感情を抱える韓国社会では彼らは日本の宗教信奉者というマイノリティとして扱われてきた。また，彼らだけではなく，日本の宗教の信者は多くの場合，マイノリティとして信仰活動を継続せざるを得なかった。ところが，現在では，韓国社会における日本の宗教の信者が100万人をはるかに超えるまでに広まっている。

韓国における日本の宗教の特徴をまとめてみると，①全て日本で新宗教と分類される教団で韓国内の既成宗教（キリスト教，仏教）に次ぐ宗教人口を持ち，②既成宗教信者より高学歴で，したがってホワイト・カラーの比率が高く，経済水準も比較的高く，③生活の面でも，既成宗教信者より満足度が高い。④入信動機としては現世における幸福の追求（御利益主義）という日本の宗教の特徴をそのまま持っているが，「以前の宗教への不満」から入信するケースも相当存在する。⑤入信後の変化として，「物質的・肉体的状況の変化」より「精神・心理的な変化」を挙げる人が多い。つまり，日本の宗教は，その最大の特徴である現世指向主義・即効性のある宗教実践によって，韓国の既成宗教との差別化を図り，信者たちの宗教的欲求に柔軟に対応してきたのである。韓国における日本の宗教は，日本人が韓国で布教活動を行えなかったことによって，最初から韓国社会や韓国人に適合した布教を行った。そのため，日本の宗教は韓国においても教勢を大きく伸ばすことができたと考えられる。ただし，教団によってその展開状況は様々である。

3 異文化への布教上の課題

海外における日本の宗教の布教方法には，2つのパターンがある。それは，日系移民社会を基盤としたものと，非日系人を対象としたものである。

日系人社会を基盤とする場合，1世・2世はその宗教を故国である日本と自身をつなげてくれる存在として認識していた。しかし，3世・4世は故国とは別の新しさを感じ取る。このように，1世・2世と3世・4世の間には，日本の宗教への認識にギャップが存在する。そのため，今後の移民社会における日本の宗教研究では，このような日本の宗教に対する世代間の意識の変化と，日系人たちのアイデンティティのあり方を踏まえた上で，日本の宗教に対するより多角的な議論や比較，考察が求められる。

一方，日系エスニシティを基盤としない地域の場合，言語などの技術的な問題だけでなく，互いの国の歴史や現在の政治関係も踏まえて検討する必要があると考えられる。例えば，日韓関係においては，両国の歴史認識の違いが日本の宗教の布教にどのように影響を与えているのかを考える必要がある。もちろん，布教先の伝統的宗教文化などへの理解も深めた上で，日本の宗教に対する考察が求められる。

（李 賢京）

XIII 女性と宗教

1 キリスト教と女性

1 フェミニスト神学

　フェミニズムとは女性の手による女性解放の運動を指すが，その運動は男女非対称の人間観や性差別的な社会構造を問うものである。19世紀末，男女の法的制度的平等を目指す第1派フェミニズムが起こり，現代に至るまでフェミニズムは多様な学問分野でも展開してきた。宗教でも特に，女性の経験を基礎に置くフェミニスト神学は，「男性の神学」として語られてきた従来のキリスト教が女性差別に深く根差すことを問いただした。◁1

　フェミニスト神学者たちのなかにはキリスト教に限界を覚えて離れてしまった者もいるが，教会内にとどまり，聖書の歴史的批判的読み直しによって本来の解放的意味を再発見しようと試みる者もいる。性別役割など私的な部分に関わる男女差別の問題を扱う第2派フェミニズム以降，論者の立場の違いによる差異も見られるが，教会における性別・人種・障がいの有無などの様々な差別に対する改革が，多くの教派でなされている。

2 キリスト教史の中の女性

　フェミニスト神学が指摘してきたように，キリスト教の歴史において，「性」と「女性」への抑圧は長く存在してきた。◁2 旧約聖書に描かれるユダヤ社会は男性社会であり，女性には何の権利もなかった。イエス自身は男女差別をしていないものの，新約聖書には，「女の頭は男，そしてキリストの頭は神」，「男は女に触れない方がよい」，「婦人が教えたり，男の上に立ったりするのを，私は許しません。むしろ，静かにしているべきです」といった記述が見られ，男性の優位が示されている。◁3

　原始キリスト教時代は女性も教会の要職にあったが，2世紀以降，教会の父権的組織化が進むと，女性の役割は限定的になった。その後，ローマ・カトリック教会は婚姻を神の恩恵を信徒に与える儀式，すなわち秘跡（サクラメント）の1つとしたにもかかわらず，性交を汚れたものと見なした。また旧約聖書「創世記」のエバ（イブ）に関する記述（アダムのあばら骨から造られ，だまされて禁断の果実を食べ，アダムにも勧めた）によって，女性は男性に従属する劣った性とする観念は中世において広く定着した。

　神学における禁欲主義は処女性を理想に掲げ，イエスの母である聖処女マリ

▷1　フェミニスト神学の代表的成果として，ゴスマン, E., 岡野治子・荒井献監修, 1998,『女性の視点によるキリスト教神学事典』日本基督教団出版局がある。

▷2　アームストロング, K., 高尾利数訳, 1996,『キリスト教とセックス戦争——西洋における女性観念の構造』柏書房は，その様々な事例を示している。

▷3　聖書の引用は新共同訳による。順に，新約聖書「コリント信徒への手紙Ⅰ」11章3節，「コリント信徒への手紙Ⅰ」7章1節，新約聖書「テモテへの手紙Ⅰ」2章12節である。

アへの崇敬がローマ・カトリック教会や東方正教会では伝統となっていった。また，一般の女性に対しては，「信仰と愛と清さを保ち続け，貞淑であるならば，子を産むことによって救われます」と，処女か母かの選択を提示したのである。他方，修道院の女性たちは「キリストの花嫁」として，男性と同等に能力や信仰を認められた。

中世のローマ・カトリック教会では聖職者の独身制が義務化されたが，一定額の税金を支払っての性交や同棲も絶えなかった。やがて16世紀の宗教改革を経ると，万人祭司を掲げるプロテスタント諸教派では聖職者の結婚を認めるようになったが，ルターやカルヴァンたちも積極的に女性を聖職者として登用したわけではなく，男女観は必ずしも先人たちと比べ革新的ではなかった。

20世紀以降，プロテスタント諸教派では女性牧師が続々と誕生し，近年では聖公会でも女性司祭が認められている。他方，ローマ・カトリック教会や東方正教会では，女性の地位向上などの取り組みはあるが，いまなお女性の司祭職は認められていない。

3 日本のキリスト教と女性

日本ではすでにプロテスタント諸教派が渡来した19世紀中には教会の長老として女性が認められ，1933年には初めての女性牧師が誕生している。19世紀後半には特にアメリカから女性の宣教師が多く来日し，女子教育向上などに大きな影響を与えた。

第2次世界大戦以降は，各地の神学校が男女共学となり，女性聖職者は現在も増え続けているが，赴任場所や地位などでの男女格差が指摘される場合もある。その改善策の1つとして，日本ナザレン教団では2007年に，同じ教会で夫婦共牧師の任命が可能となる制度を導入した。

現代日本にキリスト教会は1万近くもあるが，その過半は教会員数が10数名から数十名程度の小規模教会である。教会の経済的事情などから，牧師資格を持つ女性が教師職を得られず，無給の働き手である「牧師夫人」として，夫の牧師とともに教会管理や教会員への対応など，説教や礼拝司式以外の多様な業務に従事する例も見られる。教派ごとに「牧師夫人」の位置づけは異なるが，聞き取り調査や文献資料をたどると，「牧師夫人」のなかには，教会員から良妻賢母を期待され，それに応えるよう努力し続け，自らの様々な悩み・役割葛藤や貧困などに「祈る」ことで耐え続けたと述べる者も多い。

教会員間にも，例えば教会員の過半数が女性でも教会の役員は男性が中心となるなど，教会内で固定化された性別役割が反映されている例が見られる。教会・教界内での性別および立場の異なる者への対応は今後も課題である。

（川又俊則）

▷4 新約聖書「テモテへの手紙Ⅰ」2章15節。

▷5 現代アメリカの女性の状況は，生駒孝彰，1994，『神々のフェミニズム――現代アメリカ宗教事情』荒地出版社に詳しい。

▷6 ワインガーズ，J.，伊従直子訳，2005，『女性はなぜ司祭になれないのか――カトリック教会における女性の人権』明石書店は，広範な資料を検討し，ローマ・カトリック教会側の主張を厳しく批判している。

▷7 具体的な事例は，川又俊則，2002，『ライフヒストリー研究の基礎――個人の「語り」にみる現代日本のキリスト教』創風社などを参照されたい。

XIII 女性と宗教

2 日本の仏教・神道・新宗教と女性

1 女性に焦点を当てる重要性と困難性

　宗教には性差別，性抑圧的側面が濃厚にあることはこれまでにも指摘されてきたが，男性中心の研究視点からはこれらの問題はなおざりにされる傾向があった。したがって，女性の現状や性差別の問題を社会構造との対応から明らかにしていくことは，切実かつ必要な課題である。しかし，日本の宗教における女性のあり方を捉えるといっても，古代，中世，近世，近代といった時代や地域，階級・階層，民族，仏教，神道といった宗教・宗派などの社会的・文化的背景との影響関係を考察せねばならない。女性と宗教の関係性を適切に読み解くには，各時代，各地域の多様性の中に貫かれている共通論理を見抜く，という困難な作業が求められる。このように多様かつ多面的で複雑な内容を持つ日本宗教における女性の姿について見取り図を描いてみよう。

2 「家」の先祖祭祀と女性

　日本の仏教，神道，新宗教は，互いに完全に独立した宗教とはいえない。
　仏教は外来の宗教であるが，日本の主要な宗教儀礼である先祖祭祀を取り込んでおり，また日本の先祖祭祀の頂点には神道にとって重要な位置を占める天皇家がある。さらに日本の新宗教は先祖祭祀を教理や儀礼の中核にすえながら，仏教や神道に大きな影響を受けて成立したものが多い。仏教，神道，新宗教は互いに密接に関連しており，これらの宗教をつなぐのが先祖祭祀なのである。先祖祭祀と関連の深い「家」観念は江戸時代に制度として取り入れられ，庶民の間にも浸透したといわれる。◁1
　この先祖祭祀の制度化には儒教も影響を及ぼしている。江戸時代に支配体制の強化のため，学問として導入された儒教は，親子間の「孝」や君臣間の「忠」など上下関係の秩序を重視する倫理を説くことによって「家」観念を強化した。この「家」観念の強化のために，女性の地位は意図的に従属的なものと主張されるようになったと考えられる。日本の儒教者による女訓書（女性向け道徳書）では，女性の従属性が徹底して説かれる。女性が従属するのは父・夫・息子といった近親の男性だけでなく，彼らが体現する「家」であり，またその上にある「国家」である。女性たちは他の「家」に嫁ぎ，その「家」の血統を存続させる子どもを生み育て，舅姑の扶養も含めて「家」を維持する労働

▷1　「家」制度は家名を担う親族団体の超世代的な存続と発展を最重要視する社会制度であり，その存続・発展の責任は家長（男性）が先祖に対して負う。

力を担うことにより「家」および「国家」を支えてきた。

　日本の仏教，神道，新宗教が，いずれも先祖祭祀と深い関わりがあるという事実は，上に述べたような「家」の観念を強化するために女性の位置づけを女性自身に内面化させるための装置として機能してきたことを意味する。宗教は，女性が男性よりも穢れたもの，劣ったもの，男性に従うしかない無力な存在であるとする見方に正当性を付与した上で，女性に救済を与え，女性の力を教団活動に動員する機能を持っているのである。

❸ 日本の仏教，神道，新宗教の女性観

　仏教には，もともと「**五障**」◁2「**女身垢穢**」◁3「**変成男子**」◁4や「**血盆経**」◁5など女性を宗教的に劣った存在とする見方が数多く見られる。これらの伝統のために日本仏教組織には非常に男性中心的な側面がある。日本仏教において，僧侶の妻帯が広く認められるようになったのは，明治5年（1872）の政府による布告以来だが，一般に寺族や寺族婦人と呼ばれる僧侶の妻の位置づけには，不安定な部分が残されている。寺院の運営のためにはこれらの女性たちの働きは必要不可欠だが，教義・制度の上では権利や存在理由が明確化されていない。これに対して浄土真宗は初期の段階から教義・制度上も妻帯を認めているが，妻の地位の従属性にはかわりない。また日本仏教では女性の出家は認められてきたが，教団内での女性僧侶の地位は男性に比べて著しく低く，軽んじられている。

　他方神道の神々は日本を作り出した神々とされ，古来よりアマテラスなど女神の地位は重要な位置を占めている。古代の神道に基づいた祭政一致体制を見ると，女性が祭祀を，男性が政治・軍事を司る祭政二元体制（ヒメ・ヒコ制）が見られ，男女それぞれの得意分野に基づいて双方が存在感を示していたと考えられる。しかし，時代が下り男性中心主義的な社会制度が作られるにつれ女性の地位が低下していく。女性の出産や月経を「**ケガレ**」◁6と捉える民間信仰と神道が結びつき，女性を穢れたものとする思想が出てくる。

　日本の新宗教には多様なものがあるが，教祖には女性が多く，これらの女性教祖が従来のジェンダーを変革する視点を提供していることは特徴的である。多くの新宗教の教義・儀礼においても先祖祭祀は重要であり，その担い手として女性たちが力を得る一方で，その力が教団や社会全体の体制維持に回収される構図が広く見られることも事実である。全体的に日本の宗教組織は男性を指導者とし，女性をその補助的役割におく傾向が強い。しかし，宗教の持つ影響は両義的であり，女性を従属させるだけではなく，変革への力をも与える可能性を持つ。従属的な女性の位置づけに対して教団内女性からの改善を求める声が上がり始めていることはこの一例だろう。

（猪瀬優理）

▷2　**五障**
『法華経』などの仏典に見られる。女性は，梵天王・帝釈天・魔王・転輪聖王・仏陀の5つにはなれない。つまり，成仏できないとする思想。女性は父，夫，息子と常に男性に従うべきという三従と結びつけ，五障三従と使う場合もある。

▷3　**女身垢穢**
五障の理由として，女性は穢れていると考える説。

▷4　**変成男子**
女性は女身のままでは成仏できないが，男性に性転換すれば成仏できるとする説。

▷5　**血盆経**
近世庶民女性に信じられた信仰。女性は月経や出産などの血の穢れがあるために血の池地獄に落ちるとされたが，その救済を説いたのが血盆経である。

▷6　**ケガレ**
仏教や神道にも見られる観念で，一般には清浄でないもの，穢れたもの，危険なものを指し，具体的には死，血，罪を意味するが，その捉え方には諸説ある。

参考文献
奥田暁子・岡野治子編，1993，『宗教のなかの女性史』青弓社
国際宗教研究所編，1996，『女性と教団』ハーベスト社
女性と仏教東海・関東ネットワーク，1999，『仏教とジェンダー』朱鷺書房
総合女性史研究会編，1998，『女性と宗教』吉川弘文館
脇田晴子他編，1994，『ジェンダーの日本史　上』東京大学出版会

XIII 女性と宗教

3 女人禁制

1 女人禁制とは

　女人禁制とは，社寺や山岳霊場，祭礼の場などへの女性の立ち入りを禁じ，それらの場所での女性による居住や参拝，修行などを禁止することである。また，女性の進入を制限する境界のことを「女人結界」と呼び，そこには結界石や女人堂が配されてきた。1872年に明治政府が全国的に女人結界を解くまで日本にはこのように女性の立ち入りを禁じる場所が多く存在した。

　女性が宗教的に聖域とされる場から排除されるに至った理由として，しばしば出産や月経にまつわる血の穢れが指摘されるが，必ずしもそれのみが女人禁制成立の直接の原因となったわけではない。様々な宗教的要因と社会的背景が複雑に影響し合った結果生じたものであると考えられている。

　女人禁制の発生に関する諸研究によると，出産や月経の忌避は文献上では律令制成立以前には見られず，9世紀以降になって律令の範となった大陸の触穢観の影響を受けながら，律令の施行細目であった「式」において次第に明文化されていったとされている。また，当初の忌みは，妊娠中や月経中の一定期間に限られ，女性を恒常的に排除しようとするものではなかった。それが，女性との性的交渉を未然に防ごうとする仏教寺院における戒律の問題（不邪淫戒），五障・変成男子など仏典に見える女性蔑視思想，尼寺の退転，さらには平安時代の政治的支配層による家父長制の強調などと結びつくことによって，女性が次第に劣位に置かれるようになり，恒常的に女性の入域を制限する結界が成立していったと考えられている。

2 現代の女人禁制

　現在でも女人禁制がしかれた場所や祭礼はある。「お水取り」として知られる東大寺二月堂の修二会では，女性が堂の内陣に入って僧の修法を拝することはいまもできない。また，近年一部で女性の参加も見られるが，京都祇園祭の山鉾巡行も基本的に女人禁制の伝統を維持している。

　昨今特に議論されているのが，奈良大峯山の山上ヶ岳における女人禁制である。1970年に女人禁制区域が縮小されて以来，現在も東西10 km，南北24 kmにわたり女性の進入が禁じられ，4ヶ所に女人結界門が設置されている。毎年大峯山に登拝する修験道教団でも，女性行者は山上ヶ岳を迂回し，山上ヶ岳で

▷1　西口順子，1987，『女の力』平凡社。平雅行，1992，『日本中世の社会と仏教』塙書房。勝浦令子，1995，『女の信心』平凡社。牛山佳幸，1996，「『女人禁制』再論」『山岳修験』17：1-11

▷2　五障・変成男子については XIII-2 の▷2，▷4を参照。

修行を終えた男性行者とのちに合流するという行程をとっている（図XIII-3-1）。

この大峯山の女人禁制を「女性の人権を著しく傷つけるもの」とし、直ちに解禁すべきだという運動が近年起こっている。修験三本山も時代の変化に対応し、開祖役行者1300年御遠忌を機に女人結界撤廃を決する「声明文」を出した。しかしその後、その決議に対し「女人禁制は宗教上の伝統」とする信者講や地元住民から猛反発が起こり、撤廃計画は白紙に戻った。

人権の立場から禁制解除を求める解禁派と、禁制は宗教上の伝統とする禁制維持派の議論は現在も平行線の状態にあり、双方の主張に問題点も見受けられる。解禁派はあくまで近代人権思想のみからこの問題を解釈し、実際に大峯山に登拝する当事者である宗教的実践者への理解に欠ける面がある。女性行者の中にも解禁を望む声と現状維持を望む声があり、女性であっても一枚岩ではない。他方、禁制維持派は「宗教上の伝統」を掲げるが、過去の禁制区域の縮小は、植林作業員や観光バスガイドの女性が入山できないなど世俗的な要請からなされたという経緯もあり、彼らが固執する「伝統」がいかなるものなのか、なぜその「伝統」が現在そして未来にわたって継承されるべきなのかは言明していない。また、女性が入山すると「聖性が崩壊する」との主張も、男性であれば信者でなくとも入山できることや、すでに女人禁制を解いているほかの霊山で、女性への開放がもとで聖性が失われたのかという疑問もある。

3　女人禁制の今後

以上のように、女人禁制には複雑な発生事由と歴史、様々な課題がある。しかし、女人禁制は時代の変化、要請とともに絶えず変容してきたことをまず認識しておかなければならない。伝統的に女人禁制だった祭礼でも、現在、深刻な担い手不足からなし崩し的に女性の参加を認める事態となっている。そして、それが逆に沈滞していた祭礼を蘇生させているという事例もある。女人禁制を維持する側は、その理由が単に自らの権力保持・強化に基づくものではないかどうかに常に敏感であるべきであろう。

あらゆる人々の平等を希求する宗教が、今後この女人禁制の伝統とどのように向き合っていくのかが注目されている。

（小林奈央子）

図XIII-3-1　山上ヶ岳へと入る男性行者を見送る女性行者

▷3　2004年、大峯山がユネスコの世界文化遺産として登録されるのを機に、「世界文化遺産登録にあたって『大峰山女人禁制』の開放を求める会」が発足した。

▷4　大峯山を修験道の根本道場とする醍醐寺・聖護院門跡・金峯山寺の三本山は、「声明文」（1997年10月3日付）において、役行者1300年御遠忌年（2000年）の開扉式を期して山上ヶ岳の女人結界撤廃を決した。

▷5　鬼の舞で知られる愛知県東三河の花祭は元来女人禁制の祭礼であるが、近年過疎化による深刻な担い手不足に瀕している開催地区も多い。一時は存続の危機もあった布川地区では、賛否はあるものの、女性の舞への参加を積極的に受け入れたことで再び活気づき、ここ数年盛況を呈している。

参考文献

役行者千三百年御遠忌記録編纂委員会編、2003、『新時代に向けた修験三本山の軌跡』国書刊行会

鈴木正崇、2002、『女人禁制』吉川弘文館

源淳子編著、2005、『「女人禁制」Q＆A』解放出版社

XIV　メディアと宗教

1 メディアと宗教

　15世紀半ばのグーテンベルグの活版印刷技術が聖書の大量普及を可能にし，それがひいてはルターの宗教改革をもたらす要因になったという歴史的な事例を引くまでもなく，メディアと人々の生活は密接に結びつき，社会的文脈のなかで価値観や行動様式に大きな影響を及ぼし文化・歴史を作ってきた。

　今日私たちを取り巻くメディアは新聞・雑誌・書籍などの活字媒体からテレビ，ラジオ，映画，音楽，インターネットまで様々である。そして，意識的であれ無意識的であれ，私たちが現実を見る見方はかなりの程度で，これらのメディアによって条件づけられていることが多い。ある新しい宗教に対して否定的なイメージを持っている人が，実際にその教団や信者に接したことがあるとは限らない。メディアからの情報がイメージを創り上げている例の1つといっていいだろう。

　ここでは，マスメディアのなかでも特に接する時間が多く，メディアと宗教に関する様々な傾向や課題を顕著に垣間見ることのできるテレビに焦点を当てて概観してみる。

1 テレビのなかの宗教

　宗教を信仰の面から真正面に取り上げる番組はあまり人気がない。特定の教団が提供する番組は週末の早朝などあまり多くの人が視聴しない時間帯に短時間流される程度だ。NHK教育テレビの宗教番組「こころの時代」も，宗教者が出てきて説教をするといったような，いかにも「宗教くさい」ものは敬遠され，様々な分野で活躍する人たちの人生哲学や心に響く体験談など，信仰のない人でも共感できる内容が主だ。

　一方，これとは対照的に，霊能者や超常現象，心霊を扱う番組はおおむね高視聴率を得ている。日本民間放送連盟の放送基準では「宗教を取り上げる際は，客観的事実を無視したり，科学を否定する内容にならないよう留意する」「占い，運命判断およびこれに類するものは，断定したり，無理に信じさせたりするような取り扱いはしない」[1]とあるが，現状はこれらが守られているとは言い難い。占いや霊視が無批判に感動的な演出とともに流されることで，いまだに続く霊感商法などの不法行為が横行する素地を作っている面もあるのではないか。

　新しい宗教は事件のときや，光景が「異様」な場合は映像としてインパクトがあるからか，集中して過熱気味に取り上げられる。2003年には岐阜県で白衣

▷1　日本民間放送連盟，2007，「放送基準　第7章　宗教（41）」および「第8章　表現上の配慮（54）」（http://www.nab.or.jp/，2007.5.26）

をまとった「パナウェーブ研究所」のメンバーらが山を白い布で覆い公道を占拠しているとして，マスメディアが過熱気味に取り上げ不安をあおった。2005年に京都にある韓国系の聖神中央教会の牧師が強姦容疑で逮捕されたときの報道もまた過熱したものであった。報道では，牧師の邪悪さを強調するために，通常の韓国系教会ではごく自然だが日本ではなじみが薄い，歌ったり踊ったりする光景をさも異様であるかのように演出して見せた。

イスラム教はほとんどが戦争や紛争，テロ関連で報道され，宗教として取り上げられることは少ない。それ以外の外国の宗教は世界遺産のような，日常から離れた歴史ロマンや観光地という側面が強調されて取り上げられる。報道も欧米の出来事が中心で，その他の地域の宗教ニュースはほとんど見られない。外国の見慣れない祭や宗教行事はニュースの中で奇異なものとして取り上げられることが多く，そこにどんな宗教的な背景があるのか十分な説明がない場合がある。1分にも満たない時間だが，「私たちには理解できない変わった人たち」と印象づけるには十分だ。

一方，伝統的な寺や神社は，天気予報の背景画面や，桜や紅葉の観光名所といった季節の風物詩としてその映像が取り上げられる。除夜の鐘や初詣，節分などの伝統行事のときにも登場する。そこでは，テレビは「日本の伝統」を画面上で地域差をなくして画一的に再生産し維持する装置として働いている。

テレビメディアにおける，このような宗教の扱われ方は現代の日本社会の合わせ鏡でもある。

2 メディア・リテラシー

1990年代に，マスメディアの倫理が問われ信用を失っていく契機となった事件には，オウム真理教の松本サリン事件に関する報道▷2やTBSビデオ問題▷3など，はからずも宗教が関わっていた。

1990年代末以降，このような経緯も踏まえ，メディア・リテラシーへの関心が高まってきている。メディア・リテラシーとは「私たちの身のまわりのメディアにおいて語られたり，表現されたりしている言説やイメージが，いったいどのような文脈のもとで，いかなる意図や方法によって編集されたものであるのかを批判的に読み，そこから対話的なコミュニケーションを創り出していく能力」▷4のことである。

そうした批判的に読み解く取り組みも，メディアにおける表現の実証的な研究が基盤となる。日本では1990年代に入ってインターネットが脚光を浴びるようになってからは，宗教とインターネットに関する研究は増えてきている。しかし，インターネット以前の活字，ラジオ，テレビ，その他のメディアと宗教に関する研究は，宗教学でもマスコミュニケーション研究，メディア研究の分野でも数が少なく，今後より多くの研究が望まれている。

（玉木奈々子）

▷2 1994年，長野県松本市でオウム真理教のサリン散布により死傷者が出た事件で，警察のずさんな取り調べとそれを鵜呑みにした偏向報道により，第一通報者の河野義行さんが犯人と疑われた。

▷3 1989年，TBSのワイドショー番組スタッフが，オウム真理教に批判的な坂本堤弁護士のインタビュービデオをオウム幹部に放送前に見せ，その4日後に起こったオウムによる坂本一家殺人事件につながったとされる事件。

▷4 吉見俊哉，2004，『メディア文化論――メディアを学ぶ人のための15話』有斐閣アルマ

参考文献
島薗進・石井研士編，1996，『消費される〈宗教〉』春秋社

池上良正・中牧弘允編，1996，『情報時代は宗教を変えるか』弘文社

石井研士，2007，「細木数子番組の人気とこの国の不幸な宗教文化」渡辺直樹責任編集『宗教と現代がわかる本2007』平凡社，186-191

XIV　メディアと宗教

2　インターネットと宗教

1　インターネット上の宗教

　1990年代後半以降，インターネットは現代社会に欠かすことのできない情報基盤となりつつある。そこでは，経済や行政などの情報とともに宗教情報も様々な担い手によって，ホームページやブログ・掲示板を通して発信・交換されている。そして既存の宗教教団も，インターネットを宗教活動に何とか活用しようと模索している。

　しかしインターネットという同じメディアの上でも，宗教教団の取り組みは，アメリカと日本ではそれぞれの宗教状況を反映して大きく違っている。アメリカでは，インターネットが本格的に普及し始めた1997年には1,000件以上のカトリック関連のホームページを掲載したガイドブックが発行されているように，その取り組みは当初から活発である。他方，1996年時点の日本のほとんどのホームページを掲載したガイドブックには，宗教カテゴリーに90のウェブサイトを見ることができるだけである。この差は2007年2月時点でも歴然としている。アメリカ版の Yahoo! で「Religion & Spirituality」の項目に38,682件のホームページが登録されているのに対して，Yahoo! Japan の「宗教」の項目には，3,187件しかホームページが登録されていない。

2　日米の宗教ホームページの目的意識

　日米での10倍以上の登録件数の差はインターネットを何のために利用するかという宗教意識を反映している。キリスト教を中心とするアメリカでは，インターネットは未開教地として，新たな布教の場として捉えられている。オハイオ州にあるキリスト教福音派の単立教会で，電子メディアによる布教で有名なギンハンズバーグ教会の牧師レン・ウィルソンは，「こうしたメディア布教活動の目指すところは，神の言葉を現代文化の言葉で語ることにある」としている。そこには，キリスト教の信仰者は常に未開教地に分け入り教えを広めなくてはならないとの使命感が存在している。その使命に突き動かされ，多くの教会や組織さらには信者が，20世紀の末に生まれたインターネットという新世界にキリストの教えを広めようとしている。そこでは，既存の教会活動とは一線を画した，福音を広めようとする熱意と工夫を見ることができる。

　こうしたアメリカの状況と違い，日本国内において Yahoo! Japan で「宗

▷1　Raymond, John, 1997, *Catholics on the Internet*, California : Prima Publishing.
▷2　月刊アスキー出版局，1996，『日本のホームページ40000』アスキー出版
▷3　Wilson, Len, 1999, *The Wired Church*, Nashville, Tennessee : Abingdon Press, 24.
▷4　浄土宗総合研究所専任研究員であった今岡達雄は，浄土系寺院ホームページの内容調査を行っている。

教」の登録件数の半数を占める仏教寺院にとって，インターネットを活用する大きな動機は寺院の現状にある。これまで農村部にその基盤を置いてきた仏教寺院は，都市化と工業化によってその存立基盤を失いつつある。大多数の人が仏教に葬祭のみを期待し，寺院への参拝者は高齢者が多数を占め将来的な展望が見えない状況となっている。こうした閉塞状況を打破するため一部の若い寺院住職が，インターネットの普及に併せて寺院活動を宣伝するホームページを開設した。そこには，インターネットによって少しでも寺院への参拝者が増えないかという意図があった。現在見られる寺院のホームページのほとんどに行事案内が掲載されているのはそうした背景による。◁4

しかし，現在寺院に参拝している人たちはインターネットと無縁の高齢者が多く，どのように立派なホームページを開設しても，それらを実際に見ることのできる人は少数である。また，現実の寺院活動自体には何ら変化がないために，そのままインターネット上で宣伝しても，新たな魅力を喚起することはできず，参拝者の顕著な増加はほとんど見られない。そのため，多くの寺院ホームページが，期待した効果を得られないためアメリカほどの活況を呈していないのが現状である。このように，インターネットという新たなメディアが宗教に導入されても，その影響はアメリカや日本における現実の宗教状況を反映し，画一的でないことがわかる。

❸ メディアと社会の相互関係

ルネッサンス期における活版印刷の普及と宗教改革に大きな関連性があるように，新たなメディアの出現は，宗教に大きな変化をもたらす可能性がある。しかしそうした変化は，新技術が一方的に引き起こすのではなく，技術が社会的状況と相互に作用しながら生じてくるものである。◁5

アメリカの例を取り上げるなら，既存の宗教との相互作用の中で，インターネットは教団や教会だけでなく様々な人たちに情報発信の機会を与えた。そこでは，大量の情報が溢れ，相互に結び付けられ，利用者は多様な情報のなかから自分にあった宗教情報だけを自由に取り出すことが可能となっている。

一方で，こうした宗教情報の氾濫によって，既存の教団組織のなかで保護されていた聖典や聖域，教祖などの宗教権威は埋没し，その特権的地位が失われつつある。◁6 さらにこの権威の失墜は，宗教組織がネットワーク状に再構築される萌芽ともなりえる。ここでインターネットという新たなメディア技術は，変化の一要素としてとりこまれていることがわかる。

今後は，インターネットの目新しい技術面だけに注目するのではなく，宗教を含めた社会全体がそのメディアの普及と相互に作用しながら，どのような変化をむかえようとしているか，広い視野で論じていく必要がある。

(深水顯真)

すでにデータは古くなっているが，現在でも貴重な資料といえる。今岡達雄，2002，「一般寺院におけるホームページの運用について」(http://www.zenshoji.or.jp/ archives/ literature/ 20020910.htm,2007.2.28)

▷5　新技術が要因となって社会を変革すると考える立場を「技術決定論」と呼ぶ。一方，メディア技術は社会が作り上げるとの立場を「社会構成主義」と呼ぶ。例えば，印刷技術によって聖書が大量生産されることで宗教改革が起きたとする立場と，カトリック教会による統制の弱体化が，聖書を印刷するための技術の普及を招いたとする立場に分けることができる。これはどちらかの立場に集約されるものではなく，技術と社会が相互に作用すると考えるのが適当であろう。

▷6　インターネットによって宗教行事が中継されることで，たくさんの人がそれに接することができるようになった反面，行事の神秘性や厳粛さが失われつつある。深水顯真，2006，「情報時代と宗教——IT化による宗教の破壊と創造」早坂裕子・広井良典編著『みらいに架ける社会学』ミネルヴァ書房，94-112

参考文献

宗教社会学の会編，2002，『新世紀の宗教——「聖なるもの」の現代的諸相』創元社

土佐昌樹，1998，『インターネットと宗教——カルト・原理主義・サイバー宗教の現在』岩波書店

井上順孝，2003，『IT時代の宗教を考える』中外日報社

XV 法・政治と宗教

1 宗教法人

1 宗教法人とは

　日本国憲法では第20条で信教の自由を保障しており，個人や団体が宗教活動を行うことは自由だ。しかし，宗教団体が団体として財産を持ち，管理，運用するためには，その団体自身が権利主体として法律上の能力を持つ必要がある。
　宗教法人法によって定められた条件を満たし所轄庁（文部科学大臣もしくは都道府県知事）から認証を受けた宗教団体は，法人格を与えられ「宗教法人」となることができる。宗教法人法による条件とは，3年以上の宗教活動の実績があること，教義がはっきりと示されていること，礼拝などの活動を行うための施設があること，法人としての管理運営のための規則を作成することなどだ。また，宗教法人となるには宗教法人法が定義する「宗教団体」でなければならない。すなわち，「宗教の教義をひろめ，儀式行事を行い，及び信者を教化育成することを主たる目的とする」◁1 以下のような団体である。
　①礼拝の施設を備える神社，寺院，教会，修道院その他これらに類する団体
　②①の団体を包括する教派，宗派，教団，教会，修道会，司教区その他これらに類する団体 ◁2
　このような「宗教団体」のうち，①に該当する宗教法人を「単位宗教法人」，②に該当する宗教法人を「包括宗教法人」という。「単位宗教法人」が「包括宗教法人（団体）」に包括されているときは「被包括宗教法人」といい，包括されていない場合は，「単立宗教法人」という。
　2005年末時点の日本における宗教法人数は182,796である（宗教法人になっていない宗教団体は含まない）。諸教別の単位宗教法人数の割合は，神道系46.7％，仏教系42.6％，キリスト教系2.3％，諸教8.4％となっている。◁3

2 宗教法人法制定の経緯

　宗教に関する法律は，1939年に宗教団体法が成立するまではその時々の必要に応じて作られ断片的で未整備だった。1898年に日本で初めて民法が施行され，民法34条により，「祭祀，宗教，慈善，学術，技芸」などの「公益に関する社団又は財団」で営利を目的としないものは主務官庁の許可を得て法人となることができるとされた。しかし同年に施行された民法施行法28条では，神社や寺院などは他の法人とは性質が異なるとされ，この適用外となった。

▷1　宗教法人法，第1章，第2条

▷2　宗教法人法，第1章，第2条

▷3　文化庁，2007，『宗教年鑑（平成18年版）』ぎょうせい

1939年に「宗教団体法」が成立し，翌1940年から施行されたことにより，神道教派，仏教宗派，キリスト教その他の教団とこれらに帰属する寺院，教会は文部大臣または地方長官の認可を得て「宗教団体」として認められた。また，非公認の新宗教を「宗教結社」として認めたが，当時の厳しい宗教統制下において，警察に届け出させることで取り締まりの対象としていた面もある。神社神道は国家の祭祀を司る公的な存在として特別視されていたため「宗教」とは見なされず，この法律は適用されなかった。

1945年，終戦に伴い連合国軍総司令部が宗教団体法の廃止を命じ，ポツダム勅令により「宗教法人令」が施行される。信教の自由や政教分離を前提としたこの法令のもとでは，所定の規則を作成し設立の登記をすれば宗教法人になることができ（準則主義），文部省（当時）の監督規定などもほとんどなかった。そのため宗教法人が急増し，また営利目的の事業をする宗教法人も出てくるなど法の不備が指摘されたため，1951年に現在の宗教法人法が公布，施行された。

③ 宗教法人法改正問題

その後，1995年3月のオウム真理教による地下鉄サリン事件をきっかけに，宗教法人法改正問題が持ち上がった。国が宗教団体の実態や活動をもっとチェックできるよう監督権限を強化すべきだという世論の高まりもあり，同年12月に宗教法人法が改正された。改正のポイントは①2つ以上の都道府県で活動する宗教法人の所轄庁は都道府県知事ではなく文部大臣（当時）とする，②収支決算書などの所轄庁への提出を義務づける，③信者や利害関係者に財務関係書類の閲覧請求権を認める，などである。これに対し宗教界は，「政教分離や信教の自由に反する」，「国家の宗教統制につながり戦前へ逆戻りする」，「現行法（刑法や税法）の厳格な適用で対処できる」などの理由から猛反発した。

改正問題をめぐっては，当時の与党（連立与党）・自民党，社会党，新党さきがけが野党・新進党の票田となっていた創価学会に打撃を与えたいという思惑から政争の具として利用した面が強く，十分な議論がなされたとは言い難い。また，宗教法人ではない宗教団体にはあまり影響力がない。

宗教法人法に対する批判はオウム事件の前からもあった。宗教法人が宗教活動から得た収入は非課税で，収益事業についても税率が低い。この税制面での優遇措置に目をつけ，1980年代後半のバブル期頃から不活動宗教法人の売買（名義の売買）や，宗教法人を隠れミノにしたビジネスや脱税が横行したため，チェック機能の強化や優遇措置の見直しを求める声が強まった。近年ではインターネット上でも宗教法人が売買されており，いまなお継続している問題だ。宗教法人法改正により収支決算書類の提出が義務づけられたことで，不活動宗教法人の解散指導に乗り出している自治体もあるが，文部科学省には担当職員の数や予算が少なく十分な対策が難しいのが現状だ。

(玉木奈々子)

▷4 1986年，宗教法人「柿本寺」（奈良市）の管長が，宗教法人を隠れミノに風俗店を経営し女性に売春をさせていたとして売春防止法違反の罪で逮捕され，その後有罪判決を受けた。また，1992年には山口組系組織が暴力団指定逃れのため宗教法人「和徳教会」（名古屋市）を買収したが1996年には同教会に解散命令が出された。

参考文献

文化庁文化部宗務課内宗教法人研究会編著，1994，『Q&A 宗教法人の管理運営』ぎょうせい

第二東京弁護士会・消費者問題対策委員会編，1995，『論争 宗教法人法改正』緑風出版

中根孝司，1995，『新宗教法人法——その背景と解説』第一法規

藤田庄市，2002，「シリーズ現代のカルト 第5回 宗教法人売買」『新潮45』6月号：92-101

実藤秀志，2006，『宗教法人ハンドブック——設立・会計・税務のすべて 6訂版』税務経理協会

XV 法・政治と宗教

2 公教育と宗教

1 教育基本法と宗教教育

　戦後日本の教育についての根本的な方針を定めた教育基本法は、1947年3月31日に施行された。それから約60年後の2006年12月22日、この法律が全面的に「改正」され、新たに公布・施行された。旧法は全4章11条だったが、新法は全4章18条からなり、公共の精神、愛国心、伝統と文化の重視という新たな理念が加わった。また、「幅広い知識と教養」を身につけ、「豊かな情操や道徳」を培うことが教育の目標として新しく付加されている。

　旧法第9条の「宗教教育」の規定は、新法第15条に引き継がれた。その内容は「1宗教に関する寛容の態度、宗教に関する一般的な教養及び宗教の社会生活における地位は、教育上尊重されなければならない。」「2国及び地方公共団体が設置する学校は、特定の宗教のための宗教教育その他宗教的活動をしてはならない。」とあり、1項の「宗教に関する一般的な教養」という文言が新たに挿入された。

　教育基本法のこの規定は、1946年11月に公布された日本国憲法第20条の信教の自由と政教分離の原則に依拠する。同条第1項では信教の自由が何人に対しても保障され、同条3項では「国及びその機関は、宗教教育その他いかなる宗教的活動もしてはならない」と、公教育における宗教教育の禁止が定められている。これは、戦前に教育勅語が国民道徳の最高規範とされ、アジア・太平洋戦争中に天皇崇拝や神社参拝が強制されるなど、国家が特定の宗教的立場から教育に介入した過去の反省を踏まえて、国家の宗教的中立性を制度化した原則である。

2 宗教情操教育をめぐって

　そもそも宗教教育とは学校で行われる宗教に関わる教育についての総称で、広義と狭義に分かれる。広義には「宗教の知識教育」「宗教情操教育」「宗派教育」の3つに区別され、このうち、特定の宗教・宗派などの教義や儀礼、実践方法を教える宗派教育が狭義の宗教教育である。宗教教育についての議論では、この広義と狭義が混同されることが多い。憲法と教育基本法の規定に基づき、狭義の宗教教育（宗派教育）は公立学校では行えないが、宗教の知識教育は公立学校でも可能である。2006年改定の新教育基本法で新たに加えられた文言は、

▷1　この教育基本法の「改正」に続き、2007年6月には「学校教育法」「地方教育行政法」「教育免許法」の教育三法の「改正」が成立した。2006年9月から2007年9月まで存続した安倍晋三内閣の下、教育改革が急速に進められた。

▷2　井上順孝、2005、「宗教教育」井上順孝編『現代宗教事典』弘文堂、191。なお、以下の記述でも参考にした。

このことを明文化したといえる。

　宗教情操教育については，特定の宗教に立たない宗教情操教育は不可能で公立学校では教えることができないという立場と，いのちに対する畏敬の念など，特定の宗教に基づかない宗教情操教育があり，公立学校でも教えることができるという立場に分かれ，現在でも決着がついていない。◁3

　実は，1945年9月27日の「教育基本法要綱草案」では，「宗教的情操の涵養は，教育上これを重視しなければならないこと。但し，官公立の学校は，特定の宗派的教育及び活動をしてはならないこと」と，宗教教育の規定が提案されていた。◁4 その後もこの問題は，1958年に新設された道徳との関連で常に話題になってきた。この宗教情操教育の問題は，戦後における宗教と教育の問題の結節点である。◁5 新教育基本法の「豊かな情操や道徳」の規定と関連して，この問題は今後も慎重に検討すべき課題であろう。

③ 「寛容」か「禁止」か？

　国家の宗教的中立性は，新教育基本法でも宗教教育の基本原則である。ただし，旧法第9条（新法第15条）の第1項と第2項は対立，矛盾するのではないかという意見もある。それは，第1項にある宗教の「寛容」「尊重」という信教の自由と，第2項の公教育における宗教活動の「禁止」の関係をどのように考えるのかという問題である。◁6

　教育学者の山口和孝は，日曜日の登校日に教会学校へ出席したエホバの証人の児童の欠席扱いが不当であることを争った日曜日訴訟などの問題を取り上げ，宗教的マイノリティに対する教育的配慮の可否が広く問題となったことを紹介している。◁7 こうした問題は，法律の解釈や適用の問題だが，「寛容」や「禁止」をめぐる問題を教えることも宗教教育の課題となりうる。

④ 宗教教育と公共性

　宗教の何をどのように教えるのか。それが「公教育と宗教」の関係を考える上での重要な点である。宗教教育のあり方を考えた場合，前述の①宗教の知識教育，②宗教情操教育，③宗派教育に，④対宗教安全教育と⑤宗教的寛容教育も加えるべきだとする提案もある。◁8 ④は反社会的な「カルト」や霊感商法に対する免疫を高め，オカルトや超能力を疑う科学的態度を育てること，⑤は④とセットで行い，他国や少数派の宗教を差別せず，理解するための教育である。

　グローバル化の進展によって，様々な価値観や文化を持った人々の往来がますます顕著になっている現在，宗教に対するリテラシーを高めること，また，自文化のみならず，異文化の「宗教に関する一般的な教養」も学び，寛容の精神を身につけることは，現代日本社会において多文化主義を実現し，公共性を形成していく上での重要な課題となるであろう。

（大谷栄一）

▷3　日本の宗教教育については，日本宗教学会「宗教と教育に関する委員会」編，1985，『宗教教育の理論と実際』鈴木出版株式会社。國學院大學日本文化研究所編，1997，『宗教と教育』弘文堂。杉原誠四郎他，2004，『日本の宗教教育と宗教文化』文化書房博文社が参考になる。

▷4　大崎素史，2004，「占領下の宗教教育論争」杉原誠四郎他『日本の宗教教育と宗教文化』文化書房博文社を参照。

▷5　貝塚茂樹，2006，『戦後教育のなかの道徳・宗教〈増補版〉』文化書房博文社，120

▷6　山口和孝，1998，『子どもの教育と宗教』青木書店，85

▷7　山口和孝，1998，『子どもの教育と宗教』青木書店，115-116

▷8　菅原伸郎，1999，『宗教をどう教えるか』朝日選書，18-19，204。この提案は，中学校教諭の三輪辰男の意見を菅原が紹介したものである。

XV 法・政治と宗教

3 政教分離

1 政教分離の解釈

政教分離は，基本的に信教の自由を保障することにある。文字通りの政教分離は，国家（政府）と宗教を分離することである。しかし政教分離には，様々な解釈があり，また，それゆえに様々な問題も抱えている。

今日，政教分離の解釈として有効と思われるのは，広義と狭義の区分である（図XV-3-1）。広義の立場とは，宗教が政治に影響力を持つことを禁止した上で宗教を保護する国教主義の立場であり，イギリス国教会が例として挙げられる。イギリスは，1534年にイギリス国教会を誕生させた。しかし同時に，国教会，プロテスタント，カトリックの間で対立を生じ国内が動揺するにいたった。そのため政府は，1688年の名誉革命後，カトリックとプロテスタントに一応の寛容を認め，以降，信教の自由が守られている。しかし，名誉革命後にイギリスが侵攻した北アイルランドでは，カトリックとプロテスタントの対立が激しくなり，現在でも紛争の種となっている。

一方，狭義の政教分離とは，宗教の公的活動に対して中立性を求める立場であり，この立場はさらに「友好的分離」と「敵対的分離」に区分される。

「友好的分離」の例はアメリカである。イギリスから独立した際，アメリカには植民地ごとに異なるプロテスタント宗派の教会が設立されていた。プロテスタントは宗派ごとに独立する傾向があるので，建国に際して国家が宗派の違いで分裂する恐れがあった。それを避けるために宗派を国家から分離し，信教の自由を保障したのである。合衆国憲法での政教分離が，「教会と国家の分離」と表現されているのは，以上の経過によっている。また多民族国家であるため，多様な宗教を公平に扱う目的もある。しかし，アメリカのプロテスタント原理主義者による政府への圧力や湾岸戦争後のイスラム教への政府の対策は，政教分離の理念と離れている。

「敵対的分離」の例はフランスである。1789年のフランス革命以来，フランスは，公共空間からは宗教性を排除するものの，私的な信教の自由を保障する政教分離（ライシテ）を実施してきた。ところが1989年に，政教分離を揺るがす事件が起こる。イスラム教徒の女子学生がスカーフ（ヒジャフ）を着用して公立学校に登校した「スカーフ事件」である。

広義		イギリス，タイ，イラン
狭義	友好的分離	アメリカ
	敵対的分離	フランス，旧社会主義諸国
	中間形態	ドイツ，日本

図XV-3-1 政教分離の区分と代表的な国々

この是非をめぐって論争が起こり，結果，目立たず宣教にならない程度の着用が認められた。しかし，2004年3月に，公立学校において宗教への帰属を極端に示す標章や服装を禁じた「スカーフ禁止法」が成立した。フランスの国家アイデンティティが，宗教排除を行ったフランス革命にあることを示している。

② 日本の政教分離と争点としての靖国神社

　日本国憲法の政教分離は，アメリカ占領下に「国家神道の廃止」を目的とした「神道指令」に影響を受けている。しかし国家神道には広義と狭義の解釈があり，首尾一貫していない。広義の解釈は，明治維新から敗戦まで，国家が精神的に国民を統合する手段として形成した天皇を崇拝するための神道とする。また，国家が，神道は宗教ではなく祭祀なので国民に崇敬を強制しても信教の自由の侵害にならないと解釈し，結果，戦争へと人々を駆り立てた国家の神道とする。一方，狭義の解釈では，宗教教団としての教派神道とは違い，国家に直属する神道と考える。しかし国家に直属するものの，この神道は単なる「国家の祭祀」であり，明治憲法で信教の自由も保障されていたので，国民に強制した事実がないとする。ただし「神道指令」の目的が，軍国主義的な精神を育んだ基盤としての「国家神道の廃止」にある以上，憲法の政教分離の理念は，狭義の政教分離の立場であるといえる。

　国家神道の解釈は，近年，政教分離の問題となっている首相の靖国神社参拝の是非と関わっている。この問題の争点は，参拝が合憲か違憲かにある。違憲とする立場は，一宗教施設である靖国神社へ「公人」である首相が参拝することを憲法の政教分離に違憲しているとする。合憲とする立場は，公費で行われた神道式の地鎮祭を合憲とした1977年の津地鎮祭訴訟で用いられた**目的効果基準**が，現在最高裁で確立しており，したがって，参拝の「目的」はあくまでも「戦没者の慰霊」にあり，その「効果」も特定宗教である靖国神社への援助・助長とはならないので合憲とする見解を取る。そして，違憲とする立場は，国家神道について広義の解釈をとり，一方，合憲と見なす立場は，狭義の解釈をとる。いずれにせよ，国家神道と靖国神社との関係をどのように見るかに関わっている。例えば，国家神道の広義の立場をとれば，靖国神社が軍国主義の象徴となり，狭義の立場をとれば戦没者の追悼施設となるように。

　政教分離には様々な見解があるが，厳格な政教分離はどこの国にもなく，融通性を持たせているのが現状である。この融通性ゆえに政教分離の理念と実情が異なってくるのである。政教分離が目的効果基準で解釈されるかぎり，神道は昔から行われていた習俗なので，靖国神社での戦没者の慰霊も習俗であり，国家との結びつきも政教分離違反とはならない，という見解になるかもしれない。この問題の解決には，日本社会のなかで曖昧にされている公共空間における宗教の位置づけを再確認する必要があると思われる。

（新矢昌昭）

▷1　日本の政教分離は，日本国憲法の以下の条文に根拠づけられている。第20条第1項，同条第2項，同条第3項，第89条である。

▷2　**目的効果基準**
憲法第20条第3項に禁止されている宗教的活動は，国や機関が宗教と関係するあらゆる行為を指すのではなく，行為の目的が宗教的意義を持ち，その効果が宗教を援助，助長，促進または圧迫，干渉になるような行為を規準とする。したがって，地鎮祭は「宗教的行事」ではなく「習俗的行事」とされた。

参考文献
阿部美哉，1989，『政教分離』サイマル出版会
小原克博，2001，「日本人の知らない〈政教分離の多様性〉」『論座』10月号：84-91
島薗進，2001，「国家神道と近代日本の宗教構造」『宗教研究』329：319-344
三土修平，2005，『靖国問題の原点』日本評論社
百地章，2003，「靖国神社と憲法」大原康男編『「靖国神社への呪縛」を解く』小学館文庫，88-110

XVI 拡散する宗教

1 企業経営と宗教

1 企業と宗教の関わり

　ビジネスの世界は合理的なシステムで稼動していると考えられがちだが，実際には多くの企業が様々なかたちで宗教との関わりを持っている。CSRという言葉の広がりが示している通り，近年，企業には経済に対する取り組みのみならず，環境や社会に対する責任が要求されるようになっているが，欧米の企業の場合，キリスト教倫理やスピリチュアリティといった宗教的要素がCSRを支える価値の源泉となっていることが珍しくない。

　では日本の場合，企業経営と宗教との関わりはどのようになっているのだろうか。社会人類学者の中牧弘允によれば，日本の企業は「会社神」を祀って組織の結束を図るとともに，一方ではその経済活動の繁栄を，他方では災厄の回避，ならびに社員の健康と安全を会社神に祈願しているという。大都市のビル群の屋上には，しばしば近代的な建築とは不釣合いな神社が祀られているが，これは最もポピュラーな「会社神」の祭祀形態の1つである。「会社神」には複数の様式が存在するが，中牧はこれを5つのパターンに類型化している。

　①業者ないし創業者の信仰する神
　②会社や工場の立地する地元の神
　③業種に関係の深い神（稲荷など）
　④国家の祭祀と結びついた神（天照皇大神など）
　⑤人神（創業者，物故社員など）

　この類型からうかがえるように，「会社神」は日本の宗教的伝統から切り離された異質なものというよりはむしろ，既存の宗教的資源を巧みに援用した存在である。

2 企業経営における会社宗教の役割

　利益の追求を目的とする企業が，宗教を経営の基礎に据えたりすることはなく，社員に特定の宗教的行為や思考を強制することもない。したがって「会社宗教」に対する認知ないし信仰が，雇用者と被雇用者との間で大きなばらつきを生んでいる企業も少なくない。とはいえ，「会社宗教」は随所で社内の連帯と会社の目標達成のために，社員に何らかの動機づけを行っているのである。宗教社会学者の石井研士によれば，商品の開発や顧客のマーケティング，採算

▷1　CSR (Corporate Social Responsibility)
「企業の社会的責任」の略語。

▷2　中牧弘允, 2006,『会社のカミ・ホトケ――経営と宗教の人類学』講談社

や売上げ努力という企業の具体的な経営に信仰が直接反映されることはなく，多くの場合，企業の将来を左右するような重大な決断を迫られたときに神仏の存在や「会社宗教」が必要になるという。◁3

3 社縁共同体と宗教

企業はいうまでもなく，営利を追及する組織だが，一方で会社員とその家族の生活を支える側面も持っている。企業を媒介にしたネットワークは一般に「社縁」と呼ばれ重要な社会関係となっている。とりわけ都市化が進んだ社会では地縁，血縁にとってかわるような共同性を帯びるようになるが，この「社縁共同体」が独自の宗教体系を育んできたと考えられるのである。

「**経営家族主義**」◁4 という言葉が象徴しているように，日本の経営スタイルはしばしば「イエ」に例えられる。日本には家業繁栄や先祖祭祀を中心とする「イエの宗教」があるが，企業にも社業繁栄の祈願や創業者への尊敬を核とする宗教的・象徴的表現形態が存在する。また，企業を擬制的な家族と捉えるならば，「会社宗教」なるものが生まれることも決して不思議なことではない。日本の企業では，優れた功労者の死に際しては「社葬」を執り行い，イエの墓とは別に「会社墓」を建立し，物故者を弔うことがある。この「会社宗教」が社員に倫理基準や行動規範を要求し，会社の宗教的施設や宗教的活動が経営倫理を大きく方向づけ，企業の社会的責任とも深く関係してきたと中牧は指摘している。

4 日本的経営の瓦解と会社宗教の衰退

しかしながら，近年，日本の企業はグローバル規模の経済競争のなかで，経営の近代化や合理化を推し進めている。これに伴って雇用関係は大きく変化し，企業内でのイエ意識を生み出す基盤となってきた「経営家族主義」が崩壊しつつある。1990年代に至るまで，一度就職すれば定年まで同じ会社に勤めることが暗黙の前提とされてきたが，終身雇用，年功序列という日本の企業を支えてきた価値観が過去のものとなるなかで，ある社員は不必要な人材として解雇を余儀なくされ，またある社員はより良い条件を求めて転職することを厭わなくなった。このように会社に対する感情的コミットメントが限定的になるなかで，社員の統合を図る「会社宗教」は岐路に立たされている。◁5 家族形態の変化によって「イエの宗教」が衰微してきたように，雇用形態が変化してきたことによって「会社宗教」もほころびを見せ始めているのである。　（白波瀬達也）

▷3　石井研士，1994，『銀座の神々——都市に溶け込む宗教』新曜社

▷4　**経営家族主義**
経営家族主義とは企業をイエに見立てた経営理念で第1次世界大戦後の日本で普及した。「年功制」「終身雇用」「企業内福利厚生」など，社員の帰属意識を高めるための温情主義的な生活保障政策を特徴とする。

▷5　中牧の調査によれば，終身雇用の象徴的な存在であった会社墓の建立が近年，著しく減少し，さらには倒産や合併・買収（M&A）で祭祀を断絶するところがではじめているという。

XVI 拡散する宗教

2 オカルト資本主義

1 オカルト経営哲学

　オカルティズムとは，合理主義を否定し，この世には理性的には把握できない隠された神秘の力や論理が作用しているとする思想・実践である。錬金術，占い，霊感，霊能，魔術，宇宙人，UFO，超能力，疑似科学など，オカルト的思考のカバーする領域は広い。ところで近年，合理主義的経営に基づくはずの資本主義経済とオカルトの奇妙な結びつきが注目されている。

　斎藤貴男は，ソニーのエスパー研究所，京セラ会長のニューエイジ人脈，科学技術庁のオカルト研究，コンサルタント会社の船井総研などを取材し，オカルトと日本的経営が融合した企業価値体系を「カルト資本主義」と呼んでいる。「宇宙意識とビジネスの融合」「エネルギーを部下に注入」「イメージは実現する」といった神秘主義的言説は，企業が単なる営利目的のゲゼルシャフトではなく，信仰共同体としての特性を備えていることを示唆する。

　斎藤は，全人格的な忠誠を社員に要求する日本的経営システムが，終身雇用が崩れつつあるなかで社員を動員するための方便としてオカルト的要素を利用していると見ている。「従業員が無我執，かつポジティヴ・シンキングで働いてくれれば生産性が上がるから，管理する側はオカルトを説く。従業員たちはと言えば，無理を重ねたり，酷い目に遭った時の精神的な痛みを和らげるため，無意識のうちに，これを受け入れる。本人にとっては現実逃避のつもりでも，とどのつまりは現実を生きるための処世術なのである」[1]。だが，労働条件が悪化するなかで，ポジティヴ・シンキングを実践することは，働きすぎを煽るだけだ。オカルト言語で語られる経営哲学や労働倫理は，自我の超克や大いなる生命との一体感を企業共同体への奉仕に転化し，労務管理を完成させる。雇用の柔軟な活用を推進する上で，オカルトは利用価値が高い。

2 幻想の消費

　オカルト資本主義は，消費の面にもあらわれている。市場には多くのオカルト商品が流通している。商品化されたオカルトの最悪のものは，霊感商法である。先祖霊や水子の祟りで恐怖を煽り，高額の数珠や印鑑を購入させる霊感商法は，詐欺・脅迫が認められれば違法である。しかし，違法と認定されない境界的なケースも多い。例えば，アトピー性皮膚炎をめぐる代替医療市場には，

▷1　斎藤貴男, 1997,『カルト資本主義』文藝春秋, 377

怪しい健康食品，石鹸，化粧品，波動水など，様々な疑似科学的商品があふれている。これらの多くは科学的に効果が検証されていない。そのため，代替医療への依存が，適切な治療を妨げる場合もある。患者は，オカルト商品によって治癒の幻想を与えられるが，かえって症状が悪化することもあるのだ。

▷2　竹原和彦, 2000,『アトピービジネス』文藝春秋

なぜ人はオカルト商品に手を出してしまうのか。実は，オカルト商品の特徴は，消費社会における商品一般の特徴でもある。ジャン・ボードリヤールによれば，生産力が極大化した消費社会においては，人が商品を購入するのは，モノの有用性（使用価値）のためではなく，モノの幻想性（記号的価値）のためである。例えば自動車は単なる移動の手段というだけではなく，社会的地位やライフスタイル，価値観をあらわすものでもある。高級車は富と権力の幻想を，小型車は都会的センスの幻想を，ハイブリッド車はエコロジーの幻想を抱かせる。幻想を売っているのは，オカルト商品だけに限ったことではない。

▷3　ボードリヤール, J., 今村仁司・塚原史訳, 1995,『消費社会の神話と構造』紀伊國屋書店

また，ブランドは商品化された幻想である。スウォッチが売るのは時計ではなく時間であり，スターバックスが売るのは珈琲ではなく優雅な体験のロマンスである。消費者が欲するのは，もはや商品そのものではなく，商品が醸し出す雰囲気や気分なのである。企業は，ブランドは単なる商品ではなく，生き方・価値観・世界観そのものだ，とアピールする。北米の若者は，ナイキのロゴであるスウォッシュの刺青を彫る。Just Do It！ スウォッシュは今日のトーテミズムである。ブランドはニューエイジ的な精神的価値のパッケージなのだ。

▷4　クライン, N., 松島聖子訳, 2001,『ブランドなんか，いらない——搾取で巨大化する大企業の非情』はまの出版

3 資本の錬金術

だが，商品が提供する幻想ははかない。キャッチセールスで買わされた絵では癒されず，むしろローンに追われて生活は苦しくなるばかりである。手に入れるまでは輝いていた商品が，購入したとたん色あせて見える。幻想の効果は，所有とともに消失する。消費者は，あまりにも多くを支払わされているにもかかわらず，手にしたものはあまりにも惨めだ。買えば買うほど惨めな気分になるが，惨めさから逃れるために，さらなる消費へと駆り立てられる。

▷5　矢部史郎・山の手緑, 2006,『愛と暴力の現代思想』青土社

この過程は資本主義の必然である。コーラが好例だ。広告では渇きを癒すものとされているが，実際に飲んでみると甘くて粘っこいから，かえってのどが渇く。商品は欲望を充たすのではなく，さらなる欲望を喚起する。そして，欲望が尽きないからこそ，資本は自己増殖しつづけることができる。拡大再生産を維持するためには，個人消費が無限に増大しなければならないのである。

生産と消費は，資本の自己増殖という同じ過程に属する。オカルトは生産の面でも消費の面でも，資本の増殖を加速させる。人は，労働者としてポジティヴ・シンキングで過重労働に従事しながら，他方で消費者として怪しい絵画や浄水器を購入し，癒しの夢を見る。そして，実際はローンに喘いでいる。もちろん，儲けているのは企業だ。これこそ，現代の錬金術である。（渡邊　太）

XVI　拡散する宗教

3　宗教的無党派層

① 宗教的無党派層とは何か

　大きな選挙ともなると，マスメディアは必ず無党派層の動向を報じる。無党派層とは，政治に（程度の差こそあれ）関心を示しながら，特定政党を支持しているわけではない人々を総称するものであろう。それが注目されるのは，選挙の行方を左右する一大勢力として認識されているからにほかならない。

　同様のことが宗教の領域についてもいえるのではないか。特定教団の信者であるというアイデンティティを持たないものの，宗教に何らかの関心を寄せる人々が確かに存在しているだろう。いや，一国の総人口から確信的信仰者を除いた残りのほとんどを宗教的無党派層と把握して間違いはないかもしれない。各種統計によれば日本の総人口中の2-3割が信仰者であると考えられるため，残る7-8割がこのカテゴリーに該当することになる。つまり，この文章の読者の（教団信者を除く）ほとんどが無党派層の一員であるといえるのである。

② 無党派層の宗教性

　教団に所属しておらず，それどころか宗教を嫌っているのに，「宗教的」（無党派層）と括られたことに対しては，反論を試みたい読者もおられるだろう。しかし，初詣でに寺社に足を運んだ日本人が2007年においても1億人に近いという現実，また大半の日本人が毎年のお盆や彼岸に墓参するという事実を想い起こすべきである。反論したいと感じた読者であっても，その多くは初詣ではもとより，過去1年の間に寺社に詣で何らかの願いを託して賽銭を投じた経験があるだろう。墓参しなかった者も少数派ではないか。墓参であれ寺社参拝であれ，それは明らかに宗教行動である。さらに，親密な人の死に接しては，誰しもがその冥福を祈るのではないか。死体を単なる物質と捉えず，また死でもって全てが終わったとは考えず，肉体から脱した魂の永遠に安らかなることを願い，生き残る者たちをあの世から見守ってくれるよう故人に願うのではないか。魂やあの世を想定しての「祈り」は宗教的という以外ないだろう。

　近年では，スピリチュアリティという言葉をよく耳にするようになった。これを「自己を超えた何ものかとつながっている感覚」と広く定義しておくが，その「何ものか」は神・仏・霊・宇宙（法則）などと認識でき，そのかぎりにおいて濃厚に宗教的なニュアンスを持つ。おそらくスピリチュアリティを探求

する者の念頭に，宗教の二文字はないかもしれない。教団に加わっておらず，教祖に魅了されて信者になったわけでもなく，したがって宗教の実践者ではなく，ただ真理の探究を自律的に行っているだけだ，というわけである。

慣習的な墓参・寺社参拝を行う人々であれスピリチュアリティ探求者であれ，宗教と教団とはイコールであると観念しているのだろう。教団という組織の発揮する拘束力には及び腰であり，それがゆえに教団を敬遠する。したがって自身は宗教とは無縁である，と認識するのである。しかし教団は宗教という体系の一部でしかない。彼らの行動そして意識が宗教的と形容するに足ることは，本書 VIII-1 ～ VIII-8 が示してくれるだろう。

3 宗教的無党派層の力

四国遍路がブームであるという。全行程を歩き通す人が増え，若者あるいは定年前後の世代に人気であると報じられている。彼らの多くは，この巡礼という宗教的実践を信仰心から行っているのではないと考えているらしい。人生を見つめ直すため，本当の自分を探すため，またスピリチュアルな何かを体感するため，この修行の旅に出たのだという。このかぎりで，かかる遍路の実践者は宗教的無党派層と捉えられる。

無党派的でありながら巡礼を実践するこの人々は，教団に対し多大な影響力を及ぼす力を秘めている。いま徳島県は発心の，高知県は修行の，愛媛県は菩提の，そして香川県は涅槃の道場とされている。いかにも古来からの定義づけのように見えるが，実はこれは無党派的遍路の増加という事態を受けて創られたものである。すなわち霊場の教学的位置づけが無党派からのプレッシャーを受けて確定されたのである。また，この巡礼ブームを一例とする，無党派層に発する「癒し」を求めるトレンドが，心ある宗教者を動かして，先祖供養や御利益信仰から離れた「癒し」の活動へとその目を向けさせているようである。

政治の行方に多大な影響力を有するものが無党派層であるように，宗教の動向を左右するものは宗教的無党派層であると考えることができるのではないか。すなわち，宗教に何の関心も持たないと公言する多くの人々こそ，教団を含む宗教の未来の鍵を握るのである。オウム真理教事件の後，「あんなものは本当の宗教ではない」という声が聞かれた。それは職業的宗教家だけが発した声ではない。「宗教は嫌いだ」「宗教を信じていない」と公言する人々もまた，そうした声を発したように思われる。その念頭に「本当の宗教」がイメージされているからこそ，「本当ではない」と判定されるのである。宗教（教団）が嫌いで信じていないはずが本当の宗教を知っているとなれば，彼らは明らかに宗教的無党派層である。そして彼らの考えを，職業宗教家も無視することはできない。彼らは教団という党派の顧客という側面も持つからである。　　　（三木　英）

参考文献

三木英，2002，「宗教的無党派層の時代――浮上する『人間至上』の信仰」宗教社会学の会編『新世紀の宗教――「聖なるもの」の現代的諸相』創元社，70-97

大村英昭，2006，「『脱ヒューマニズム』時代のスピリチュアリティ――『特定宗教』と『拡散宗教』のディレンマ」『先端社会研究』4：160-201

資料　日本における宗教関連統計データ

日本における宗教関連統計データ

1　宗教法人・団体の数と信者数

　日本国内の宗教に関する統計資料としてよく使われるのが『宗教年鑑』である。これは文化庁文化部宗務課が全国の宗教法人に協力を得て文化資料としてまとめているものだ。ただしこれは宗教法人のみを対象にしており，宗教法人でない宗教団体については対象外であることに留意する必要がある。◁1
　『宗教年鑑　平成19年版』によると2006年末時点の全国の宗教団体数（宗教法人を含む）は表資-1のようになる。
　同じく2006年末時点の全国の信者数は日本の人口をはるかに上回る2億884万5,429人となっている。これは1人が重複して複数の宗教法人・団体に属しているからだが，個人が自覚的に所属意識を持って信仰しているわけではない。信者数の多い神社や仏教は，慣習的に氏子だったり寺に墓を持っていたりするだけでも「信者」として数えられている。このように，この数値の元になっているデータは各宗教法人が自己申告しているもので，それぞれ「信者」の定義の仕方は異なっている。

2　宗教意識と宗教行動

　日本人の宗教意識については，定期的に行われる大手新聞社やNHKの世論調査などからうかがうことができる。各種世論調査によると，「信仰有り」と答える人の割合は戦後，年々低下してきており，近年では30％を下回るようになっている。「信仰はあるか」「宗教を信じているか」という質問には「はい」と答える人が少ないのに対し，初詣やお墓参りといった宗教的な行動をしている人は約7割に上る（2003年）など，質問の仕方によって宗教意識と宗教行動の差が見られるのも特徴的だ。

3　信じる対象の年代別に見た特徴

　年代別に見ると，年齢を重ねるにつれ神や仏を信じる人の割合が増えてくるのが通例だった。しかし，NHKの1973年から2003年までの世論調査の結果を見ると，年齢を重ねても信じない人が増えてきている。また，NHKの2003年の世論調査によると，信じる対象については，若年層は他の年代層よりも奇跡やお守り，あの世，占いを信じる率が高いなど年代別に差が見てとれる。　　　（玉木奈々子）

▷1　非宗教法人に関するデータも『宗教年鑑』に載ってはいるが，宗教法人に関連がある場合のみ。

参考文献
石井研士，2007年，『データブック　現代日本人の宗教　増補改訂版』新曜社

資料 日本における宗教関連統計データ

表資-1 全国社寺教会等宗教団体数

項目	宗教団体（宗教法人を含む。）					
系統	神社	寺院	教会	布教所	その他	計
総数	81,373	77,210	32,937	25,038	7,412	223,970
神道系	81,295	16	5,667	1,055	755	88,788
仏教系	21	77,158	2,437	2,400	3,978	85,994
キリスト教系	—	2	6,995	1,175	1,175	9,330
諸教	57	34	17,838	20,425	1,504	39,858

出所：文化庁編，2008，『宗教年鑑 平成19年版』ぎょうせい
注：2006年12月31日現在

表資-2 我が国の信者数

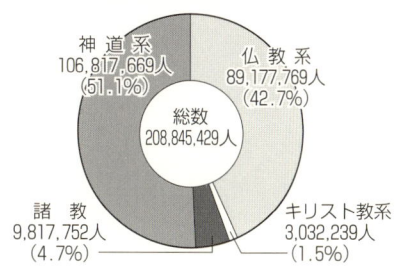

- 神道系 106,817,669人 (51.1%)
- 仏教系 89,177,769人 (42.7%)
- 諸教 9,817,752人 (4.7%)
- キリスト教系 3,032,239人 (1.5%)
- 総数 208,845,429人

出所：文化庁編，2008，『宗教年鑑 平成19年版』ぎょうせい
注：2006年12月31日現在

表資-3 信仰の有無：総合版（「信仰有り」と答えた人の%）

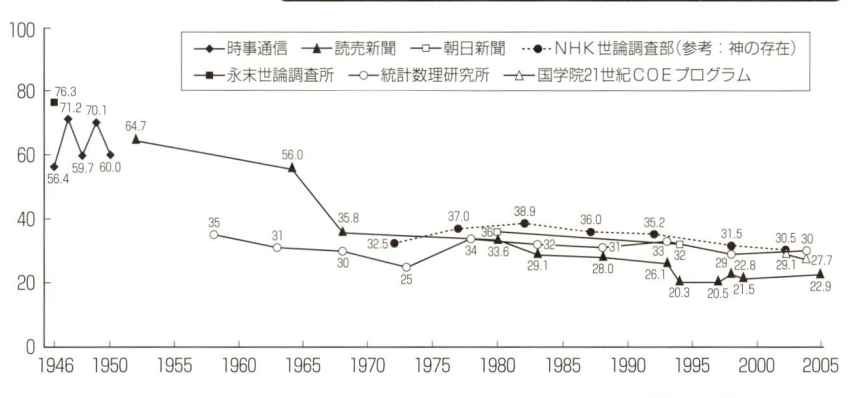

凡例：時事通信、読売新聞、朝日新聞、NHK世論調査部（参考：神の存在）、永末世論調査所、統計数理研究所、国学院21世紀COEプログラム

出所：國學院大學21世紀COEプログラム 神道と日本文化の国学的研究発進の拠点形成，2005，『日本人の宗教意識・神観に関する世論調査（2003年）・日本人の宗教団体への関与・認知・評価に関する世論調査（2004年）報告書』平成17（2005）年10月

表資-4 宗教行動（2003年10月調査：%）

ここにあげるようなことで，現在，あなたが行っているものがあれば，いくつでもあげて下さい。

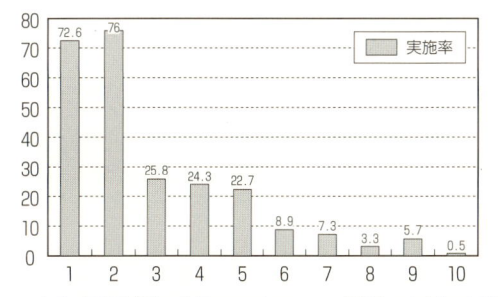

実施率：
1. 72.6 — お正月に初詣に出かける
2. 76 — お彼岸やお盆にお墓参りに行く
3. 25.8 — お守りやお札などを身につけている
4. 24.3 — 神社や寺などの近くを通りかかったときにはお参りをする
5. 22.7 — 家内安全，商売繁盛，入試合格などの祈祷（きとう）をしに行く
6. 8.9 — 易や占いの記事を読んだり，見てもらう
7. 7.3 — 教典や聖書など宗教に関する記事や本を読む
8. 3.3 — ふだんから座禅，ヨガ，ミサ，修行，お勤め，布教などいずれかをしている
9. 5.7 — どれもしていない，何もしていない
10. 0.5 — わからない

出所：國學院大學21世紀COEプログラム 神道と日本文化の国学的研究発進の拠点形成，2005，『日本人の宗教意識・神観に関する世論調査（2003年）・日本人の宗教団体への関与・認知・評価に関する世論調査（2004年）報告書』平成17（2005）年10月

表資-5 神仏のどちらかを信じている人の割合の推移（世代別）

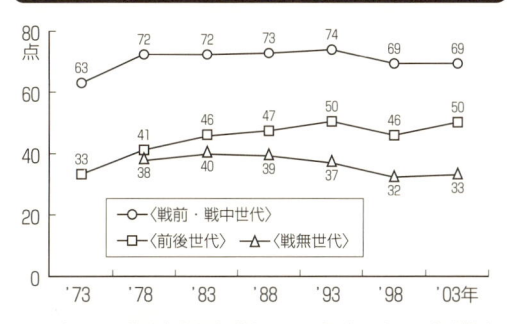

年	'73	'78	'83	'88	'93	'98	'03年
〈戦前・戦中世代〉	63	72	72	73	74	69	69
〈前後世代〉	33	41	46	47	50	46	50
〈戦無世代〉		38	40	39	37	32	33

出所：NHK放送文化研究所編，2004，『現代日本人の意識構造［第6版］』NHKブックス

表資-6 信じているもの（年層別：2003年6月調査）

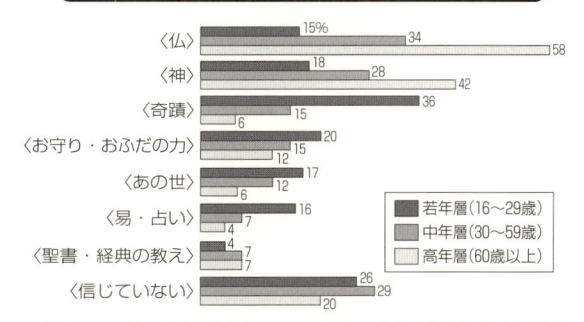

	若年層(16～29歳)	中年層(30～59歳)	高年層(60歳以上)
〈仏〉	15%	34	58
〈神〉	18	28	42
〈奇蹟〉	36	15	6
〈お守り・おふだの力〉	20	15	12
〈あの世〉	17	12	7
〈易・占い〉	16	7	4
〈聖書・経典の教え〉	7	7	
〈信じていない〉	26	29	20

出所：NHK放送文化研究所編，2004，『現代日本人の意識構造［第6版］』NHKブックス

人名さくいん

あ
アウグスティヌス　16
葦津珍彦　154
阿部美哉　154
阿満利麿　21
アリー　89
アレクセイ2世　76,77
イエス（キリスト）　76,82
井門富士夫　154
池上良正　103
石井研士　20,194
井上順孝　49
色川大吉　58
ウィルソン，B.　4,14
ウィルソン，L.　186
ウエストン，W.　105
ウェーバー，M.　2,3,14,15,30,
　　32,33,54,56,59,87
ウーフィット，R.　50,51
江嶋修作　153
江原啓之　136
エリアーデ，M.　23,110
エリクソン，E.H.　19
エリツィン，B.　77
大橋英寿　103
オームス，H.　96
織田無道　137

か
ガーフィンケル，H.　50
カサノヴァ，J.　5,25
鹿野政直　58
カルヴァン，J.　32
川端亮　55
川村邦光　15,103
ギアツ，C.　52
岸本英夫　28,168
キッペンブルク，H.　58
宜保愛子　136
ギリガン，C.　19
キリスト（イエス）　144
クリシュナムルティ，J.　135
グレイザー，B.G.　54
グレイバーン，N.　170
孔子　86
ゴータマ・シッダールタ（仏陀，
　　釈迦）　84
コールバーグ，R.　19
コーン，N.　161
ゴスマン，E.　178
コント，A.　166

さ
サーサス，G.　50
サーヴァルカル，V.D.　70
斎藤貴男　196
桜井徳太郎　100,103
櫻井義秀　11
佐々木宏幹　110
佐藤壮広　153
ザビエル，F.　83
塩原勉　11
島薗進　14,21,58,101,118,143
釈迦（ゴータマ・シッダールタ，
　　仏陀）　84
シュッツ，A.　57
ジョージ秋山　140
ジョーンズ，J.　112
ジンメル，G.　32
スターク，R.　5,6
ストラウス，A.L.　54
スミス，R.J.　97
スメルサー，N.J.　11
諏訪春雄　111
薗田稔　29

た
ターナー，V.　146
ダルマパーラ，A.　71
鄭明析　130
對馬路人　15
ディルタイ，W.　56
手塚治虫　140
デュルケーム，E.　2,12,13,24,30,
　　32,33,35,54,56,59,170
ドブソン，J.　165
ドベラーレ，C.　5
ド・ラ・ソーセイ，シャントピー
　　22

な
中野毅　5
中牧弘允　194

西平重喜　20
西山茂　11,48

は
ハーバーグ，W.　73
バーガー，P.L.　4,17
バーグ，D.　113
パーソンズ，T.　2,24,28,34
パウロ　82
橋本徹馬　151
パスカル，B.　17
花山信勝　154
ハバード，R.　112
ヒーラス，P.　143
ひろたまさき　58
ファウラー，J.W.　19
ファン＝ヘネップ，A.　146
ファン・デル・レーウ，G.　22
プーチン，V.　77
フォード，J.　153
フッサール，E.　22
ブッシュ，J.W.　164
仏陀（ゴータマ・シッダールタ，
　　釈迦）　84
普寛　104
プラブパーダ，スワミ　112
ブルデュー，P.　13
文鮮明　112,128,129
ベインブリッジ，W.　5
ベラー，R.　5,24,73
ボードリヤール，J.　197
細木数子　136

ま
真鍋一史　20
マハリシ・マヘーシュ・ヨギ
　　112
マリノフスキー，B.K.　34,52
御木徳一　115
宮崎駿　140
ミルズ，W.　56
ムハンマド　88,144
村上重良　114
孟子　86
モバーグ，D.D.　10,31
森岡清美　10,30,48

人名さくいん

や	安丸良夫　58 柳川啓一　28, 29 柳田国男　102, 171 山岸巳代蔵　122 山口和孝　191 山中弘　5 山本唯人　153	ラッセル, C. T.　126 ラドクリフ＝ブラウン, A. R.　34 リーチ, E.　170 リップ, W.　15 リフトン, R. J.　17 ルイス, Y.　110 ルーマン, N.　34 ルソー, J. J.　24 ルター, M.　16, 83 ルックマン, T.　4
ら	ラジニーシ, バグワン・シュリ　113, 135	

ローエル, P.　105
ロバートソン, R.　10, 109

わ　ワーナー, R. S.　6
　　渡辺雅子　48

事項さくいん

あ

アーミッシュ 122
アーリヤ人 90
アーレフ 11, 132
アイデンティティ 51
悪魔祓い 108
阿含宗 99, 117
厚い記述 52
アニミズム思想 140
アニメ 140
アノミー論 54
あの世 39
アフロ・アメリカン宗教 106
アフロ・ブラジリアン宗教 78, 106-109
天照皇大神宮教 116
アメリカ人宣教師の解任問題 95
ありのままの自分 134
アル=カイーダ 162, 163
歩き遍路 146
アルコホーリクス・アノニマス 145
阿波踊り 171
厄姨 111
家 8, 29, 30, 96, 97, 180
イエス之御霊教会教団 94
イギリス国教会 192
イスラーム 66, 76, 77, 88, 144
——過激派 66
——集団 163
——主義 162, 163
——諸国会議機構 80
——神秘主義（スーフィズム） 81
——の過激主義 162
——復興 66
——法（シャリーア） 80
——法学者（ウラマー） 80, 81
依存症 145
イタコ 18, 102, 103, 111
一元論的運動 113
イチコ 102
一貫道 69
イデオロギー 17
意図 56

移民 172
癒し 135, 197, 199
——ブーム 138
イルミナティ 160
慰霊 152
インタビュー 49
インド 135
——人民党 71
インドシナ（ベトナム）難民 172
インフォーマント 52
インフォームド・コンセント 127
陰謀論 160
ヴァーチャル 141
ヴィシュヌ 91
ヴィパッサナー仏教 113
ヴェーダ 84, 90
氏神 - 氏子 8
氏神祭祀 30
氏子 29, 144
占い 133, 141
ウラマー（知識人） 89
ウンバンダ 107
易・占い 39
エクソシスト 136
エスニシティ 176
エスノグラフィー 46, 52
エスノメソドロジー 55, 57
エホバの証人 7, 126, 191
エラボレーション 43
エンカウンター・グループ 142
オウム
——新法 132
——真理教 11, 21, 117, 132, 136, 158, 161, 185, 199
大祓神事 92
大本 115
オーラル・ヒストリー 59
オールドカマー（オールドタイマー） 172
オカゲ 151
オカルト 20, 137, 191
沖縄バプテスト連盟 95

御座立て 104
オックスフォードグループ 145
御神酒 144
御嶽
——大神 105
——教 99, 104
——講 104
——山 98
オンラインゲーム 141

か

カースト 91
解釈 56
——の葛藤 57
解釈学 56
会社宗教 194, 195
会社神 194
開発僧 67
下位文化 135
解放の神学 78, 79
カウンター・カルチャー（対抗文化） 112, 123, 135
鍵概念の設定 60
カシミール問題 70
華人 66
風の谷のナウシカ 140
価値志向運動 11
合衆国憲法 73
活版印刷 187
カトリシズム 78, 106, 108
カトリック 112, 173
神々のラッシュアワー 116
カミサマ 102, 103, 111
カミダーリィ 102
神の子たち 113
カリスマ 9, 14, 15
——化 15
——刷新運動 79
——的支配 14
——の日常化 15
——論 54
カルヴィニズム 32
カルデシズム 107
カルト 8, 9, 16, 47, 77, 137, 142, 159, 191

事項さくいん

――概念　120, 124
――対策　125
――団体　131
――問題　120, 124, 130
加齢効果　39
カンカカリヤー　102
観光（ツーリズム）　170
韓国　176
韓国系キリスト教会　175
カンドンブレー　106, 107
観音寺　151
カンボジア仏教僧侶　67
勧誘　49
寛容　191
帰化　172
紀元祭　92
既成宗教　177
奇跡　39
木曽御嶽　104
――本教　104
気づき　134
機動戦士ガンダム　140
祈年祭　92
記念碑　59
機能主義　22, 28
キブツ　122
客観性　51
キャリー・オーバー効果　44
救世軍　10
教育
――基本法　190
――勅語　190
供犠　158
共産主義　17
共産党　76
共生の感覚　147
教祖　9, 99, 199
教団
――史　58
――ライフコース論　48
――ライフサイクル論　31, 48
教典　57
共同体　7, 17, 123
教派　72
――神道　114, 116
ギリシャ正教　73, 76
キリスト教　20, 21, 38, 42, 66, 82, 112, 118
儀礼　12

禁酒法　144
近代化　2
――論　2
脱――　3
近代民衆史　58
金峯山修験本宗　99
禁欲　32, 33
空　85
草の根運動　53
熊野三山　93
グラウンデッド・セオリー　54, 55
グランド・セオリー　54
クリシュナ　112
――意識国際協会　112
クルアーン　80, 89, 162
グループ・セラピー　142
グローカリゼーション　109
クロス分析　42
黒住教　114
グローバル化　109, 191
経営家族主義　195
系譜学　58
ケガレ　181
解脱　84, 91
――会　99
血盆経　181
ケーブルテレビ　164
言語　56
元始祭　92
現世指向主義　177
現世利益　100, 116
原理主義　163
講　28, 29, 98, 99
業　84, 91
行為遂行的　13
工業化　187
公共
――圏　25
――宗教　5, 25
――性　191
公葬　152
構造機能主義　2, 11, 34, 153
合同結婚式　47, 129
幸福会ヤマギシ会　122
幸福の科学　117
皇民化運動　69
公民権運動　24
合理化　2, 33

合理主義　32, 196
合理的選択理論　5, 6, 7
　宗教の――　6, 7
コーディング　55
　コンピューター・――　49, 55
コーホート　48
国民教化　114
「こころの時代」　184
五障　181
――・変成男子　182
――三従　27
個人化　134
コスミック戦争　159
五大教　69
告解　145
国家神道　193
国旗　73
五斗米道　86
ゴミソ　102, 103
コミューン　159
コミュナリズム　71
御利益
――主義　177
――信仰　199
金光教　114

さ

サイエントロジー　72, 112
災害犠牲者　153
在家仏教　29
祭司　110
祭政一致体制　181
祭政二元体制（ヒメ・ヒコ制）　181
歳旦祭　92
在日韓国・朝鮮人　174, 175
在日韓国人　176
在日大韓基督教会　175
祭礼　171
サバルタン・スタディーズ　58
サブ・カルチャー　135
サラフィー主義　162
サンガ　67
山岳信仰　28, 98
三教合一　68
30講論　131
山上ヶ岳　99, 182
サンテリーア　107
サンプリング　21
参与観察　52

205

参与観察法　46
　　非――　46
シーア派　89
CSR　194
寺院　21
シヴァ　91
紫雲山地蔵寺　151
GHQ（連合国総司令部）　154
GLA　117
ジェンダー　26
シオンの賢者の議定書　160
資源化　171
資源動員構造　11
四国遍路　146, 199
自己啓発セミナー　142, 143
自己決定権　127
自己スティグマ化　15
死後の世界　20
私事化　7
自助グループ　145
実行教　99
質的調査　21, 52, 55
　　――法　64
質的データ　55
四諦　84
ジハード（聖戦）　163
　　――団　163
自分探し　135, 140
資本主義　32, 33, 196, 197
市民運動　10
市民宗教　5, 24, 73
社縁　195
社会運動　10
社会構造　153
社会参加仏教　167
社会主義体制　76, 77
社会的正義　63
社会的相互作用　54
社会統合　153
　　――の機能　33
シャクティ　91
シャーマニズム（呪術）　87, 102, 110
シャーマン（呪術師）　18, 102, 110, 153
宗教　2, 3, 134
　　――意識　20, 21, 38, 39, 41
　　――右派　164
　　――改革　83, 187

　　――記者協会　165
　　――教育　190
　　――芸術　22
　　――言語　22
　　――現象　22
　　――現象学　22
　　――行動　22
　　――コミューン　122, 123
　　――市場論　6
　　――集団　4
　　――情操教育　190
　　――心の発達　19
　　――団体法　115
　　――的過激主義　159
　　――的寛容教育　191
　　――的多元主義　73
　　――的テロリズム　133
　　――的欲求　177
　　――的利他主義　166
　　――年鑑　200
　　――の私事化　4
　　――の商業化　139
　　――の商品化　143
　　――の知識教育　190
　　――ボランティア　166
宗教生活の原初形態　12
宗教法人　188, 200
　　――法　188, 189
習合神道　114
集合
　　――的記憶　13, 59
　　――的沸騰　33, 170
　　――表象　13
自由主義　17
従属理論　2
宗派教育　190
終末期医療　54
修行　99, 199
　　――者　98
儒教　68, 86, 96, 174, 175
修験
　　――三本山　183
　　――道　93, 98
呪術（シャーマニズム）　2, 3, 101
　　――師（シャーマン）　29
出家者　67
出入国管理および難民認定法（入管法）　172
主流文化　135

純福音教会　175
巡礼　98, 146, 157, 170, 199
消極的礼拝　12
上座部　84
上座仏教　67, 113
象徴　57
　　――体系　10
浄土真宗　41
消費社会　197
職業労働　32
除夜祭　92
事例研究　64
ジレンマ（板ばさみ）　19
進化論　2
信教の自由　99, 155
シンクレティズム　106
シンクレティック　78
信仰義認論　83
神慈秀明会　117
信者　48, 49
神社　21
　　――神道　116
新宗教　101, 112, 116, 137
　　――運動　72, 112
　　――団体　130
　　新――　117
新世紀エヴァンゲリオン　140
新世界秩序　160
神仙思想　86
神道
　　――国教化政策　114
　　――指令　154, 193
神房　111
神秘
　　――・呪術ブーム　101, 115
　　――主義　196
　　――体験　101
人民寺院　112
心理史　19
心霊主義　78, 107
新霊性運動　21, 101
真如苑　55, 99, 117
崇教真光　41, 101, 117
スーフィー教団　81
スティグマ　15
　　――化　15
ステレオタイプ　106
すぴこん　138
スピリチュアリズム　112

スピリチュアリティ 5, 101, 134, 140, 194, 198, 199
　——系 10
　——・ブーム 133
スピリチュアル 77, 134, 137, 140
　——・カウンセリング 139
　——・ケア（終末期医療） 135
　——ケアワーカー 148
正一教 69, 86
生活基礎共同体 79
政教分離 5, 76, 79, 155
　——主義 124
政治運動 10
政治的機会構造 11
聖書 82
　旧約—— 82
　新約—— 82
聖人 107
精神世界 135, 141, 142
聖神中央教会 185
聖体拝領 144
聖地 146
生長の家 78, 79, 115
性的暴行 130
〈聖〉と〈俗〉 23
聖と俗の弁証法 23
聖なる天蓋 4
聖なるもの 33
生命主義的救済観 53
精霊信仰的 69
聖霊のバプテスマ 53, 79
世界観 49
世界救世教 78, 79, 101, 116, 117
世界基督教統一神霊協会（統一教会） 128
世界システム論 2
世界真光文明教団 117
セクシュアル・マイノリティ 27
セクト 8, 9, 10
　——法 124
世俗化 6, 34, 59
　——論 2, 4, 6, 7
世代
　——効果 39
　——交代 176
説一切有部 85
積極的礼拝 12
接待 146
説明変数 42

被—— 42
摂理 130
セラピー 135
全国霊感商法対策弁護士連絡会 129, 137
戦災死没者 152
全真教 86
占星術 72
禅センター 112
戦争責任 155
先祖
　——供養 116, 199
　——祭祀 30, 180
千と千尋の神隠し 140
千年王国運動 10, 106
洗脳 16, 113
禅仏教 140
戦没者 152
　——慰霊 154
善隣会 116, 119
創価学会 11, 116, 119
　——インターナショナル 113
双系先祖観 30
操作的概念 61
創唱宗教 114
祖先
　——祭祀 174, 175
　——崇拝 28
即効性 177

た

ターミナル（終末期）ケア 148
体験 56, 134
対抗文化（カウンター・カルチャー） 112, 123, 135
対宗教安全教育 191
大乗 84
代替医療 196, 197
大ちゃん事件 127
タイ都市部の仏教 67
第2バチカン公会議 79
大日本霊友会（霊友会） 115
代表性 21
タタリ 150, 151
脱会カウンセリング 121
脱呪術化 3
ダブルバーレル質問 44
多文化主義 124, 191
タミル・イスラーム解放の虎 71
檀家 29

——制度 173
童乱 111
地下鉄サリン事件 21
地区ブロック制 9, 30
チベット 135
　——仏教 113
チャーター・スクール 165
チャーチ 8, 9
　——・セクト類型論 10
中観派 85
柱状化 5
中範囲の宗教社会学理論 37
超越瞑想 113
調査
　——拒否 49
　——行為の権力性 61
　——行為のポリティックス 61
　——公害 61
　——設計 60
　——の実証的客観主義への懐疑 61
　——倫理 63
〈調査者——被調査者——一般社会〉の三項関係 63
超常現象 137, 184
朝鮮寺（韓寺） 174
超能力 136, 137, 191
鎮魂帰神 115
通過儀礼 146
ツカサ 102
つながり 134
出会い系サイト 141
デノミネーション 8, 9, 72
寺族 181
天職 33
天理教 79, 114, 119
統一教会（世界基督教統一神霊協会） 47, 72, 112, 128, 129
動機 56
道教 68, 86
灯台社 126
東方正教会 76, 83
トーテム 33
独立宣言 73
都市化 187
土着信仰 101
となりのトトロ 140
トランス 110

な

直会　144
中座　104
ナラティブ（語り）　45
難民　172
新嘗祭　92
肉食・妻帯　173
二元論的運動　113
日曜日訴訟　191
日系
　——移民社会　176
　——エスニック・グループ　176
日系人　172
　——社会　176
　——布教　176
日本
　——国憲法　190
　——社会学会倫理綱領　62
　——の宗教　176
　——の新宗教　78
　——民間放送連盟　184
ニューエイジ　135, 143, 197
ニューカマー　172
女身垢穢　181
女人
　——禁制　182
　——結界　182
　——結界門　182
如来教　114
人間崇拝　33
認知的不協和　121
念法真教　99
ノストラダムスの大予言　136
ノロ　102

は

バイブル・ベルト　72
墓参　20
剥奪理論　16
バクティ　91
浮浪雲　140
パスハ　77
初詣　20
ハディース（伝承）　89
パナウェーブ研究所　185
パネル調査　35
バプテスト　72, 95
バラモン教　90
ハルマゲドン　126
ハレクリシュナ運動　72

反カルト運動　124
反キリスト　160
万人司祭説　29
PL（パーフェクト・リバティ）教団　116
ヒエロファニー（聖体示現）　23
比較研究　64
ひかりの輪　11
秘教化　131
非公認宗教　115
非聖化　5
ひとのみち教団（PL教団）　115
非日系人布教　176
火の鳥　140
ビハーラ　148
ヒューマン・ポテンシャル・ムーブメント　142
憑依　18
　——文化　108, 109
憑霊型　110
貧・病・争　16, 101
貧困　16
ヒンドゥー・ナショナリズム　71
ヒンドゥトヴァ　70
ファミリー　113
ファンダメンタリスト　83
ファンダメンタリズム　10, 159, 162
フィールドワーク　46, 52, 54
フェミニスト神学　178
フェミニズム　26, 178
フォーカス・オン・ザ・ファミリー　165
不飲酒戒　144
福音書　82
復讐　158
巫者　102
不邪淫戒　182
婦人参政権　145
扶桑教　99
巫俗　174, 175
普通選挙法　144
仏教　38, 68, 96, 97, 118
不都合な真実　63
部派仏教　84
ブラック・ジャック　140
ブラフマー　91
フランス革命　160
フリーメーソン　160

フレーミング　11
ブログ　141
プロチョイス派　165
プロテスタンティズム　32
プロテスタント　7, 72, 112
　——（諸）教会　77, 83, 108
プロライフ派　165
文化戦争　164
兵役拒否・格闘技拒否　127
ペレストロイカ　76
変成男子　181
変性意識　18
ペンテコスタリズム　53, 79, 108, 109
ペンテコステ
　——（系諸）派　69, 72
ホームオブハート　143
ホーム・スクーリング　165
牧師夫人　179
ポジティヴ・シンキング　196, 197
ポストコロニアル　163
　——・スタディーズ　35, 58
ポストモダニティ　3
ポストモダン　153
ホスピス　135
ボランティア　21
ホリスティック　113, 135
本当の自分　134, 141

ま

マイノリティ　177
マインド・コントロール　16, 47, 113, 120, 124, 133, 159
前座　104
マクドナルド化　109
祭り　28, 29, 157, 170
真光　117
丸山教　99, 114
マンガ　140
万神　111
見えない宗教　4
神子　102
巫女　102
水子供養　150
禊教　114
密教　85
妙智会　116
民衆思想史　58
民族誌学（エスノグラフィー）

　　　　　　52
民俗宗教　137
民俗信仰　100
巫堂　111
無宗教　20, 21, 38
無神論　76
　――者　21
ムスリマ　173
ムスリム　173
瞑想　18, 135
メソジスト　72
メッカ　172
　――巡礼　80
メディア・リテラシー　185
メル友　141
目的効果基準　193
モスク　172
物語　17
　――論　49, 57
もののけ姫　140
ものみの塔聖書冊子協会　126
モラルジレンマ　19
　――理論　19
モルモン教　6, 7, 41

や　靖国神社　152, 154, 193
　山岸会事件　122
　ヤマギシズム学園　122

唯識派　85
UNHCR（国連難民高等弁務官事務所）　172
輸血拒否　127
ユタ　18, 102, 111, 153
ユダヤ
　――教　72, 77, 82, 112
　――人　160
ユニバーサル教会　108
ヨーガ　135
ヨーロッパ価値観調査　74
予定説　32

ら　来世信仰　29
ライフコース論　48
ライフサイクル論　48
ライフスペース　143
ライフヒストリー　48, 49
ラジニーシ・ムーブメント　113
ラスタファリ運動　106
ラポール　44
理解社会学　56
利他主義　166
立正佼成会　11, 31, 41, 116, 119, 148
リテラシー　191
量的調査　21, 52
量的データ　20

輪廻　84, 91
　――転生　72
倫理　49
類型間移行分析　10
ルター派　72
霊感商法　117, 129, 184, 191
霊視　136, 137
霊神　105
霊能　136
　――力　101
霊能者　137, 184
　テレビ――　136
霊友会（大日本霊友会）　116
歴史
　――実践　59
　――宗教　100
老荘思想　140
労働運動　10
ローマ・カトリック　72
　――教会　76, 77, 83
ローマ教皇　83
六信五行　80
ロシア正教会　76, 77
ロハス　135

わ　ワッハーブ派　162

執筆者紹介 (氏名／よみがな／生年／現職／業績／宗教社会学を学ぶ読者へのメッセージ)　　＊は編著者

浅川泰宏（あさかわ・やすひろ／1973年生まれ）
埼玉県立大学保健医療福祉学部准教授
『巡礼の文化人類学的研究――四国遍路の接待文化』（単著，古今書院，2008年）
『経済からの脱出　来るべき人類学2』（共著，春風社，2009年）
宗教社会学は，世界の多様さと人間の思考の面白さを教えてくれます。ものの見方が変わるのは楽しいですよ。

新井一寛（あらい・かずひろ／1975年生まれ）
『見る，撮る，魅せるアジア・アフリカ！――映像人類学の新地平』（共編著，新宿書房，2006年）
"Combining Innovation and Emotion in the Modernization of Sufi Orders in Contemporary Egypt," *Critique: Critical Middle Eastern Studies*, 16-2, Routledge, July, 2007.
今を生きるイスラームを理解するには，教義や思想を知るだけでは不十分です。臨地調査にも挑んで下さい。

粟津賢太（あわづ・けんた／1965年生まれ）
上智大学グリーフケア研究所客員研究員・人材養成講座講師
『創価学会――政治宗教の成功と隘路』（共著，法藏館，2023年）
『戦争と文化的トラウマ――日本における第二次世界大戦の長期的影響』（共著，日本評論社，2023年）
人の集まりや行為の核に宗教性を見るのが社会学の洞察。現代的展開がこれからの課題。共に学びましょう。

石川明人（いしかわ・あきと／1974年生まれ）
桃山学院大学社会学部教授
『ティリッヒの宗教芸術論』（単著，北海道大学出版会，2007年）
「アメリカ軍のなかの聖職者たち――従軍チャプレン小史」（『文学研究科紀要』117号，北海道大学，2005年）
この世の「宗教」という営みに注目すると，人間や社会そのものについて，新たな洞察を得ることができます。

泉　経武（いずみ・おさむ／1965年生まれ）
立正大学，国士舘大学非常勤講師
「生活に根づくタイ仏教」（砂岡知子・池田雅之編著『アジア世界のことばと文化』成文堂，2006年）
「村落仏教と開発の担い手の形成過程――タイ東北地方『開発僧』の事例研究」（『東京外大　東南アジア学』No. 7，2002年）
"宗教"をキーワードに東南アジア世界をのぞき見ると，自己の外と内に向けられる視線にきっと何らかの変化がもたらされます。

伊藤雅之（いとう・まさゆき／1964年生まれ）
愛知学院大学文学部教授
『現代社会とスピリチュアリティ』（単著，渓水社，2003年）
『スピリチュアリティの社会学』（共編著，世界思想社，2004年）
私たちのものの見方の根本にある宗教を手がかりとして，人間社会への理解を深めていただければ幸いです。

稲場圭信（いなば・けいしん／1969年生まれ）
大阪大学大学院人間科学研究科教授
The Practice of Altruism（共編著，Cambridge Scholars Press, 2006）
『利他主義と宗教』（単著，弘文堂，2011年）
将来，国際社会を舞台に活躍しようと思っている学生の皆さん，宗教社会学で学んだことはいきてきますよ。

猪瀬優理（いのせ・ゆり／1974年生まれ）
龍谷大学社会学部講師
『ジェンダーで学ぶ宗教学』（共著，世界思想社，2007年）
宗教から社会のあり様を読み解く面白さを是非体験して下さい。

李　賢京（イ・ヒョンギョン／1979年生まれ）
東海大学文学部准教授
『現代日本の宗教事情――国内編I』（共著，岩波書店，2018年）
「離島奄美大島における宗教とトランスナショナリズム」（『宗教研究』94巻2輯，2020年）
この本が皆さんの一助になればと願っています。

浦崎雅代（うらさき・まさよ／1972年生まれ）
タイ仏教・通訳翻訳フリーランス，タイ国マヒドン大学宗教学部元講師
「仏教的スピリチュアリティの動向――タイと日本を事例にして」（『日本仏教社会福祉学会年報』No. 36, 2005年）
「上座仏教の瞑想と心のケア――タイ・森の寺の仏教僧と日本の若者との体験から」（『トランスパーソナル心理学／精神医学』vol. 7 No. 1, 2007年）
「私ならどのように宗教と関わるだろう？」そうした当事者意識を持った視点を大切にしたいと思います。

大谷栄一（おおたに・えいいち／1968年生まれ）
佛教大学社会学部教授
『近代日本の日蓮主義運動』（単著，法藏館，2001年）
『ソシオロジカル・スタディーズ――現代日本社会を分析する』（共編著，世界思想社，2007年）
この本を通じて，「宗教」を分析するための社会学的なセンスや視点を身につけてもらえればと思います。

執筆者紹介 (氏名／よみがな／生年／現職／業績／宗教社会学を学ぶ読者へのメッセージ)   ＊は編著者

岡尾将秀（おかお・まさひで／1970年生まれ）
大阪産業大学非常勤講師
「天理教における講の結成――生活のなかでの儀礼と奉仕」（宗教社会学の会編『宗教を理解すること』創元社，2007年）
「天理教が発生した条件」（『年報人間科学』20号，1999年）
宗教社会学では，カリスマが獲得されるのではなく承認されることを学んでほしいと思います。

落合美歩（おちあい・みほ／1981年生まれ）
ロヨラ大学シカゴ校牧会学修士課程
ロシアはいま最も話題性のある国の1つです。宗教的な面を見ることによって，ロシアの奥深さに触れていただきたいです。

亀谷　学（かめや・まなぶ／1977年生まれ）
日本学術振興会特別研究員
「7世紀中葉におけるアラブ・サーサーン銀貨の発行」（『史学雑誌』第115編第9号，2006年）
イスラームという異文化を知ることで思考の幅を広げることができれば，それに越したことはありません。

川又俊則（かわまた・としのり／1966年生まれ）
鈴鹿大学こども教育学部教授
『次世代創造に挑む宗教青年』（共編著，ナカニシヤ出版，2023年）
『岐路に立つ仏教寺院』（共編著，法藏館，2019年）
私の宗教社会学の原点，加計呂麻島・西阿室へ2024年春，約35年ぶりに再訪。当時の調査の記憶がよみがえりました。

葛西賢太（かさい・けんた／1966年生まれ）
上智大学大学院実践宗教学研究科死生学専攻教授
『断酒が作り出す共同性――アルコール依存からの回復を信じる人々』（単著，世界思想社，2007年）
『宗教学キーワード』（共編著，有斐閣，2006年）
断酒自助会，スピリチュアリティブーム，日本のイスラームを現代世界での個人の自律という視点で研究中。

黒田宣代（くろだ・のぶよ）
九州龍谷短期大学人間コミュニティ学科教授
『「ヤマギシ会」と家族――近代化・共同体・現代日本文化』（単著，慧文社，2006年）
『よくわかる社会調査法――基礎から統計分析まで』（編著，大学教育出版，2006年）
「宗教社会学」それはきっと神秘的な生命学。

小池　靖（こいけ・やすし／1970年生まれ）
立教大学社会学部教授
『セラピー文化の社会学』（単著，勁草書房，2007年）
『心理療法が宗教になるとき――セラピーとスピリチュアリティをめぐる社会学』（単著，立教大学出版会，2023年）
世の中のヘンなものから深遠な思想まで扱うことができるので，宗教社会学を用いればきっと視野が広がります。

小林奈央子（こばやし・なおこ／1973年生まれ）
愛知学院大学文学部准教授
「霊山と女性信者――中部地域の御嶽講を事例として」（『山岳修験』2005年）
『宗教とジェンダーのポリティクス』（共著，昭和堂，2016年）
日本全国どこにでもある山。山を御神体と見た古代からの信仰が現在も連綿と受け継がれていることを是非，知って下さい。

小柳太郎（こやなぎ・たろう／1981年生まれ）
会社員
「商業化するスピリチュアリティ」櫻井義秀編『カルト問題と社会秩序』科研費報告書（平成16-18年）
「スピリチュアル」の敷居は，高くありません。興味を持ったら，出かけて，話を聞いてみて下さい。

＊櫻井義秀（さくらい・よしひで／1961年生まれ）
北海道大学大学院文学研究科教授
『東北タイの開発と文化再編』（単著，北海道大学図書刊行会，2005年）
『「カルト」を問い直す』（単著，中央公論新社，2006年）
宗教とは理屈の通らぬ文化や社会現象ではありません。社会学的思考で宗教の論理を解いていきましょう。

佐藤寿晃（さとう・としあき／1967年生まれ）
熊野那智大社権祢宜，皇學館大学社会福祉学部地域福祉文化研究所研究嘱託
『新室蘭市史　第六巻』（共著，室蘭市役所，2007年）
「北海道における宗教の伝播について」（『茂呂瀾室蘭地方史研究』37号，室蘭地方史研究会，2003年）
神道は，私たち日本人の生活と深く結びついています。この機会に神道を身近に感じていただければ幸いです。

執筆者紹介 （氏名／よみがな／生年／現職／業績／宗教社会学を学ぶ読者へのメッセージ）　＊は編著者

白波瀬達也（しらはせ・たつや／1979年生まれ）
関西学院大学人間福祉学部教授
「釜ヶ崎におけるホームレス伝道の社会学的考察――もうひとつの野宿者支援」（『宗教と社会』13号，2007年）
「寄せ場の『新たな』キリスト者たち――釜ヶ崎を中心に」（『寄せ場』20号，2007年）
人間の生と死がヴィヴィッドに見られる「現場」に宗教はダイナミックに息づいています。

新矢昌昭（しんや・まさあき／1968年生まれ）
華頂短期大学教授
「近代への視覚――漱石とウェーバー」（『羽衣学園短期大学研究紀要』第39巻，2003年）
「日本における市民宗教としての神道」（『佛教大学大学院紀要』第35号，2007年）
宗教に対する新たな「驚き」を持ってもらい，本来身近である宗教について考えてもらえれば，幸いです。

平良　直（たいら・すなお／1964年生まれ）
倫理研究所専門研究員
『世界の民衆宗教』（共著，ミネルヴァ書房，2004年）
『宗教学入門』（共著，ミネルヴァ書房，2005年）
宗教を社会学的に対象化する場合でも，その現象を生きる生身の人間がいるのを忘れないことが重要。

玉木奈々子（たまき・ななこ／1970年生まれ）
"How Buddhism is Depicted on Television in Japan," 4th International Conference on Media, Religion, and Culture, 2004, USA.
「『摂理』事件に関するテレビ報道の内容分析」，日本宗教学会発表，2007年
宗教って怖い？　漠然としたイメージではなく，バランスよく実態を知ることが宗教とうまくつきあうコツです。

辻隆太朗（つじ・りゅうたろう／1978年生まれ）
北海道大学大学院文学研究科博士後期課程
『面白いほどよくわかるキリスト教』（共著，日本文芸社，近刊）
何かを批判したいなら対象について知ることから始めましょう。知識のない人ほど簡単に断言したがります。

長谷千代子（ながたに・ちよこ／1970年生まれ）
九州大学比較社会文化研究院准教授
『文化の政治と生活の詩学』（単著，風響社，2007年）
「他者とともに空間をひらく――雲南省芒市の関公廟をめぐる徳宏タイ族の実践」（『社会人類学年報』弘文堂，2004年）
入門書は智慧の家を建てるための足場にすぎません。最初の家が建ったら足場は遠慮なく解体して下さい。

中西尋子（なかにし・ひろこ／1964年生まれ）
大阪公立大学都市文化研究センター研究員
『異教のニューカマーたち――日本における移民と宗教』（共著，森話社，2017年）
『統一教会――日本宣教の戦略と韓日祝福』（共著，北海道大学出版会，2010年）
宗教はときに人の人生を変える力を持つ。そのすごさを少しでも解き明かしたくて宗教社会学をやってます。

西村　明（にしむら・あきら／1973年生まれ）
東京大学大学院人文社会系研究科教授
『戦後日本と戦争死者慰霊――シズメとフルイのダイナミズム』（単著，有志舎，2006年）
「暴力のかたわらで」（『岩波講座宗教8　暴力』岩波書店，2004年）
宗教社会学の視点をマスターすれば，社会の見方も変わりますが，世界の捉え方がガラリと変わりますよ！！

深水顕真（ふかみず・けんしん／1970年生まれ）
広島文教大学非常勤講師
『みらいに架ける社会学』（共著，ミネルヴァ書房，2006年）
Internet use among religious followers: Religious post-modernism in Japanese Buddhism. (*Journal of Computer-Mediated Communication*, 2007, 12(3), article 11, http://jcmc.indiana.edu/vol12/issue3/fukamizu.hhtml)
宗教は怪しいものでもありません。社会学的に分析することで，宗教を日常のなかで役立てることができます。

星野智子（ほしの・ともこ／1967年生まれ）
大阪緑涼高等学校教諭
「フィールドワークの実践」（宗教社会学の会編『宗教を理解すること』創元社，2007年）
『家族のこれから』（共著，三学出版，2010年）
自らが文献を探して読み，フィールドワークを行い，多面的に考察することが，学問の楽しさにつながります。

堀　雅彦（ほり・まさひこ／1967年生まれ）
札幌学院大学非常勤講師
「汎神論的世界観の受容とその多元論化――ジェイムズ宗教論の未来志向性」（『宗教研究』336号，2003年）
いかなる声にも縛られず，またいかなる声をも切り捨てず，しつこい対話と自問を続けましょう。

松谷　満（まつたに・みつる／1974年生まれ）
中京大学現代社会学部准教授
『宗教を理解すること』（共著，創元社，2007年）
自分や社会がいかに「宗教じみた」わけのわからない存在であるか，本書をきっかけに考えてみて下さい。

執筆者紹介（氏名／よみがな／生年／現職／業績／宗教社会学を学ぶ読者へのメッセージ）　　＊は編著者

＊三木　英（みき・ひずる／1958年生まれ）
相愛大学人文学部客員教授
『宗教集団の社会学——その類型と変動の理論』（単著，北海道大学出版会，2014年）
『被災記憶と心の復興の宗教社会学——日本と世界の事例に見る』（編著，明石書店，2020年）
木も見て森も見よ。大風呂敷を広げつつ，繊細な視線を注ぐことも忘れないで下さい。

山田政信（やまだ・まさのぶ／1959年生まれ）
天理大学国際学部教授
『グローバル化のなかの宗教』（共著，世界思想社，2007年）
「世俗化と脱世俗化——ブラジルの政治と宗教」（『哲学・思想論叢』第24号，2006年）
グローバルな今日的状況は他者理解の重要性を感じさせます。その貴重なツールをこの本で身につけて下さい。

山畑倫志（やまはた・ともゆき／1979年生まれ）
北海道大学高等教育推進機構講師
「ジャイナ教の行伝説話における転輪聖王」（『印度学仏教学研究』第54巻第2号，2006年）
「ジャイナ教における六十三偉人の形成とラーマ説話の関係」（『印度学仏教学研究』第67巻第1号，2018年）
様々な宗教の故地であり，それらが共存してきたインドの諸宗教に興味を持っていただければ幸いです。

吉野航一（よしの・こういち）
北海道大学大学院文学研究科博士課程
宗教を「社会学」することは，「宗教」だけでなく，相互行為・集団・地域・国家をも知ることだと思います。

渡邉秀司（わたなべ・しゅうじ／1973年生まれ）
佛教大学ほか非常勤講師
「『創造』する伝統について」（『佛大社会学』31号，2007年）
この本によって，私たちの周囲にある様々な宗教現象を知るきっかけになればと思います。

渡邊　太（わたなべ・ふとし／1974年生まれ）
鳥取短期大学地域コミュニケーション学科教授
『復興と宗教——震災後の人と社会を癒すもの』（共著，東方出版，2001年）
『ソシオン理論入門——心と社会と基礎科学』（共著，北大路書房，2006年）
楽しい消費文化とシビアな政治的抑圧が結びついているのが，消費主義の「洗脳」の特徴かもしれません。

やわらかアカデミズム・〈わかる〉シリーズ
よくわかる宗教社会学

| 2007年11月25日 | 初版第1刷発行 | 〈検印廃止〉 |
| 2025年3月30日 | 初版第6刷発行 | |

定価はカバーに
表示しています

編著者	櫻井 義秀
	三木 英秀
発行者	杉田 啓三
印刷者	坂本 喜杏

発行所 株式会社 ミネルヴァ書房
〒607-8494 京都市山科区日ノ岡堤谷町1
電話代表 (075) 581-5191
振替口座 01020-0-8076

©櫻井・三木, 2007　冨山房インターナショナル・新生製本
ISBN 978-4-623-04996-7
Printed in Japan

やわらかアカデミズム・〈わかる〉シリーズ

よくわかる社会学	宇都宮京子・西澤晃彦編著	本体	2500円
よくわかる家族社会学	西野理子・米村千代編著	本体	2400円
よくわかる都市社会学	中筋直哉・五十嵐泰正編著	本体	2800円
よくわかる教育社会学	酒井朗・多賀太・中村高康編著	本体	2600円
よくわかる環境社会学	鳥越皓之・帯谷博明編著	本体	2800円
よくわかる国際社会学	樽本英樹著	本体	2800円
よくわかる宗教社会学	櫻井義秀・三木英編著	本体	2400円
よくわかる医療社会学	中川輝彦・黒田浩一郎編著	本体	2500円
よくわかる産業社会学	上林千恵子編著	本体	2600円
よくわかる福祉社会学	武川正吾・森川美絵・井口高志・菊地英明編著	本体	2500円
よくわかる観光社会学	安村克己・堀野正人・遠藤英樹・寺岡伸悟編著	本体	2600円
よくわかる社会学史	早川洋行編著	本体	2800円
よくわかる現代家族	神原文子・杉井潤子・竹田美知編著	本体	2500円
よくわかる宗教学	櫻井義秀・平藤喜久子編著	本体	2400円
よくわかる障害学	小川喜道・杉野昭博編著	本体	2400円
よくわかる社会心理学	山田一成・北村英哉・結城雅樹編著	本体	2500円
よくわかる社会情報学	西垣通・伊藤守編著	本体	2500円
よくわかるメディア・スタディーズ	伊藤守編著	本体	2500円
よくわかるジェンダー・スタディーズ	木村涼子・伊田久美子・熊安貴美江編著	本体	2600円
よくわかる質的社会調査 プロセス編	谷富夫・山本努編著	本体	2500円
よくわかる質的社会調査 技法編	谷富夫・芦田徹郎編	本体	2500円
よくわかる統計学 Ⅰ 基礎編	金子治平・上藤一郎編	本体	2600円
よくわかる統計学 Ⅱ 経済統計編	御園謙吉・良永康平編	本体	2600円
よくわかる学びの技法	田中共子編	本体	2200円
よくわかる卒論の書き方	白井利明・高橋一郎著	本体	2500円

―― ミネルヴァ書房 ――
https://www.minervashobo.co.jp/